Accounting Masters

会计名家精品教材

全国优秀畅销书

Elementary Financial Management

初级财务管理

沈洪涛 主 编

易 兰 苏月中 杨 斌 副主编

第五版

东北财经大学出版社
Dongbei University of Finance & Economics Press
大连

图书在版编目（CIP）数据

初级财务管理 / 沈洪涛主编 . —5版 . —大连 ：东北财经大学出版社，2024.3（2025.6重印）
（会计名家精品教材）
ISBN 978-7-5654-5136-2

Ⅰ.初…　Ⅱ.沈…　Ⅲ.财务管理-教材　Ⅳ.F275

中国国家版本馆CIP数据核字（2024）第041285号

东北财经大学出版社出版
（大连市黑石礁尖山街217号　邮政编码　116025）
网　　址：http://www.dufep.cn
读者信箱：dufep@dufe.edu.cn
大连天骄彩色印刷有限公司印刷　东北财经大学出版社发行

幅面尺寸：185mm×260mm　字数：406千字　印张：18　插页：1
2024年3月第5版　2025年6月第2次印刷

责任编辑：高　铭　责任校对：刘贤恩
封面设计：张智波　版式设计：原　皓

定价：48.00元

教学支持　售后服务　联系电话：（0411）84710309

如有印装质量问题，请联系营销部：（0411）84710711

第五版前言

财务管理是通过企业资金筹集和资金使用过程中的决策以实现企业目标的管理活动。企业财务管理活动的基本决策包括投资决策、筹资决策、分配决策以及日常营运资金的管理决策。其中，长期的、战略性的决策包括长期资产的投资和筹资两方面；短期的、日常的经营决策包括对流动资产和流动负债的管理。

可以用资产负债表和利润表来概括企业主要的财务管理活动。资产负债表左边的非流动资产反映了企业的投资决策，资产负债表右边的非流动负债以及股东权益体现了企业的筹资决策，资产负债表上半部分的流动资产与流动负债就是企业营运资金管理的结果。利润表则揭示了企业的分配决策。

一、本书的结构

要学会财务管理决策，首先必须掌握财务管理的基本概念和原理。本书就是围绕财务管理的基础知识和财务管理的基本决策来展开的，包括了财务管理概述、财务分析、财务管理基础和财务管理决策四大部分。可以用下面这张图来概括本书的结构：

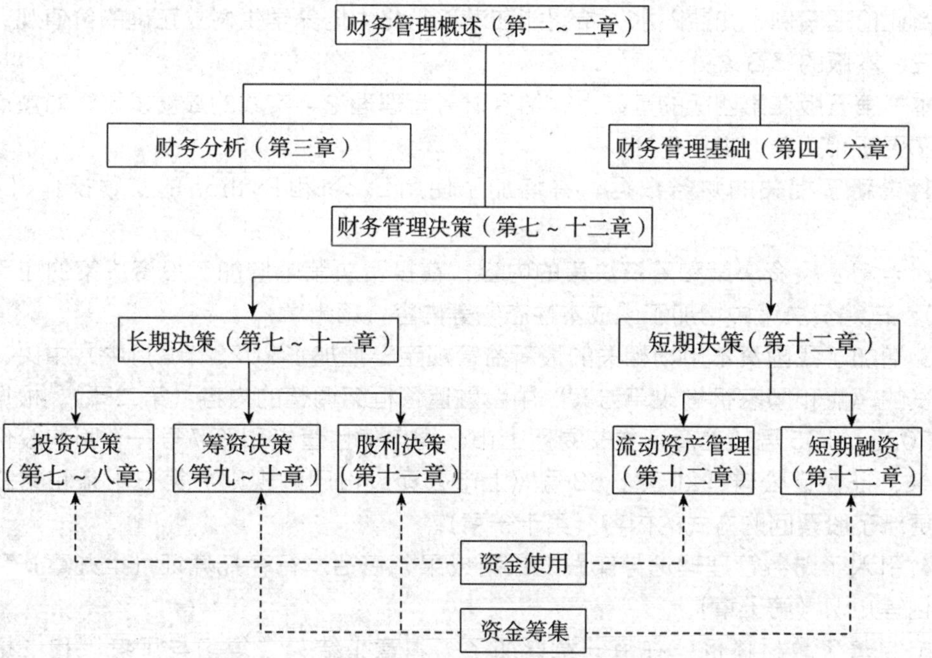

本书结构图

二、本书的特点

作为一本“初级财务管理”教材，本书强调了财务管理知识的原理性和基础性。同时，作为财务管理课程的入门教材，本书更体现了财务管理知识的应用性和现实性，以期激发学生进一步学习的兴趣。无论作为教师，还是作为教材的编写者，我们深知：学问必须合乎自己的兴趣，方可以得益。

为此，本书在内容和体例上力图体现以下三个特点：

1.着重对财务管理基础性概念和原理的介绍与阐述，为学生进一步学习财务管理理论和决策打下扎实的基础。全书在完整介绍财务管理四大基本决策的同时，用了近一半的篇幅全面和系统地讨论财务管理的概念和原理。财务管理概述部分，全面介绍了财务管理的内容、原则、目标和环境；财务管理基础部分，除了货币时间价值以及风险与收益的内容外，还特别讨论了证券估价的知识。此外，从第二章开始，每章的开头都会提及“财务管理原则的运用”，重温本章知识所涉及的财务管理原则。

2.紧密联系中国资本市场和企业实践的最新发展，突出财务管理知识的应用性和现实性。全书每一章的主要内容都是通过“引例”导入的。这些案例大多是最近几年在中国资本市场上和企业实践中发生的、具有代表性和影响力的真实故事。编者着意选取了大家普遍关注和熟悉的企业、品牌和事件，如谷歌、四川路桥、用友网络等著名企业和品牌的案例等。希望能够以对现实财务管理活动的兴趣来引领学生开始学习相对比较枯燥的公式与符号，更希望学生领会到理论与实践的密切关系。

3.重视培养学生的思想政治素质和商业伦理观念。全书将党的二十大报告所提出的社会主义核心价值观和中国式现代化建设的要求，融入企业财务管理的专业知识和每章的商业伦理案例，如盐入水，希望能在潜移默化中培养学生树立正确的价值观。

三、本版的修订之处

本书第五版在第四版的基础上，结合财务管理理论与实践的最新发展，对重点知识进行了更新和完善，主要包括：

1.更新了相关的财务数据，并增加了使用Excel和Python的实践操作（第五、六章）。

2.丰富了投资决策和筹资决策的内容：在投资决策中增加了投资决策的应用（第八章），在筹资决策中增加了“成本性态”等内容（第十章）。

3.增加了我国资本市场相关的最新监管规定：增加了2023年3月中共中央、国务院印发的《党和国家机构改革方案》中金融监管框架调整的内容（第二章）。根据上证发〔2023〕195号《上海证券交易所上市公司自律监管指引第7号——回购股份》第十四条、证监会公告〔2023〕63号《上市公司股份回购规则》第三十条和第三十五条，更新了股票回购方式的内容（第十一章）。

4.引入了财务管理理论与实践的最新成果，包括发行存托凭证（第九章）和资产证券化等知识（第十章）。

5.完善了教材体例，在每一章增加了“本章小结”、“复习与思考”和“拓展阅读”。拓展阅读部分包括本章相关的最新政策、新闻报道、学术成果以及企业实践等。编者通过这些二维码链接的拓展阅读内容，帮助学生了解相关的国家战略、法律法规和相关政策，引导学生关注现实问题，培育学生经世济民、诚信服务、德法兼修的职业素养。例如，二维码链接的拓展阅读内容有第三章的“大数据对财务分析的影响”、第七章的国家加大力度支持民间投资的政策、第九章的“中国绿色债券的发展”等。

本书主要适用于财务管理和会计学专业的本科教学，对MBA和MPAcc学员掌握财务管理基本知识以及广大财务和会计实务工作者提高财务管理理论水平也具有较高的参考价值。

本书是暨南大学会计系沈洪涛教授、易兰副教授、苏月中副教授和杨斌博士共同合作的成果。沈洪涛教授负责全书的大纲拟定和定稿工作。具体的分工情况为：沈洪涛编写第一章至第二章，杨斌编写第三章至第六章，易兰编写第七章、第八章和第十二章，苏月中编写第九章至第十一章。

感谢暨南大学会计系硕士研究生蔡易凌为本书第五版所做的许多基础性工作，感谢东北财经大学出版社对本书的支持。

受编者水平与时间的限制，书中难免存在不妥之处，真诚希望专家、同行和读者不吝指正。

沈洪涛

2023年12月

目录

第一章　财务管理概述

学习目标

1.掌握财务和财务管理的概念；
2.明确财务管理的内容；
3.理解财务管理的目标；
4.认识财务管理的基本原则。

教学重点与难点

教学重点：
1.财务管理的内容；
2.财务管理的目标。
教学难点：
财务管理的基本原则。

引例：《G20可持续金融路线图》为可持续金融的发展指明方向

2021年10月30日至31日，主题为"人类、地球和繁荣"的二十国集团（G20）领导人峰会在意大利罗马举行。峰会批准了由中美牵头的可持续金融工作组提交的《G20可持续金融路线图》（以下简称《路线图》）。

该《路线图》提出了可持续金融发展的五个重点领域及19项具体行动：
1.提升全球可持续金融界定标准的可比性与一致性（5项行动）；
2.建立全球统一的可持续披露标准（5项行动）；
3.气候和其他可持续性风险的评估和管理（3项行动）；
4.国际金融机构、公共财政与激励措施的作用（3项行动）；
5.数字技术与金融支持气候转型等跨领域议题（3项行动）。

《路线图》为全球和各国可持续金融的未来发展指出了重点方向，并为协调国际组织的相关举措提供了一个重要机制。

《路线图》确定支持国际可持续发展准则理事会（International Sustainability Standard Board，ISSB）制定一套可持续相关信息披露标准。最新消息是ISSB于2023年6月28日发布了《国际财务报告可持续披露准则第1号——可持续相关财务信息披露一般要求》（IFRS S1）和《国际财务报告可持续披露准则第2号——气候相关披露》（IFRS S2），并确定这两项准则在2024年1月1日或之后开始的年度报告期内生效。

自2016年中国在担任G20主席国期间将绿色金融引入G20峰会议题，并倡议发起绿色金融研究小组以来，可持续金融已连续多年写入领导人峰会成果文件。作为G20可持续金融工作组的共同主席，中国在推动形成关于《路线图》的全球共识和推动落地方面持续发挥着关键的作用。近年来，我国绿色金融蓬勃发展。例如，2021年我国绿色信贷增幅高达33%、绿色债券发行规模上升170%、绿色金融产品创新进一步提速，为提升中国在全球绿色与可持续金融市场的影响力提供了重要的基础。

资料来源：马骏，程琳，沙孟维．《G20可持续金融路线图》如何影响全球可持续金融的走势［EB/OL］．［2022-02-24］．http：//greenfinance.org.cn/displaynews.php？id=3667.

因此，不妨带着以下几个问题去阅读本章：

企业的财务管理目标是什么？企业和社会的可持续发展是否应成为企业财务管理考虑的内容？为什么？

第一节 财务管理的概念和内容

一、财务管理的概念

“财务”一词是19世纪从西方引入的概念，原词为finance，也译为“金融”。新帕尔格雷夫经济学大辞典对finance作了如下解释：“金融以其不同的中心点和方法论而成为经济学的一个分支。其基本的中心点是资本市场的运营、资本资产的供给和定价。其方法论是使用相近的替代物给金融契约和工具定价。对那些有时间连续特点和收益取决于解决不确定性的价值工具来说，这一方法很实用。金融不用于研究实物经济中所发生的问题，因此，也不用于研究在静态和确定性世界中所发生的问题。但是，一旦引入时间因素，交易就形成了两个方面。当达成贷款协议时，为了保证偿还，数量和条件都记录在案。记述和法定约束借款人偿还贷款的文件或计算机账目本身也成为一种‘持票’工具。在债务首次交易时刻，资本市场和金融学科便产生了。”①

根据财务活动的不同层面可以把财务分成三大领域。一是宏观层面上通过政府财政和金融市场进行的现金资源的配置。现金资源的财政配置属于财政学的范畴，而现金资源的市场配置通过金融市场和金融中介来完成。二是中观层面上的现金资源再配置，表现为现金资源的所有者的投资行为，属于投资学的范畴。投资学研究投资目的、投资工具、投资对象、投资策略等问题。投资机构为投资者提供投资分析、投资咨询、投资组合、代理投资等服务。三是微观层面，企业筹集、配置、运用现金资源开展营利性经济

① 伊特韦尔，米尔盖特，纽曼．新帕尔格雷夫经济学大辞典［M］．陈岱孙，译．2版．北京：经济科学出版社，1992.

活动，为企业创造价值，并对创造的价值进行合理分配，形成企业的财务管理活动。本书讨论的是微观层面的企业财务管理。

企业财务，是指企业财务活动，即企业在生产过程中的资金运动及资金运动所形成的企业同各方面的经济关系。企业财务管理（financial management）是基于在经营过程中客观存在的财务活动和财务关系而产生的，是企业组织财务活动、处理与各方面财务关系的一项经济管理工作。

二、财务管理的内容

财务管理的内容是财务管理对象的具体化。财务管理的对象是企业在经营过程中的资金活动。所以，财务管理的内容就是企业资金活动所表现出来的各个具体的方面。资金活动的具体表现通常有资金的筹措（筹资）、资金的使用（投资）、利润的分配以及日常资金的营运等四个方面。通常，这些方面称为财务管理的基本内容。

（一）筹资管理

筹资是指企业为了满足投资和用资的需要，筹集和集中所需资金的过程。企业的经营活动必须以一定的资金为前提。从这个意义上讲，筹资管理是企业财务管理的首要环节。企业从各种渠道以各种形式筹集资金是资金运动的起点。事实上，筹资以及筹资管理贯穿于企业发展的始终。无论是企业创立之时，还是在企业扩张规模之际，乃至在日常经营之中，都需要筹措资金。

任何企业都可以从两方面筹资并形成两种性质的资金来源：（1）企业权益资金。权益资金（equity capital）是企业通过向投资者吸收直接投资、发行股票、企业内部留存收益等方式取得的，其投资者可以包括国家、企业和个人等。（2）企业债务资金。债务资金（debt capital）是企业通过向银行借款、发行债券、应付款项等方式取得的。企业筹集资金，表现为企业资金的流入。企业偿还借款、支付利息、支付股利以及付出各种筹资费用等，则表现为企业资金的流出。

筹资管理应该做好以下三个方面的工作：（1）筹资管理必须注重资本结构的合理安排，以保证企业财务既有稳定性又有灵活性。（2）筹资管理还必须注重对成本的控制，因为任何资金的提供者都要求获得报酬，同时还会存在差异，所以企业必须进行比较与选择。（3）筹资管理还应该密切注意投资和生产经营的资金需求，做到适时和适量。

（二）投资管理

企业取得资金后，必须将资金投入使用，以谋求最大的经济效益。投资是将资金投放于一定的对象，以期取得未来收益的行为。投资管理是企业财务管理的又一重要环节，投资决策的成败对企业经营成败具有根本性的影响。

投资按回收期的长短可以分为短期投资和长期投资。短期投资（short-term investment）是指回收期在一年以内的投资，主要是指对货币资金、应收账款、存货、短期有价证券等的投资。长期投资（long-term investment）是指投资回收期在一年以上的投资，主要是指固定资产投资、无形资产投资、对外长期投资等。

投资按形式可以分为直接投资和间接投资。直接投资（direct investment）是指把资金投放于生产经营性资产，以期获取营业利润的投资。间接投资（indirect investment）是指把资金投放于证券等金融性资产，以期获取股利或利息收入的投资。

投资按对象可以分为对内投资和对外投资。对内投资是指把资金投放于企业范围内的投资。对外投资是指把资金投放于本企业以外的其他单位的投资。

投资按照项目的现金流量是否相关，可以分为独立投资和相关投资。独立投资是指各投资项目现金流量互不相关、互不影响的投资。相关投资是指各投资项目现金流量具有相关性，即一项投资会受到其他投资影响的投资。相关投资可以分为相容和不相容两类。相容投资是互补投资，不相容投资是互斥投资。

投资管理的基本内容是投资决策分析。投资管理的首要任务是进行投资方向的选择。不同投资方向的选择意味着不同的企业发展方向和路径，因此，投资方向的选择是一个具有战略意义的问题。其次，在具体的投资决策分析中，既要谨慎地考虑现金流量，又要充分估计投资风险，确定适当的投资规模，选择合理的投资结构，以最低的风险获得最大的收益。最后，在投资项目形成之后，还应加强跟踪管理，确保投资项目的实施取得预期效益。

（三）利润分配管理

企业通过投资或资金营运活动应当取得收入。投资成果表现为取得的所有收入扣除各种成本费用后的利润。利润分配就是对投资成果的分配过程。企业的收入首先要弥补经营中的各种耗费，形成的利润必须按照规定的程序进行分配。企业利润首先要依法缴纳所得税，税后利润还要弥补以前年度的亏损，并提取盈余公积，剩余的利润可以分配给投资者或者留存企业。

利润分配管理主要研究企业实现的税后净利润如何进行分配，即多少发放给投资者，多少留存企业。利润分配决策的关键是如何在股东的近期利益和长远利益中进行权衡。股利发放过少会使股东的近期利益得不到满足，而股利发放过多，又会使得企业留存过少，不利于企业的长期发展。

具体来说，利润分配管理要解决的问题包括：（1）股东对股利分配的要求；（2）企业发展对保留盈余的要求；（3）影响股利政策的各种因素；（4）股利政策的选择和连续性。

（四）营运资金管理

企业的营运资金（working capital）是指为满足企业日常经营活动所需要的资金，由流动资产和流动负债构成。营运资金管理的基本任务是短期资金的筹措和短期资金周转效率的提高。营运资金管理的基本目标是通过有效地进行资金的日常调度和调剂，合理地配置资金，以提高资金使用效率，增强短期资金的流动性。

营运资金管理的主要内容是：（1）合理安排流动资产与流动负债的比例关系，确保企业具有较强的短期偿债能力；（2）加强流动资产管理，提高流动资产周转效率，改善企业财务状况；（3）优化流动资产以及流动负债的内部结构，以使企业短期资金周转得以顺利进行和短期信用能力得以维持。

以上财务管理的四个方面，不是互相割裂的，而是互相依存、有机地联系在一起的。上述互相联系又有一定区别的四个方面构成了企业财务管理的基本内容。财务管理人员必须将这四个方面加以综合的分析、考虑，统筹安排，才能取得财务管理的良好效果。

第二节 财务管理的目标

财务管理就是对企业的资金进行规划运筹和控制，以最终实现企业目标的一项管理活动。财务管理的基本目标取决于企业的总目标，所以企业目标往往就被表达为财务管理的目标。企业目标理论经历了从利润最大化、每股盈余最大化、股东财富最大化到企业价值最大化的演变过程，最新的发展又提出了相关利益者价值最大化和可持续发展的观点。

一、利润最大化

利润最大化（profit maximization）的观点认为，获取最大利润是企业的基本目标，也是企业不断发展的基础和前提。利润是企业在一定期间全部收入与全部成本费用的差额，体现了企业的经济效益、股东投资回报以及企业对国家和员工利益的贡献，也是企业扩大经营规模的源泉。

利润最大化目标忽视了现实世界中的很多复杂性，尤其是财务管理决策中两个最主要的因素：时间性和不确定性。利润最大化目标存在以下不足：

1.利润最大化没有考虑取得利润的时间

企业经营的效果不仅仅取决于所获得的利润，还取决于获得利润的时间。越早获得利润，就能越早进行再投资，获得新的利润。今年获得的100万元利润比明年获得的100万元利润更有价值。利润最大化目标则忽略了货币的时间价值。

2.利润最大化没有考虑取得利润的风险

两家企业的预期收益相同，但预期收益的不确定性较大的企业将承受更大的风险。同样是100万元的利润，一个企业已经全部收到了现金，而另一个企业全部是应收账款，显然后一个企业面临着坏账的风险。利润最大化目标不考虑企业承担的风险，会使得企业在财务决策中选择高风险的项目，一旦发生不利的情况，企业将陷入困境，甚至出现破产。

3.利润最大化没有考虑取得利润所投入的资本

利润只是一个绝对值指标，不能反映经营活动的效率。同样获得100万元利润，投入1 000万元的企业显然比投入2 000万元的企业获得了更高的价值。利润最大化目标会使得企业在财务决策中选择高投入和报酬率低的项目，导致决策行为的短期化倾向，只顾实现目前的利润而忽略企业长远的发展。

二、每股盈余最大化

每股盈余也称每股收益，是税后净利润与普通股股数之比。所有者或股东是企业的出资者，他们投资的目的是取得投资收益，表现为税后净利润（可供分配的利润）与出资额或股份数之比。

每股盈余最大化（maximization of earnings per share）将企业实现的利润与企业所有者投入的资本额或股份数进行对比，是一个相对指标，可以反映企业的盈利能力，并且能够在不同资本规模的企业之间进行比较。其优点是克服了利润最大化目标不考虑资本投入的缺点，但是每股盈余最大化仍然无法避免利润最大化的另外两个缺陷，即忽略了时间性和不确定性。

三、股东财富最大化

股东财富最大化（maximization of shareholder wealth）也称股东价值最大化，或企业所有者权益价值最大化。股东财富最大化目标以未来一定时期归属于股东权益的现金流量，按考虑了风险报酬率的资本成本折算为现值，由此而得到的股东投资报酬现值，是股东财富的具体体现。股东财富最大化与利润有密切的关系，在考虑了货币时间价值、风险和资本成本后可以由利润导出股东财富最大化公式。

在股份有限公司中，股东财富可以用股票市场价值总额来代表。股东的财富由其所拥有的股票数量和股票市场价格两方面来决定。当股票价格达到最高时，股东财富也达到最大。

与利润最大化目标相比，股东财富最大化目标的进步之处在于：

（1）股东财富最大化考虑了取得报酬的时间性，区分了不同时期的报酬，并运用货币时间价值的原理计算股东价值。

（2）股东财富最大化考虑了风险与报酬之间的联系，有效地避免了企业不顾风险片面追求利润的错误做法。在进行财务管理决策时，正确权衡报酬与风险，实现两者之间的最佳均衡，使得股东财富达到最大。

（3）股东财富最大化考虑了资本成本，将利润与投入的资金相联系。

（4）股东财富最大化能克服企业在追求利润上的短视行为。因为在股东财富最大化目标下，不仅目前的利润会影响股东财富，未来盈利能力对股东财富的影响作用更大。

但是，以股东财富最大化为目标，亦存在以下不足：

（1）股东财富最大化目标仅仅考虑了股东的利益，没有考虑债权人的利益。在股东财富最大化目标下，管理人员会使用财务杠杆来增加股东财富，从而可能过度举债，增加企业财务风险，甚至导致破产。

（2）在使用股票价格衡量股东财富时，可能使得管理人员更多地关注股市而不是企业自身的经营。股价受到很多因素的影响，其中一些是企业难以控制的因素，如经济环境等。

四、企业价值最大化

企业价值最大化（maximization of firm value）是指股东价值和债权人价值之和最大化，也就是企业资产的总价值最大化。与股东财富最大化相比，企业价值最大化目标兼顾了股东和债权人的利益。企业价值最大化目标与利润有密切的关系，企业价值最大化目标同时综合了利润、货币时间价值、风险、债务比例、利率、税率以及时间跨度等多种因素来衡量企业的价值，反映了企业整体和长期的发展。

企业价值最大化并不等同于股东财富最大化，但是在一定的条件下，使得债权人和股东之间没有利益冲突，企业价值最大化目标的性质和特征与股东财富最大化基本上是相同的。所以在讨论企业目标时，往往将企业价值最大化与股东财富最大化等同起来。

企业价值最大化是财务经济学理论最经常采用的，也是被实务界广泛接受的目标。

五、相关利益者价值最大化

20世纪80年代兴起的相关利益者理论对股东财富最大化的传统观点提出了挑战。相关利益者理论从"企业是一组契约的联结点"[①]的角度出发，认为企业是所有相关利益者之间的一系列多边契约。[②]这些相关利益者主要包括股东、债权人、员工、客户、供应商、政府及社区等。

相关利益者理论认为，企业应该以所有相关利益者的利益最大化为目标。按照相关利益者理论，企业的管理者是对企业的全部相关利益者而不只是个别成员负有责任，管理者是一个组织而不只是股东的代言人。

相关利益者价值最大化（maximization of stakeholder value）目标与股东价值最大化目标之间最大的分歧有两点：一是相关利益者价值最大化弱化了股东在企业中的地位，否定了企业是由股东所有的传统理念；二是相关利益者价值最大化用多重价值最大化取代了单一价值最大化目标。

对于相关利益者价值最大化目标的批评主要体现在三个方面[③]：

（1）多重价值最大化目标无法给企业管理者提供一个明确的目标函数，因此可能导致管理上的混乱和无效率。

（2）即使认可相关利益者的利益，也难以在多重相关利益者的利益之间，有时甚至是相互冲突的利益之间进行选择。

（3）相关利益者价值最大化目标不能对管理者进行根本性的评价，反倒会让管理者无法尽到他们对企业所应承担的责任。

---

① JENSEN, MECKLING. Theory of the firm: Managerial behavior, agency costs, and ownership structure [J]. Journal of Financial Economics, 1976.

② FREEMAN, WILLIAM. Corporate governance: A stakeholder interpretation [J]. Journal of Behavioral Economics, 1990.

③ JENSEN, MICHAEL. Value maximization, stakeholder theory and the corporate objective function, unfolding stakeholder thinking [J]. Sheffield: Greenleaf Publishing Limited, 2002.

六、可持续发展

可持续发展指既满足当代人需要又不危及后代人满足其需要的能力的发展。这是联合国“世界环境与发展委员会”1987年在《我们共同的未来》报告中提出的。2015年，联合国提出17项目标，作为2030年可持续发展议程的组成部分。可持续发展要求为人类和地球建设一个具有包容性、可持续性和韧性的未来而共同努力。[①]实现可持续发展必须协调三大核心要素：经济增长、社会包容和环境保护。这些因素是相互关联的，且对个人和社会的福祉都至关重要。

对于企业可持续发展有两种理解。一种理解是指企业的永续经营和持续发展，另一种是与整个社会可持续发展相关的发展，即企业在生产运营过程中考虑对经济、社会和环境的影响，最终实现企业自身的发展和社会整体的发展的有机结合。因此，需要注意区分组织自身的可持续发展和整个社会的可持续发展。单个组织的可持续发展与整个社会的可持续发展可能一致，也可能不一致，甚至在一些情况下二者是矛盾的。以烟草企业为例，单个企业的可持续发展是对整个社会可持续发展的损害。从总体来说，单个组织作为整个社会的组成部分，不可避免会受到社会环境的影响，其能否实现自身的可持续发展也高度依赖整个社会的可持续发展，如经济萧条、环境恶化等问题也会给企业的运营带来很大的不确定性。同时，组织的可持续发展也能有效促进整个社会的可持续发展，促进经济、社会和环境问题的解决，实现组织自身和整个社会的共赢发展。我们认为企业可持续发展是企业与社会共同的发展。

企业可持续发展不仅仅是社会对企业的期望，更是企业在全球治理背景下生存和发展的必然选择。企业只有将自身的业务发展和整个社会的可持续发展紧密结合，才能真正实现自身的永续发展。

可持续发展理念高度契合了中国式现代化建设的要求。党的二十大报告明确指出，中国式现代化的本质要求包括：“实现全体人民共同富裕，促进人与自然和谐共生，推动构建人类命运共同体，创造人类文明新形态。”

第三节　财务管理的原则

财务管理的原则是组织企业财务活动及处理各种财务关系所应遵循的基本规范。财务管理所应遵循的原则，在一定程度上取决于企业性质及企业所面临的环境。在市场经济条件下，企业财务管理的共性决定了现代企业财务管理应遵循以下十条一般原则。

虽然不需要先学完财务管理才可以理解这些原则，但是必须先理解这些原则才可能明白财务管理。所以尽管这些原则乍看起来很简单，甚至微不足道，但它们却是所有后续知识的出发点。这些原则将会与课本上的概念和方法贯穿在一起，以强调财务管理背后的逻辑。本书将在后面的每一章中不断地提及“回到原则”来重现这些重要原则，使

---

① 联合国可持续发展议程，https：//www.un.org.

相关知识得以贯穿起来。

原则一：风险-收益（risk-return）权衡——除非可以预期得到额外的收益，否则人们就不会去承担额外的风险。

首先，投资者要求一个至少高于预期通胀率的最低收益率来弥补他们的延期消费。如果他们不能得到弥补通胀的回报，那么投资者宁愿提前购买所有需要的东西或者投资于那些会受通胀影响的资产，以获得等同于通胀率的收益。因为当储蓄的购买力降低时，人们就没有动机去推迟消费了。

不同的投资选择有不同程度的风险和预期收益。投资者有时候选择高风险的投资项目是因为这些项目能带来更高的预期收益。高风险，高回报。这种风险和预期收益的关系可以在图1-1中体现出来。

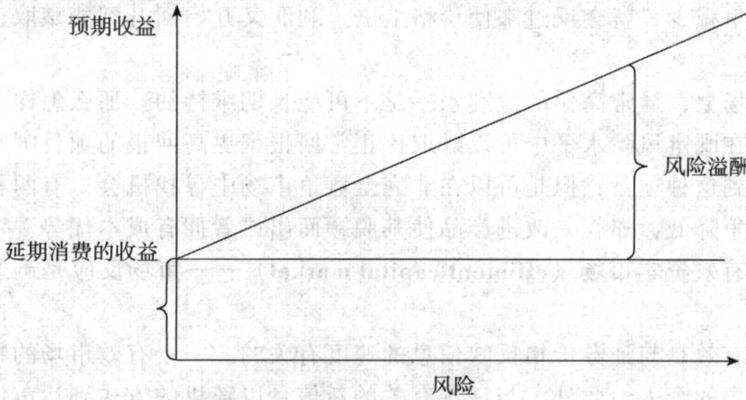

图1-1　风险和预期收益的关系

原则二：货币时间价值（time value of money）——今天收到的一元钱比将来收到的一元钱更值钱。

财务管理的基本概念是货币具有时间价值：今天收到的一元钱比一年后收到的一元钱更值钱。因为人们可用今天收到的钱去赚取利息，所以早收到钱比晚收到钱要好。

财务管理关注财富的创造和计量。要计量财富，就要使用货币时间价值的概念将项目的未来收益及其成本折算成今天的价值。如果收益大于成本，这个项目就能创造更多的财富，所以应被接受；如果成本高于收益，这个项目就不能创造财富，应被否决。所以，如果没有意识到货币是存在时间价值的，就无法合理评估项目的未来收益和成本。

原则三：决定一切的是现金流量，而非会计盈余。

在计量财富或者价值的时候，将以现金流量而不是会计盈余作为计量工具。企业实际收到的并可以拿去再投资的是现金流量，而不是会计盈余。会计盈余是应计的数额而并不代表钱已经到手。所以，企业的现金流量和会计盈余可能不一样。举个例子，像购买新设备或楼房等固定资产的支出会逐年发生折旧，每年的折旧费会在利润中扣除，但并没有现金流出。现金的流入和流出伴随的是实际收到和付出的现金，就是钱的到手或离手。因此，现金流量能够正确反映收益和成本的时间性。

原则四：增加的现金流量——只有变量才有意义。

在做商业决策时，人们就是在考虑这些决策带来的结果是什么：如果赞成会怎样？

否决又会怎样？原则三说，要用现金流量来衡量投资新项目所带来的收益，现在对使用现金流量进行决策的过程稍加调整，即只考虑增加的现金流量。增量现金流量就是进行和不进行某项目所带来的现金流量的差额。

这里的重点是要从增量的角度去思考问题，指导人们确认现金流量有无增加的准则是判断接受和不接受新项目时结果分别会怎样。其实，对于增量概念的运用并不局限于现金流量。

原则五：竞争市场的诅咒——为何难以找到一个异常有利可图的项目？

在现实中，评估一个项目总是比找到有利可图的项目容易得多。一个行业能赚取高额利润，通常就会吸引新的进入者，而由此新增的竞争和产能就会使利润降低到正常的回报率。相反，如果一个行业的回报率低于正常回报率，部分市场参与者就会被淘汰，由此产能和竞争减少，就会反过来使价格上涨，利润又开始回升到能赚取正常回报率的水平。

在竞争市场上，异常高额的盈利水平是不可能长期维持的。那么怎样才能找到好项目——也就是在既定风险水平中可以赚取比正常回报率更高回报的项目呢？在完全竞争市场中很难找到这种项目，但是可以在非完全竞争市场中寻找机会。有两种常见的方式可以使市场竞争降低，那就是改进产品使其脱颖而出或者拥有成本优势。

原则六：有效资本市场（efficient capital market）——市场反应是迅速的，定价是正确的。

市场是否有效是与证券价格反映信息的速度有关的。一个有效市场的特征是有大量逐利且独立行事的个人。此外，与证券有关的新信息以随机的方式到达市场。在此条件下，投资者立即对新信息做出反应并买卖有价证券，直到他们认为市场价格正确反映了新的信息为止。在有效市场假说之下，证券价格反映信息的速度如此之快，以致投资者无法从公开信息中获利。逐利的投资者使得证券价格恰当地反映预期的收益及其风险，由此，反映了企业的真实价值。

有效市场意味着以下两点：首先，价格是正确的。股票的价格反映了关于公司价值的所有公开信息，所以，在其他条件不变的情况下，可以通过关注每一个决策对股价的影响来实现股东财富最大化的目标。也就是，长期向好的决策能提高股价，坏的决策会降低股价。其次，通过会计政策变更进行的盈余操纵不会影响股价。股票分割和其他不影响现金流量的会计方法的变更是不会影响股价的。市场价格反映的是预期能带给股东的现金流量，所以之前所说的要用现金流量来计量收益的时间价值是合理的。

原则七：代理问题（agency problem）——为股东工作的管理者追求自身利益最大化。

虽然公司的目标之一是使股东财富最大化，但是在现实中，代理问题却妨碍了这一目标的实现。代理问题是由所有权与经营权分离而形成的。例如，一家大企业可能是由没有或仅持很少股权的职业经理人来管理的，由于这种决策者与所有者分离的情形，经理的决策就可能与股东财富最大化的目标不一致。他们可能降低工作积极性，以及通过薪金和津贴来获益而不惜牺牲股东的利益。

代理人是指被授予权限以被代理人的名义实施法律行为的个体。在企业中，股东是被代理人，因为他们是企业的实际所有者。董事、首席执行官、公司的高管人员以及其他所有拥有决定权的人都是股东的代理人。但是不幸的是，这些董事、首席执行官和公司的其他高管人员并不总从股东利益最大化出发，相反，他们会从自身利益最大化出发来行事。他们不但会通过薪水和津贴得益，也可能回避任何给他们自身带来风险的项目——即使这些项目有很大的潜在收益且仅有很小的可能性失败。为什么会这样呢？因为万一该项目不能像预期一样盈利，这些股东的代理人就可能失去工作。

因此，需要花很多的时间去监督管理层以及尽力把股东的利益与管理层的利益结合在一起。可以用财务报表审计和薪酬制度去监管经理人，也可以通过设立股票期权、奖金和津贴等使管理者与股东的利益结合在一起。除非能有机制把二者利益完全结合在一起，不然代理问题将继续存在。换句话说，除非同时对股东和管理者有利，否则，管理者做决定时就会从自身利益最大化出发而不会考虑能否使股东财富最大化。

原则八：税收会影响决策。

原则四说过，在决策过程中应该只考虑增加的现金流量。更确切地说，所考虑的现金流量是以公司作为一个整体的税后现金流量。

在评估新项目时，我们将看到所得税发挥很大的作用。企业在分析是否要购买厂房或设备时，投资回报应该是在税后的基础上计量的。否则公司将不能真实地评估出该项目所创造的增量现金流量。

政府也意识到税收可以影响决策，所以会用税收来鼓励某种投资。如果政府想鼓励在研发项目上的投资，它可能给这种投资提供税收减免。这样会使研发项目的税收降低，从而增加这些项目的税后现金流量，而增加的现金流量就可能使原来无利可图的项目变得有利可图。所以政府可以用税收来引导企业投资研发项目和能创造就业机会的项目。

原则九：不是所有风险都是一样的——某些风险可以被分散，某些却不能。

有一句古老的谚语："不要把所有的鸡蛋都放在一个篮子里。"分散投资可以使好的和坏的事情互相抵消，所以可以减少总的波动以致不会影响预期收益。

图1-2中所描述的两个项目的现金流量是反向的。当它们结合在一起时，组合的现金流波动就完全被消除了，而收益并没有改变——每个独立项目的收益和它们组合的收益平均都是10%。在这个例子中，极端好和极端坏的观测结果互相抵消了。

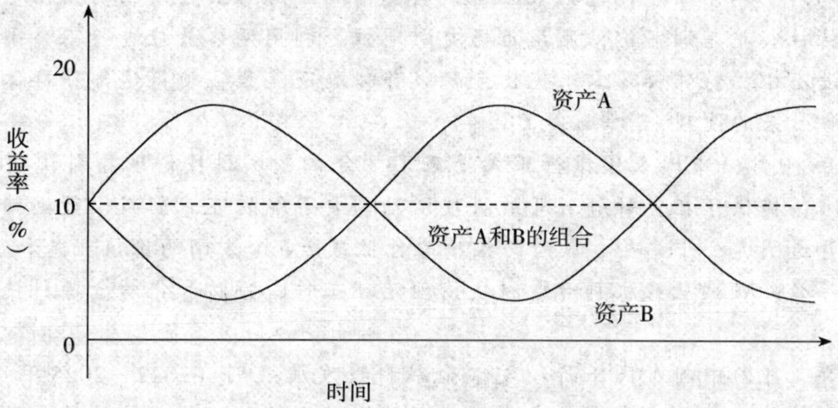

图1-2 通过分散投资降低风险

在很多项目和资产中，有一部分风险可以通过分散投资被抵消，但是有一部分风险却不能。分散的过程可以减少风险，所以衡量一个项目或一项资产的风险是很困难的。一个项目的风险变化取决于是单独来计量它还是把它和企业的其他项目结合在一起看。

原则十：有道德的行为是指做正确的事，财务管理中的道德困境无处不在。

商业伦理是20世纪后期出现的热门话题，也依旧是21世纪的新闻头条，安然、世通和安达信的例子都说明了违背商业伦理是不可饶恕的事。依照伦理准则来规范商业行为不仅在道义上是正确的，也符合股东财富最大化的目标。

有道德的行为意味着"做正确的事情"，但是困难就在于如何定义"正确的事情"。每个人都有自己的一套价值观用以判断什么是正确的事情。然而，任何一个社会都采取自己的准则或法律来描述它所谓的"正确的事情"。党的二十大报告对"广泛践行社会主义核心价值观"作了专门阐述，为新时代新征程培育和践行社会主义核心价值观指明了方向。

党的二十大报告指出："完善中国特色现代企业制度，弘扬企业家精神，加快建设世界一流企业。"世界一流企业必然是有社会责任感的企业。

本书将会指出近年来关于财务管理实践中的一些道德困境，并鼓励大家用自己的观点思考问题。

上述十大原则是财务管理知识的逻辑基础。虽然每一章节学习的内容都不同，但是它们背后的逻辑都是一样的，即都以这十大原则为基础。

财务管理中的商业伦理　　　　金融科技伦理

金融科技不断创新发展，深刻改变了传统金融服务的方式和业态，提高了服务效率、质量和能力，促进了经济社会发展，同时也衍生出复杂多样的伦理问题与潜在风险，给金融创新、金融监管、金融安全带来一系列新的挑战。

金融科技伦理是利用科技手段从事金融活动应遵守的价值准则。金融科技伦理治理属于自律范畴，强调人的内心自觉和金融机构的内部治理。

金融科技发展主要面临着四个方面的伦理挑战：数据安全、算法滥用、无序竞争、数字鸿沟。具体而言，包括未经用户同意情况下随意共享或售卖数据资源；利用算法黑箱特性实施差别定价；滥用市场支配地位，利用网络效应进行不公平竞争；数字化产品没有根据特殊群体需求优化金融服务体验及流程，使得这部分群体无法享受智能化服务带来的便利，等等。

2022年10月，中国人民银行正式发布了《金融领域科技伦理指引》（JR/T 0258-2022）标准，提供了在金融领域开展科技活动需要遵循的守正创新、数据安全、包容普惠、公开透明、公平竞争、风险防控、绿色低碳等7个方面的价值理念和行为规范，适用于指导金融领域从业机构开展科技伦理治理工作，预防和化解金融科技活动伦理风险。

2023年1月，中国人民银行印发《金融科技发展规划（2022—2025年）》，提出强化金融科技治理，全面塑造数字化能力，健全多方参与、协同共治的金融科技伦理规范体系，构建互促共进的数字生态。

2023年3月，中共中央办公厅、国务院办公厅印发《关于加强科技伦理治理的意见》，要求各相关行业主管部门细化本系统科技伦理监管框架和制度规范。

资料来源：

1. 李伟．推进伦理治理 护航金融科技行稳致远［J］．当代金融家，2022（2）：51-53.

2. 肖钢，等．构建金融科技伦理治理体系报告［EB/OL］．［2022-04-16］．http://www.cwm50.cn/newsinfo/5238199.html.

3. 中国人民银行．金融领域科技伦理指引［EB/OL］．［2022-10-09］．https://www.cfstc.org/bzgk/detail/? id=0&bzId=1983.

重要术语

财务（finance）
财务管理（financial management）
权益资金（equity capital）
债务资金（debt capital）
短期投资（short-term investment）
长期投资（long-term investment）
直接投资（direct investment）
间接投资（indirect investment）
营运资金（working capital）
利润最大化（profit maximization）
每股盈余最大化（maximization of earnings per share）
股东财富最大化（maximization of shareholder wealth）
企业价值最大化（maximization of firm value）
相关利益者价值最大化（maximization of stakeholder value）
风险-收益（risk-return）
货币时间价值（time value of money）
有效资本市场（efficient capital market）
代理问题（agency problem）

本章小结

本章是财务管理概述。本章第一节介绍了财务管理的概念和内容。企业财务管理是基于在经营过程中客观存在的财务活动和财务关系而产生的，是企业组织财务活动、处理与各方面财务关系的一项经济管理工作。财务管理的对象是企业在经营过程中的资金活动。财务管理的基本内容包括筹资管理、投资管理、利润分配管理和营运资金管理。

本章第二节讨论了财务管理的目标。财务管理就是对企业的资金进行规划运筹和控制，以最终实现企业目标的一项管理活动。企业目标理论经历了从利润最大化、每股盈余最大化、股东财富最大化到企业价值最大化的演变过程，最新的发展又提出了相关利益者价值最大化和可持续发展的观点。

本章第三节强调了财务管理的原则。财务管理的原则是组织企业财务活动及处理各种财务关系所应遵循的基本规范。现代企业财务管理应遵循的十条一般原则将与本书的概念和方法贯穿在一起，以强调财务管理背后的逻辑。

复习与思考

1.什么是财务管理？财务管理包含哪些内容？

2.关于财务管理的目标有哪几种观点？你认为财务管理的目标应该是什么？

3.财务管理的一般原则包含哪些内容？

4.财务管理活动会对社会产生怎样的影响？企业在财务管理活动中是否应该承担社会责任？

二维码1-1 复习与思考参考答案

拓展阅读

二维码1-2 企业要有社会责任

二维码1-3 多家中国机构加入联合国“负责任投资原则”

第二章　财务管理的环境

学习目标

1.理解企业的各种组织形式、特征及其优缺点；
2.了解公司治理的概念和构成；
3.认识主要的金融市场、金融机构和金融工具；
4.掌握利率的决定因素。

教学重点与难点

教学重点：
1.金融环境；
2.利率。
教学难点：
利率。

引例：北交所和港交所签订框架合作协议

2023年6月29日，北京证券交易所（以下简称“北交所”）与香港交易所（以下简称“港交所”）在北京签署合作谅解备忘录（以下简称“合作备忘录”）。根据合作备忘录，北交所和港交所将支持双方市场符合条件的已上市公司，在对方市场申请上市。

根据框架合作协议，北交所和港交所的已上市公司可以在对方市场申请上市。“北+H”模式的落地使南北两个重要的区域发展极之间架起连心桥、创新桥，不断促进两地市场要素的互换与聚合。

签约仪式上，北交所和港交所表示将进一步扩展服务范围、优化投资者结构和完善市场功能，助力北京国际科创中心建设、巩固香港国际金融中心地位。

对于北交所而言，此次与港交所的合作将进一步拓宽内地和香港“北+H”模式的惠及面，使更多企业可以借助京港市场的互融互通来实现加速发展。推出京港两地上市安排，代表了北交所的开放化和国际化，同时也是中国证券监督管理委员会统筹下推进资本市场开放、持续深化北交所改革、回应市场需求的重要举措。

对北交所上市公司而言，合作备忘录的签署为其境外融资打开了便利之门。北交所上市公司的融资可能、估值功能和交易机会均将有所提升，合作备忘录的签署也有助于进一步促进北交所上市公司的高质量发展和提升市场的流动性。

资料来源：王震．北京证券交易所与香港交易所在京签署合作谅解备忘录［EB/OL］．［2023-06-30］．http://finance.people.com.cn/n1/2023/0630/c1004-40024908.html.

因此，不妨带着以下几个问题去阅读本章：财务管理人员应该关注哪些环境因素？财务管理的环境如何影响企业的财务决策？如果你是一家北交所上市企业的财务经理，“北+H”模式的落地将会对你所在的企业产生什么样的影响？

财务管理原则的运用

原则六：有效资本市场——市场反应是迅速的，定价是正确的。

原则七：代理问题——为股东工作的管理者追求自身利益最大化。

财务管理的环境是指对企业财务活动产生影响的企业内外部条件。认识企业财务管理环境，有助于增强企业财务管理对环境的适应能力，顺利实现财务管理的目标，提高财务管理的效率。

企业财务管理的环境可以分为内部环境和外部环境。企业内部财务管理环境是指企业内部影响财务管理活动的各种因素，一般属于微观财务管理环境。企业外部财务管理环境是指企业外部影响财务管理活动的各种因素，包括法律环境、经济环境、社会环境和技术环境。

本章主要介绍企业内部财务管理环境中的企业组织形式和公司治理结构，以及外部财务管理环境中的法律、经济、社会和技术环境。

第一节 内部环境

一、企业的组织形式

企业财务管理必须立足企业的组织形式。企业的组织形式可以按照不同的类型进行分类。

（一）独资企业

独资企业（sole proprietorship）是指由一个自然人投资，财产为投资人个人所有，投资人以其个人财产对企业债务承担无限责任的经营实体。[①]

独资企业是最古老也是最简单的企业组织形式。独资企业本身不缴纳所得税。当独资企业有利润时，应把这部分利润加入到所有者的个人所得税收入中，由所有者缴纳个人所得税；当独资企业亏损时，把亏损从应税收入中扣除。独资企业的规模一般都很

① 《中华人民共和国个人独资企业法》第二条。

小，其组织结构也十分简单，独资企业这种组织形式在服务业很常见。

独资企业的优点有：（1）法律对这类企业的管理比较宽松，设立企业的条件不高，设立程序简单、方便。（2）所有权能够自由转让。（3）所有者与经营者合为一体，经营方式灵活，财务决策迅速。

独资企业由单个自然人独自出资、独自经营、独自享受权益、独自承担经营责任。独资企业的缺点有：（1）企业规模小，企业的生存与发展在很大程度上依赖于所有者个人，偿债能力有限，对债权人缺乏吸引力，筹集资金比较困难。（2）企业存续期短。一旦所有者死亡、丧失民事行为能力或不愿意继续经营，企业的生产经营活动就只能终止。（3）由于受到所有者能力、人员素质以及资金规模的影响，独资企业抵御财务风险和经营风险的能力较低。

（二）合伙企业

合伙企业（partnership）是指由两个或两个以上的自然人、法人和其他组织依法设立的普通合伙企业和有限合伙企业。[①]

普通合伙企业（general partnership）由普通合伙人组成，合伙人对合伙企业债务承担无限连带责任。由于每个合伙人都要对合伙企业的债务负连带责任，因此普通合伙企业的合伙人要经过仔细地挑选。在大多数正式的约定或合伙契约中都载明了下面的内容：各个合伙人的权利、合伙企业利润的分配方法、每个合伙人的投资额、吸收新合伙人的程序、在某个合伙人死亡或退出时合伙企业重组的程序等。

有限合伙企业（limited partnership）由普通合伙人和有限合伙人组成，普通合伙人对合伙企业债务承担无限连带责任，有限合伙人以其认缴的出资额为限对合伙企业债务承担责任。在有限合伙企业中，必须至少有一名普通合伙人承担无限责任。有限合伙人不执行合伙事务，不得对外代表有限合伙企业。[②]从严格意义上说，有限责任合伙人是投资者，其盈亏分配比例由合伙契约规定。

合伙企业本身不缴纳所得税，其收益直接分给合伙人，由合伙人缴纳个人所得税。常见的合伙企业有律师事务所、会计师事务所、建筑设计事务所以及诊所等。

与独资企业相比，合伙企业的优点包括：（1）由于合伙人既是合伙企业的所有者，又是合伙企业的经营者，这样就可以发挥每个合伙人的专长，提高合伙企业的决策水平和管理水平。（2）由于可以由众多的人共同筹集资金，提高了筹资的能力，扩大了企业规模。同时，也由于合伙人共同负责偿还债务，降低了债权人的风险，有利于合伙企业取得贷款。（3）由于无限责任合伙人对合伙企业的债务承担无限连带责任，有助于增强合伙人的责任心，提高合伙企业的信誉。

合伙企业也有自己的缺点：（1）合伙企业的生命期是有限的。按照法律规定，如果合伙企业中任何一个合伙人发生变化（如原合伙人丧失民事行为能力、死亡或退出，或者新合伙人加入等），那么原合伙企业就解散了，要建立新的合伙企业。（2）由于无限责任合伙人对合伙企业的债务负连带责任，无限责任合伙人承担的风险极大。（3）由于

---

① 《中华人民共和国合伙企业法》第二条。
② 《中华人民共和国合伙企业法》第六十八条。

合伙企业的重大决策必须要经过全体合伙人一致同意，因此，合伙企业的管理机制难以适应快速多变的环境。

（三）公司制企业

公司制企业（company）是指以营利为目的，依法登记成立的社团法人。公司是一个法人，与其所有者相分离，拥有自然人的很多权利和义务。公司制企业包括依法设立的股份有限公司和有限责任公司。

1.股份有限公司

股份有限公司（corporation）是指全部注册资本由等额股份组成，并通过发行股票来筹集资本的企业法人。股份有限公司一般又简称为股份公司。

股份公司具有下列特征：（1）股份公司是最典型的合资公司。在股份公司中股东的个人性质没有任何意义。股东仅仅是股票的持有者，其所有权利都体现在股票上并随股票的转移而转移，任何持有股票的人都是股东。股份公司必须预先确定资本总额，然后着手募集资本。任何愿意出资的人都可以成为股东，没有资格限制。（2）股份公司将其资本总额分为等额股份。资本平均分为股份，每股金额相等，这是股份公司一个突出的特点。（3）股份公司设立程序复杂，法律要求严格。《中华人民共和国公司法》（以下简称《公司法》）规定，股份有限公司的设立必须经国务院授权的部门或者省级人民政府批准，不得自行设立。股份公司的重要文件，如公司章程、股东名册、股东大会会议记录、财务会计报告等必须公开，以供股东和债权人查询。股份有限公司每年还必须公布公司的财务报表。

与独资企业和合伙制企业相比，股份有限公司有四个主要的优点：（1）有限责任。股东对股份有限公司的责任仅限于其投资额。如果公司破产或者由于其他的原因导致经营失败，股东损失的最大值就是其投资额。股份有限公司可以自己的名义筹集资金，无须所有者对这些债务承担无限责任。（2）永久性。股份有限公司独立于所有者而依法存在。股份有限公司的存在不依赖于所有者，它的寿命不受所有者生命的限制，即使某些所有者死亡或出售股票，股份有限公司也能继续存在。（3）所有权的可转让性。股份有限公司的股份可以通过股票买卖转让，比转让独资企业或合伙企业的所有权更为容易。（4）易于获得外部资金来源。因其永续存在以及具有较强的举债和增加股份的能力，股份有限公司具有筹集大额资金的能力。

股份有限公司的缺点有：（1）股票流动性强，使得股东特别是小股东缺乏责任感，当企业经营业绩欠佳时，股东往往就会转让、出售股票。（2）企业的利润要双重纳税。一方面公司要就其收入缴纳企业所得税，另一方面股东在收到股利时还要纳税。（3）企业设立的程序烦琐，周期较长。

2.有限责任公司

有限责任公司（limited liability company）是指由一个或一个以上股东共同出资，每个股东以其所认缴的出资额对公司承担有限责任，公司以其全部资产对债务承担责任的企业法人。有限责任公司一般也被称为有限公司。

有限责任公司具有下列特征：（1）有限责任公司的设立程序比股份有限公司简单。

在我国，设立有限责任公司，除了法律、法规另有规定外，不需要任何政府部门的批准，可以直接向公司登记机关申请登记。有限责任公司也不必发布公告或公开其账目，尤其是公司的资产负债表一般无须公开。（2）有限责任公司不公开发行股票。有限责任公司的股东虽然也有各自的份额以及股份的权利证书，但这里的股份只是一种记名证券，不像股票那样属于有价证券。而且，各股东的股份由股东协商确定，并不要求等额，可以有多有少。（3）有限责任公司的股东人数是有限额的。大多数国家的公司法都对有限责任公司的股东人数有上限的规定，即最多不得超过多少人。我国《公司法》规定，有限责任公司的股东人数须在50人以下。（4）有限责任公司的股份不能自由买卖。由于有限责任公司股东持有的股权证书不是股票，所以这种股权证书只能在股东之间相互转让。在向股东以外的人转让股份时，必须经过全体股东半数以上同意，并且，经同意转让的股份，其他股东在同等条件下可以优先购买。（5）有限责任公司的内部管理机构设置灵活。股东人数较少和规模较小的有限责任公司，可以不设立董事会，只设1名执行董事，执行董事可以兼任公司经理；而且，这类公司也可以不设立监事会，只设1至2名监事执行监督的职能。

企业组织形式的差异导致财务管理组织形式的差异。在独资企业和合伙企业的组织形式下，企业的所有权与经营权合二为一，或者说企业的所有者同时也是企业的经营者，他们享有财务管理的所有权，并与其所享有的财务管理的权利相适应，这两种企业的所有者必须承担一切财务风险或责任。在公司制的企业组织形式下，所有权和经营权发生了分离。公司财务管理权也相应地分属所有者和经营者两个方面。通常情况下，公司的所有者不直接对公司的生产经营活动进行决策或参与决策。但是，为了确保所有者的权益，他们必须参与有关影响所有者权益及其变动的重大财务决策。经营者则需要对公司的日常经营活动做出决策，包括公司一般的财务决策。因此，在公司这种企业组织形式中，所有者拥有所有权，但不拥有经营权。公司的所有者也不像独资企业和合伙企业的所有者那样承担无限责任，他们只是以自己的出资额为限承担有限责任。

不同类型企业组织形式的特征见表2-1。

表2-1 不同类型企业组织形式的特征

特　征	独资企业	合伙企业	股份有限公司
经营实体	是	是	是
法律实体	否	否	是
有限责任	否	否	是
无限寿命	否	否	是
企业所得税	否	否	是
允许一个所有者	是	否	是

注：有限合伙企业中的有限合伙人承担有限责任。

二、公司治理

（一）公司治理的概念

公司治理（corporate governance）是一种对公司进行管理和控制的体系，它明确规定了公司各参与者的责任和权力分布，诸如董事会、经理层、股东和其他相关利益者，并且清楚地说明了决策公司事务时应遵循的规则和程序；同时，它还提供了一种结构，使之用以设置公司目标，也提供了达到这些目标和监控运营的手段。

公司治理的概念可以从狭义和广义两个角度理解。

狭义的公司治理，是指所有者，主要是股东对经营者的一种监督与制衡机制，即通过一种制度安排来合理地配置所有者与经营者之间的权力与责任关系。其目标是保证股东利益的最大化，防止经营者对所有者的背离。其主要特点是通过股东大会、董事会、监事会及管理层所构成的以公司治理结构为基础的内部治理。

广义的公司治理则不局限于股东对管理者的制衡，而是涉及了广泛的相关利益者，包括股东、债权人、供应商、客户、员工、政府和社区等与公司有利益关系的集团。公司治理是通过一套包括正式或非正式的、内部的或外部的制度或机制来协调公司与所有相关利益者之间的利益关系，以保证公司决策的科学性，从而最终维护公司各方面的利益。因为在广义上，公司已不仅仅是股东的公司，而是一个利益共同体，公司的治理机制也不仅限于以治理结构为基础的内部治理，而是相关利益者通过一系列的内部、外部机制实施的共同治理。治理的目标不仅是股东利益的最大化，还要保证公司各方面的相关利益者的利益最大化。

（二）公司治理的构成

完整的公司治理体系由内部治理和外部治理两个部分构成，并由产权和市场两条主线连在一起。

1.内部治理

内部治理即通常所说的治理结构，是股东及其他参与者利用公司内部的机构和程序参与公司治理的一系列法律和制度安排。它由股东大会、董事会、经理层三大机构之间的权力、责任及制衡关系组成。内部治理主要按照产权主线展开，它将股东看成公司的所有者或委托人。股东通过股东大会决定公司的战略管理，选举和更换董事，董事会负责聘任或解聘经理人员。日常管理则交给经理层负责，并由董事会对其进行监督、考核和激励。在权责关系上，董事会对股东负责，经理层对董事会负责。我国还设立了监事会，该机构的成员也由股东大会选举，主要对董事及高层管理人员的行为进行监督。

股东大会是公司最高的权力机构，对公司的重大问题做出决策。由于股东人数众多，所持有的股份多少及参与治理的能力也有差异，要将众多股东的意志集中起来，就必须设计必要的表决和投票程序。某一股东要使其意图或提案在股东大会上通过，就必须持有足够的股份，成为大股东，或进行代理权竞争，征集足够的投票权。除了股东大会的表决权外，股东还拥有诉讼权，对董事或经理违反其利益的行为提起诉讼，要求赔偿。

董事会由股东所选举的董事构成。由于股东大会每年只定期召开一次（临时股东大会除外），在此期间公司的运营便委托给董事会负责。董事会的基本职能是执行股东大会的决议，制定公司的战略并监督其执行，其中一个十分重要的任务就是选好经理人员，将日常经营交给经理层负责，并对其进行有效监督。

内部治理除制衡功能外，还有一个重要的功能就是进行激励，包括对经理层的激励以及对董事的激励。内部治理要设计有效的激励机制，使经理和董事能为企业的价值最大化目标努力工作。对非执行董事提供的激励主要是荣誉和社会地位，参加董事会所需的必要费用以及一定的报酬。对执行董事以及经理层提供的激励包括组织内部的晋升和报酬，其中报酬可以采用年薪、奖励以及股票期权等形式。董事的报酬由股东大会决定，经理层的报酬由董事会决定并向股东大会报告。

2.外部治理

外部对公司的治理主要来自市场，除此之外也包括政府和社区。其中，市场对公司的治理包括资本市场、产品市场、经理市场和劳动力市场。每一个市场都是企业不同的利益相关者行使对企业治理权力的场所。

（1）资本市场。企业在生产经营中，常常需要从外部融资，其中一个重要途径就是进入借贷市场。在借贷市场上，债权人主要通过是否向企业贷款，规定贷款的条件、使用方向及偿还方式，以及当企业不能还款时处置抵押资产和资不抵债时对其进行破产处理等方式，对企业及其经营者施加约束。借贷市场迫使企业必须建立良好的信用，按借贷契约的规定还款，并努力经营，使企业的财务状况保持良好。企业进行外部融资的另一个重要途径是股票市场，它在公司治理中的作用尤为重要。当企业经营不善时，其股价就会下跌。股价下降到一定程度并导致企业价值被低估时，资本市场上的收购者就会收购企业的股票。当收购者掌握了对企业的控制权后，就会改组董事会，更换经理层，实施新的战略，改善经营，使得股价上升，收购者从中获利。这样，股票价格的变动以及由此可能引发的接管，迫使经营者必须付出必要的努力。这一机制被认为是对于股权分散公司的一个十分重要的控制机制。

（2）产品市场。产品市场对公司的治理主要是通过生产同类产品企业之间的竞争和消费者的选择进行的，同时也包括新进入者、替代产品及供应商所施加的压力。如果企业产品在市场上不适销对路、价高质次或服务质量差，就会丧失市场份额，甚至面临倒闭或破产。如果企业产品在市场上大受欢迎，就会增大其产品的市场占有率，获取更多的利润，从而使得投资者、经营者和员工都从中得到好处。因此，产品市场是对企业整体的治理，对企业的所有参与者，特别是所有者和经营者提供了约束和激励。只要产品市场的竞争充分，企业为了不被激烈的竞争所淘汰，就必须付出必要的努力，以取得让投资者满意的回报。

（3）经理市场。经理市场主要通过业绩考核及潜在对手对经理职位争夺的威胁，对在职经理提供很强的约束。如果说产品市场主要是通过对企业整体的治理来对经营者进行约束，经理市场则直接对在职经营者形成约束。

（4）劳动力市场。在完全竞争的劳动力市场上，企业和员工都根据自己的意愿进行选择，签订劳动契约。员工通过选择辞职、利用工会组织进行集体谈判，甚至罢工等方式，保护自己在企业中的基本权利。企业也可根据市场需要的变化以及员工的能力、努力程度等因素，延长雇用或解雇员工，从而迫使员工努力工作，满足企业的要求。这样，竞争性的劳动力市场对雇佣双方都提供了足够的激励和约束，提高了雇佣关系的效率。

公司治理由一整套的工具和机制所构成，如图2-1所示。在产权基础上所形成的股东大会、董事会、经理层三者之间的权责利关系，构成了公司治理的基本框架，即内部治理机制。由资本市场、产品市场、经理市场和劳动力市场组成的市场体系，是公司及其内部治理结构存在的外部环境。这些市场影响着公司的行为，也影响内部治理机制的运转。有效的治理需要多种机制或工具同时发挥作用。一方面，治理机制之间存在着明显的互补性。另一方面，治理机制之间存在着某种替代关系，内部治理机制运作正常，就会减少对外部治理的依赖；外部市场竞争充分，对企业施加了足够的激励和约束，内部治理的重要性就会下降。

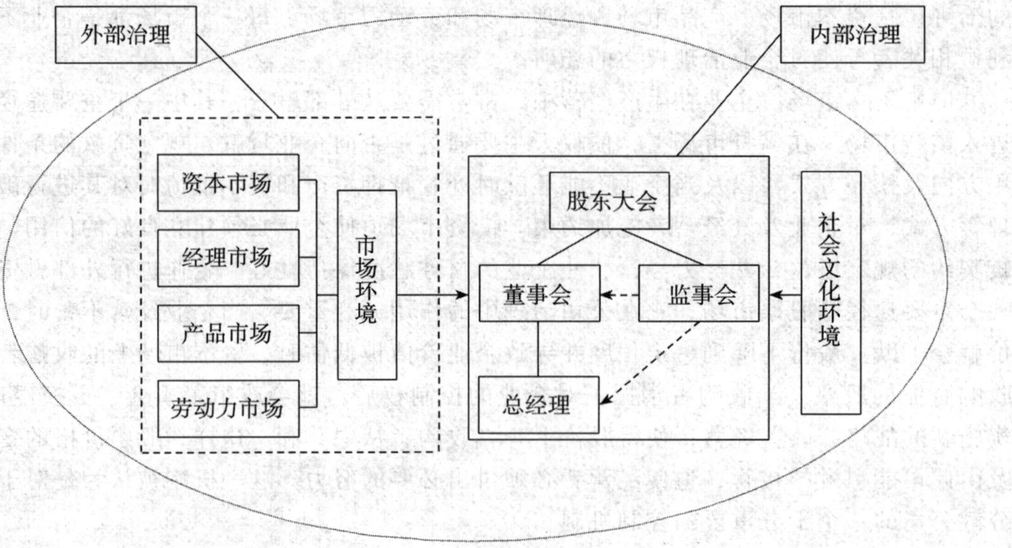

图2-1 公司治理体系

三、财务管理的组织机构

健全的财务管理组织机构是企业有效开展财务管理活动、实现财务管理目标的重要条件。由于财务决策在企业战略决策中的重要地位，企业应单独设立财务管理机构，并设一名公司副总经理负责企业全面的财务工作。

企业与企业之间的组织结构并不完全相同。不同的企业因业务差异而侧重点有所不同，不同的企业组织机构设置的层次也有不同。图2-2展示了一种典型的公司制企业的财务管理组织机构。财务副总裁负责整个企业的财务工作，其下有财务经理和会计经理。财务经理负责资金筹集和使用以及股利分配等工作。风险管理、保险、兼并与收购活动以及制定财务制度也是财务部门的职责。财务经理负责的财务部门一般下设财务分析与预算、筹资管理、投资管理、现金管理和信用与风险管理等分部。会计经理主要负责会计和税务方面的活动。会计部门一般下设财务会计、成本会计、管理会计、税务会计和会计信息系统等分部。

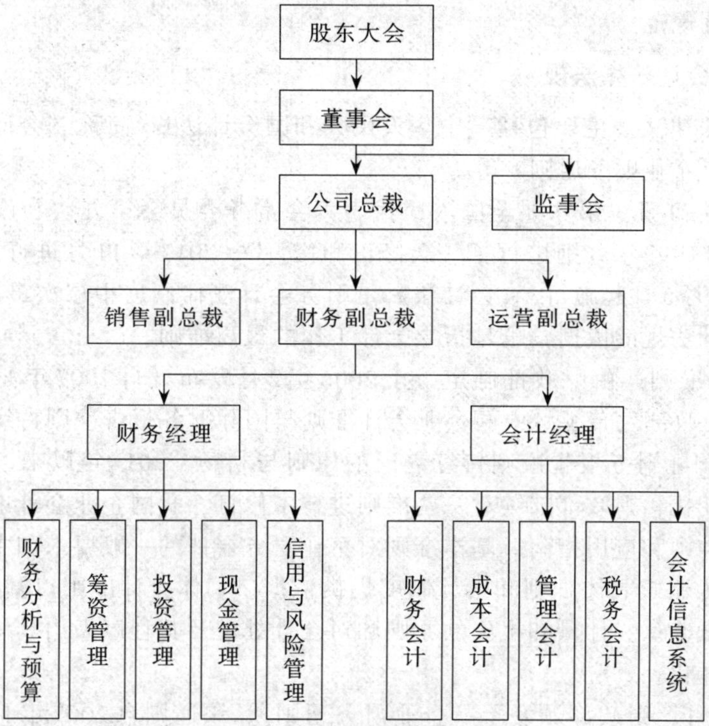

图2-2　财务管理的组织机构

第二节　外部环境

一、法律环境

在市场经济条件下，国家对企业行为的管理主要是通过法律法规手段来进行的，包括各种法律、法规和规章，它们构成了财务管理的法律环境。企业的财务活动，无论是投资、筹资还是股利分配都要符合相关的法律、法规和规章的要求，如企业组织的法律规范、财务会计法律法规、税收法律规范、证券法律规范、结算法律规范、合同法律规范、破产法律规范等。[①]

（一）企业组织的法律法规

企业的组织形式包括独资企业、合伙企业和公司制企业。无论哪一种形式的企业都应该依法成立、依法经营，但不同形式的企业所依据的法律法规有所不同，具体包括《中华人民共和国公司法》、《中华人民共和国合伙企业法》和《中华人民共和国个人独资企业法》等。

① 肖淑芳，佟岩，刘宁悦．财务管理学［M］．2版．北京：北京理工大学出版社，2018.

《公司法》对公司制企业的设立条件、设立程序、组织机构、股份发行与转让、合并、分立、增资、减资、解散和清算等都做了相应的规定。《公司法》是企业财务管理最重要的强制性规范。

(二) 财务会计法律法规

财务会计法律法规主要包括《中华人民共和国会计法》(简称《会计法》)、《企业会计准则》和《企业财务通则》等。

1985年1月21日，第六届全国人民代表大会常务委员会第九次会议通过了《会计法》，1993年和1999年分别进行了一次修正和修订[①]，2017年11月进行了第二次修正，并自2017年11月5日起施行。《会计法》是财务会计法律制度中层次最高的法律规范，是制定其他会计法规的依据，也是指导会计工作的最高准则。

《企业会计准则》由财政部制定，于2006年2月发布，自2007年1月1日起施行。2010年4月，财政部发布了《中国企业会计准则与国际财务报告准则持续趋同路线图》，表达了我国与国际财务报告准则持续趋同的原则与立场。2014年以来，结合经济形势和企业经营的变化，财政部陆续对一些准则进行了修订。我国企业会计准则体系包括基本准则、具体准则和应用指南。基本准则对企业财务会计的一般要求和主要方面做出原则性的规定，为制定具体准则和会计制度提供依据。具体会计准则以基本准则为依据，规定各会计要素确认、计量和报告的原则和对会计处理及其程序做出具体规定，将会计准则的要求具体化。

2006年12月，财政部颁发了《企业财务通则》，该通则自2007年1月1日起施行。《企业财务通则》是为了加强企业财务管理、规范企业财务行为、保护企业及其相关方的合法权益、推进现代企业制度建设而制定的。

(三) 税收法律规范

税法是国家制定的用以调整国家与纳税人之间在征纳税方面的权利及其义务关系的法律规范的总称，与企业关系比较大的包括《中华人民共和国企业所得税法》《中华人民共和国海关法》《中华人民共和国资源税法》《中华人民共和国环境保护税法》《中华人民共和国增值税暂行条例》《中华人民共和国消费税暂行条例》等。国家向企业征税是具有强制性的，企业向国家缴税是法定义务。向国家缴税会使现金流出企业，减少企业价值。因此，财务管理就应该在不违反税法的前提下，在进行投资决策、筹资决策、股利分配和营运资金管理决策过程中进行税收筹划，实现企业价值最大化。

(四) 金融市场法律规范

公司制企业特别是上市公司的投资、融资、股利分配等离不开金融市场，因此，公司的经营活动和行为也要受到金融市场相关法律法规的约束。这些法律法规包括《中华人民共和国证券法》《首次公开发行股票并上市管理办法》《上市公司收购管理办法》《公司债券发行与交易管理办法》《上市公司非公开发行股票实施细则》《上市公司信息披露管理办法》等。

---

① 2019年，财政部启动了《会计法》第二次修订的工作。

二、经济环境

企业财务管理会受到经济环境的影响，如经济周期、宏观经济政策、金融市场环境和利率等。

（一）经济周期

经济周期（business cycle）又称为商业周期，是指经济运行中周期性出现的经济扩张与经济紧缩交替更迭、循环往复的一种现象。经济的这种周期性波动一般同时会伴随着通货膨胀和通货紧缩。在扩张阶段，宏观经济环境和市场环境日益活跃，表现为市场需求旺盛、订货饱满、商品畅销、生产趋升和资金周转速度快；在紧缩阶段，宏观经济环境和市场环境日趋紧缩，表现为市场需求疲软、订货不足、商品滞销、生产下降、资金周转速度慢。在经济周期的不同阶段，企业应当采取不同的财务管理策略。在扩张阶段，企业应该采取扩大投资与融资规模的策略；而在紧缩阶段，企业应该采取缩减投资与融资规模的策略。

（二）宏观经济政策

一个国家的经济政策，如经济发展规划、产业政策、财税政策、金融政策、外汇政策等，对企业的业务经营和财务管理活动都会产生重大影响。企业在做财务决策时，要认真研究政府的宏观经济政策。政府的宏观经济政策会因国际国内形势变化而变化，因此，企业在进行财务决策时，要考虑可能的宏观经济政策变化并留有余地，以更好地实现企业的经营目标。

（三）金融市场环境

筹资管理与投资管理都是企业财务管理的核心内容，而筹资和投资活动都离不开金融市场。金融市场的发展、金融机构的组织和运作方式、金融工具的种类等，都会对企业财务管理产生重大的影响。可以说，金融环境是财务管理的诸多环境因素中最为直接和最为重要的一个方面，它由金融市场、金融机构以及金融工具等构成。

1.金融市场

金融市场（financial market）是交易金融资产并对其进行定价的场所。在金融市场上，资金需求方以支付一定的利息为代价寻求资金，资金的供给方则愿意在一定时期内借出资金以获得投资收益。在现代经济中，金融市场是多种多样的，每种市场交易的工具有所不同，区别主要在于交易工具的到期日和它实际代表的资产。按照不同的分类标准可以将金融市场分成不同的类型。

（1）货币市场与资本市场

按照交易对象的期限，金融市场可以划分为货币市场与资本市场。货币市场（money market）交易的金融工具期限在一年以内，属于短期投融资市场。资本市场（capital market）交易的金融工具期限在一年或一年以上，属于中长期投融资市场。

（2）现货市场与期货市场

按照交易的交割时间，金融市场可以分为现货市场与期货市场。现货市场（spot

market）是指即期买卖、立即成交的交易市场。期货市场（future market）是指先行成交，在以后某一约定时间再行交割的交易市场。

（3）一级市场与二级市场

按照交易的性质，金融市场可以分为一级市场与二级市场。一级市场（primary market）是指发行新证券和新票据等金融工具的市场，是证券发行者筹集资金的场所，也称为发行市场或初级市场。二级市场（secondary market）是买卖已上市的证券和票据等金融工具的市场，是投资者之间转让证券的场所，也称为次级市场或流通市场。

金融市场还可以有其他的分类。按照交易的直接对象可以分为票据贴现市场、证券市场、黄金市场、外汇市场、保险市场等；按照交易的地域可以分为国内金融市场与国际金融市场；按照是否有交易场所可以分为场内交易市场与场外交易市场。

2.金融机构

金融机构（financial institutions）是指专门从事各种金融活动的组织。金融机构主要由银行类金融机构和非银行类金融机构构成。银行类金融机构包括中央银行、商业银行和政策性银行。非银行类金融机构是指银行以外的各类金融机构。

（1）中央银行

中央银行是特殊的金融机构，代表政府管理全国的金融机构和金融活动。其主要职责是：制定和实施货币政策，保持货币币值稳定；维护支付和清算系统的正常运行；持有、管理、经营国家外汇储备和黄金储备；代理国库和其他与政府有关的金融业务；代表政府从事有关的国际金融活动。中国人民银行是我国的中央银行。

（2）商业银行

商业银行是指以获取利润为经营目标，以多种金融资产和金融负债为经营对象，具有综合性服务功能的金融企业。商业银行为资金盈余者提供多样化的存款账户，然后通过直接贷款或购买债务证券的方式将资金贷给需求者。商业银行是最重要的金融机构，既具有一般金融机构的特征，又具有综合型、全能型的特点，是中央银行执行货币政策最重要的基础和途径。

（3）政策性银行

政策性银行是指由政府投资设立的，根据政府的特定经济政策和意图而专门从事政策性金融业务的银行。我国目前有三家政策性银行：国家开发银行、中国进出口银行和中国农业发展银行。

（4）非银行类金融机构

非银行类金融机构主要有保险公司、证券公司、金融租赁公司、信托投资公司等。

3.金融工具

金融工具（financial instrument）也称信用工具，是资金供给方和需求方之间进行资金融通时所签发的、证明债权或所有权的各种具有法律效力的凭证。金融工具可以从不同的角度进行分类。

（1）直接金融工具和间接金融工具

按发行者的性质划分，金融工具可以分为直接金融工具和间接金融工具。直接金融工具是指最终贷款人与最终借款人之间直接进行融资活动所使用的金融工具，如商业票据、政府债券、公司债券、公司股票等。间接金融工具是指金融机构在最终贷款人与最终借款人之间充当媒介进行间接融资活动所使用的金融工具，如银行承兑汇票、银行债券、人寿保险等。

(2) 长期金融工具和短期金融工具

按金融工具的期限划分，金融工具可以分为长期金融工具和短期金融工具。长期金融工具，即资本市场金融工具，期限在1年以上，主要有股票、公司债券、中长期政府债券等。短期金融工具，即货币市场金融工具，期限在1年以下，主要有商业票据、短期政府债券、银行承兑汇票等。

(3) 所有权凭证和债务凭证

按投资者是否掌握所投入资本的所有权划分，金融工具又可以分为所有权凭证和债务凭证。前者仅股票一种，股票投资者拥有被投资公司的所有权，在股东大会上享有表决权。其他金融工具都属于债务凭证，表明投资者取得了债权，并有权据以到期索取本金和利息，但在正常情况下无权干预发行者的经营管理和决策。

(四) 利率

利率（interest rate）也就是利息率，是指借贷期内的利息额与借贷资本金额（本金）的比率。金融市场的交易虽然千姿百态，但其实质都是货币资金这一特殊商品的交易或融通。资金融通以利率作为价格标准。货币资金通过利率这个价格标准实行再分配，因此，利率在资金配置和企业财务决策中起着重要作用。

通常，资金的利率由三个部分构成，即实际无风险利率（real risk-free interest rate）、通货膨胀溢酬（inflation premium）和风险溢酬（risk premium）。其中风险溢酬又包含三种风险的溢酬，即违约风险、流动性风险和期限风险的溢酬。因此，证券的名义利率（也称票面利率）的一般表达式为：

名义利率=实际无风险利率+通货膨胀溢酬+违约风险溢酬+流动性风险溢酬+期限风险溢酬

(1) 实际无风险利率

实际无风险利率是在预期通货膨胀率为零的情况下无风险证券的利率。在没有通货膨胀的情况下，短期政府债券的利率可以视为实际无风险利率。实际无风险利率随着经济情况的变化而变化，影响因素主要有：第一，企业和其他借款人对生产性资产的预期报酬率；第二，人们对即时消费与未来消费的时间偏好。

(2) 通货膨胀溢酬

通货膨胀对利率的影响很大，因为它降低了货币的购买力，也降低了实际的投资报酬率。因此，投资者要求投资报酬率中必须包括相当于证券期限内平均预期通货膨胀水平的通货膨胀溢酬。需要注意两点：第一，确定利率时考虑的是未来的预期通货膨胀率，而不是过去的通货膨胀率；第二，利率中反映的通货膨胀率是证券期限内的平均预期通货膨胀率。对于30年期的债券，其通货膨胀溢酬的确定取决于未来30年里的平均预期通货膨胀率。

(3) 违约风险溢酬

违约风险是指借款人无法按时支付利息或偿还本金而给投资者带来的风险。为了弥补违约风险，就必须相应提高利率。违约风险越大，利率就越高。政府债券被视为无违约风险的证券，故其利率最低。信用等级越高的公司债券，其违约风险越低，利率也就越低。在到期日和流动性等特征相同的情况下，公司债券与政府债券之间的利率差异就是违约风险溢酬。

（4）流动性风险溢酬

流动性风险是指证券资产的变现能力强弱所产生的风险。政府债券以及信用良好的大公司发行的证券，如果已经上市交易，则通常具有较强的变现能力，所以流动性风险比较小。相反，一些信用等级较低的企业发行的证券，或者是未能上市交易的证券，则较难变现，所以流动性风险较大。流动性风险溢酬很难准确计量，在具有相同违约风险和到期日的债券中，流动性最强和最差的债券之间至少存在2个百分点的利率差异，甚至可能有4至5个百分点的差异。

（5）期限风险溢酬

期限风险是指由于期限越长相应的不确定性越多而导致的风险。为弥补债权人承担的这种风险而增加的利率，就叫作期限风险溢酬。其表现为长期利率超过短期利率的差异。

三、社会环境

社会环境是指企业所在地的地理环境、气候特点、人口特征、民族习俗和文化传统等条件的总称。

社会环境具有复杂性，对企业的财务管理从区域经济政策、地区经济资源的供应、运输条件、基础设施、消费习惯等多方面产生影响，进而直接或间接地影响企业的资金、成本、价格和利润等。企业社会环境又具有相对稳定的特点，它对企业财务管理具有长期的硬约束作用，对企业财务管理的各种因素的影响在相当长的时期内不会发生变化。为此，企业在进行财务决策和日常管理时，必须考虑各个因素及其变动对财务管理活动的长期综合影响，进行详细的可行性研究，慎重做出决策。

此外，一定时期的社会文化教育水平影响到财务管理人员的文化水平、职业素质、职业道德和社会地位，影响到财务管理所运用的语言、文字和计量工具的先进程度，从而最终影响财务管理理论的研究和实践发展。在经济全球化背景下，对于走向国际化发展的企业，文化意识是不得不重视的问题。在不同文化背景下，由于种族差异、不同的习惯、不同的感性认识、沟通误会和文化态度等原因所产生的文化冲突，必然会引起各个财务关系行为主体之间的不协调。为此，不同文化的协调运用是企业财务管理人员特别是国际企业财务管理人员必须考虑的因素。

四、技术环境

技术环境是指企业所处环境中科技要素及与之相关的各种社会现象的集合，包括国家科技体制、科技政策、科技水平和科技发展趋势等。在科学技术迅速发展变化的今天，技术环境对企业的影响可能是创造性的，也可能是破坏性的，企业必须预见这些新技术带来的变化，并在财务管理上做出相应的决策，以获得新的竞争优势。

技术环境对企业财务管理所产生的影响包括：

（1）技术进步使企业能对市场和客户进行更有效的分析。例如，使用数据库或自动化系统来获取数据，能够更加准确地进行分析。

（2）新技术的出现使社会对本行业产品和服务的需求增加，从而使企业可以扩大经营范围或者开辟新市场，进行新的筹资、投资和经营决策。

（3）技术进步可以创造竞争优势。例如，技术进步可促使企业利用新的生产方法，在不增加成本的情况下，提供更优质和更高性能的产品和服务。

（4）技术进步可导致现有产品被淘汰，或大大缩短产品的生命周期，促使企业进行相关决策。

（5）新技术的发展使企业更多地关注环境保护、企业社会责任及可持续成长等问题。

我国全面推进会计信息化的工作已经基本取得成功：基本实现大型企事业单位会计信息化与经营管理信息化的融合，便于不同信息使用者获取、分析和利用相关数据，进行投资等决策；基本实现大型会计师事务所采用信息化手段对客户的财务报告和内部控制进行审计，提升社会审计质量和效率；基本实现政府会计管理和会计监督的信息化，提升会计管理水平和监管效能。

党的二十大报告明确提出："加快建设数字中国，……加快发展数字经济，促进数字经济和实体经济深度融合。"数字技术的发展将推动企业财务管理技术环境的快速变革和全面优化。

财务管理中的商业伦理　　金融反腐零容忍

金融是国家重要的核心竞争力，金融反腐既是防范化解重大风险的关键一环，也是保障党中央金融方针政策落实的重要措施。自党的二十大以来，党中央统筹推进金融风险防范和金融反腐，提升金融反腐精准性、专业化水平，金融反腐工作持续深入。

在一体推进"三不腐"的要求下，金融领域反腐力度持续加强，2023年上半年落马的金融机构高管涉及银行、保险、资产管理等行业。其中，银行业是反腐"主阵地"。根据中共中央纪律检查委员会中华人民共和国国家监察委员会公布的数据，2023年上半年共计查处金融系统干部87人，其中银行业干部为62人，占比超过70%。

在落马的金融监管系统干部中，不乏监管腐败、"逃逸式辞职"和政商"旋转门"的典型。政商"旋转门"指个人在政府部门和私营部门之间双向转换角色，目前更多用于描述非正当、非法的利益输送。在金融领域，多数发生在监管部门和银行等机构。

除金融机构之外，2023年上半年金融反腐工作的突出重点还包括进一步加大针对金融监管部门及纪检监察的反腐力度。根据中央纪委国家监委披露，截至2023年6月末，有5名金融监管干部被查，另有2名纪委监委驻金融机构纪检监察干部被查。

2023年6月，中央纪委国家监委驻人民银行纪检监察组表示，要下大力气管住"关键少数"尤其是"一把手"，强化党组织自上而下的监督，落实好领导班子主体责任、"一把手"第一责任人职责，班子成员"一岗双责"。要切实完善权力监督制约机制，统筹用好监督执纪问责各种工具和“四种形态”政策措施，强化对重点领域和关键环节廉洁风险防控。

资料来源：王雪．坚决打赢反腐败斗争攻坚战持久战［J］．中国纪检监察，2023（5）：47-49.

重要术语

独资企业（sole proprietorship）
合伙企业（partnership）
普通合伙企业（general partnership）
有限合伙企业（limited partnership）
公司制企业（company）
股份有限公司（corporation）
有限责任公司（limited liability company）
公司治理（corporate governance）
经济周期（business cycle）
金融市场（financial market）
货币市场（money market）
资本市场（capital market）
现货市场（spot market）
期货市场（futures market）
一级市场（primary market）
二级市场（secondary market）
金融机构（financial institutions）
金融工具（financial instruments）
利率（interest rate）
实际无风险利率（real risk-free interest rate）
通货膨胀溢酬（inflation premium）
风险溢酬（risk premium）

本章小结

本章是关于企业财务管理的环境。第一节介绍了企业财务管理的内部环境，包括企业的组织形式、公司治理、财务管理的组织结构。企业的组织形式可以分为独资企业、合伙企业和公司制企业。公司治理是一种对公司进行管理和控制的体系，由内部治理和外部治理两个部分构成，并由产权和市场两条主线连在一起。健全的财务管理组织机构是企业有效开展财务管理活动、实现财务管理目标的重要条件，但不同企业的财务管理组织设置会有所不同。

本章第二节分析了企业财务管理的外部环境，包括法律环境、经济环境、社会环境和技术环境。在市场经济条件下，国家对企业行为的管理主要是通过法律法规手段来进行的，包括各种法律、法规和规章，它们构成了财务管理的法律环境。经济环境包括经济周期、宏观经济政策、金融市场环境等。社会环境是指企业所在地的地理环境、气候特点、人口特征、民族习俗和文化传统等条件的总称。技术环境是指企业所处环境中科技要素及与之相关的各种社会现象的集合，包括国家科技体制、科技政策、科技水平和科技发展趋势等。

复习与思考

1. 企业的组织形式有哪些？

2. 股份有限公司有哪些优点和缺点？

3. 有限责任公司的基本特征是什么？

4. 金融市场有哪些分类？

5. 技术环境对企业财务管理有何影响？企业应如何应对技术进步带来的挑战和机会？

二维码2-1 复习与思考参考答案

拓展阅读

二维码2-2 我国科创板的建立

二维码2-3 中央金融委员会成立

第三章　财务分析

学习目标

1. 了解财务报表分析的方法；
2. 掌握比率分析法中各种指标的定义、计算方法和意义；
3. 学会使用杜邦分析体系；
4. 理解财务报表分析中需要注意的问题。

教学重点与难点

教学重点：

比率分析法中各种指标的定义、计算方法和意义。

教学难点：

杜邦分析体系。

引例：小米集团财务分析

2018年7月9日，小米集团正式在港交所挂牌交易，成为港股上市公司中首只采用双重股权架构的公司。

自上市以来，小米集团2019年至2022年流动比率分别为1.49、1.63、1.61、1.79；速动比率分别为1.14、1.25、1.15、1.23；现金比率分别为0.69、0.89、0.74、0.76。这些均表明小米集团现金偿付能力稳定；企业的短期偿债能力在2019年有所上升。

2019年至2022年，小米集团总资产周转率分别为1.24、1.15、1.22、0.94，总资产周转率有所下降；应收账款周转天数分别为11.23、12.38、15.47、20.54，且趋势逐年增长，资金回收时间长，应收账款周转率降低；存货周转天数分别为64.47、62.88、62.84、84.62，存货周转时间变长。这说明小米集团的营运能力有所降低。

小米集团2019年至2022年的毛利率分别为13.87%、14.95%、17.75%、16.99%，毛利率有较大提升；净利率分别为4.88%、8.28%、5.89%、0.88%，净利率在2022年下降非常明显；营业收入增长率分别为17.68%、19.45%、33.53%、-14.70%，营业收入在2022年有较大下降；营业利润率分别为4.13%、3.97%、6.10%、2.19%，营业利润率在

2022年大幅下滑。小米集团营业收入增长较快，但2022年有较大幅度下跌，盈利能力有待提升。

2019年至2022年，小米集团的收入增长率的均值为13.99%，资产增长率的均值为19.03%，股东权益比率增长率的均值为2.46%，净利率增长率的均值为-20.32%。收入增长率和资产增长率都较高，说明小米集团处于快速发展阶段，潜力较大，但股东回报却并不理想。

资料来源：小米集团年度报告相关资料。

因而，不妨带着下面几个问题去阅读本章：投资者能从公司的财务报告中获得什么信息？财务分析师们会关注财务报告中的哪些信息？股票市场是如何对公司的财务报告做出反应的？

财务管理原则的运用

原则一：风险-收益权衡——除非可以预期得到额外的收益，否则人们就不会去承担额外的风险。

原则三：决定一切的是现金流量，而非会计盈余。

原则四：增加的现金流量——只有变量才有意义。

原则五：竞争市场的诅咒——为何难以找到一个异常有利可图的项目？

原则七：代理问题——为股东工作的管理者追求自身利益最大化。

原则十：有道德的行为是指做正确的事，财务管理中的道德困境无处不在。

财务分析（financial analysis）是指以财务报告为主，同时利用其他相关信息，对企业的实际财务状况进行全方位的分析。财务报表分析（financial statement analysis）是以财务报表中所包含的财务信息为主要分析数据的来源，通过使用适当的分析方法，对企业的财务状况、经营成果等方面进行分析、评判，并将分析的结果作为相关决策制定的基础。财务报表分析是财务分析最重要的组成部分，也是财务分析最基本的形式。

第一节 财务报表简介

财务管理的基础工作之一就是财务分析，进行财务分析需要各种财务信息资料。企业的财务报告是进行财务分析的重要资料来源。财务报告（financial report）是企业对外提供的反映企业财务状况和经营成果等会计信息的文件，包括财务报表、报表附注、其他财务报告等。其中，财务报表是企业进行财务分析最主要和最基本的资料依据。本节关于财务报表的内容可以看作对会计知识的一个复习。但是，会计学的重点在于如何准备财务报表，而财务管理学的重点在于如何使用和分析财务报表，以获取决策所需要的信息。

根据我国《企业会计准则第30号——财务报表列报》的规定，财务报告至少应当包括资产负债表、利润表、现金流量表、所有者权益（或股东权益）变动表、附注。这里简要介绍资产负债表、利润表和现金流量表这三张报表。

一、资产负债表

资产负债表（balance sheet）是反映企业在某一特定日期财务状况的会计报表，又称财务状况表。财务状况，是指企业的资产、负债和所有者权益的构成情况以及资产、负债和所有者权益内部的结构。它反映了企业在某一特定日期所拥有或控制的经济资源、所承担的现时义务和所有者对企业净资产的要求权。

资产负债表既反映企业经营活动的基础，又反映企业的规模和发展潜力，其提供的信息是评价企业偿债能力和筹资能力的重要依据，也是预测企业未来财务状况的出发点，因此也被称为"第一报表"。资产负债表的基本格式见表3-1。

表3-1 资产负债表（报告式）

编制单位： 年 月 日 单位：元

项 目	资 产
流动资产	×××
长期股权投资	×××
固定资产	×××
无形资产	×××
长期待摊费用	×××
其他非流动资产	×××
资产合计	×××
	负 债
流动负债	×××
非流动负债	×××
负债合计	×××
	所有者权益
实收资本	×××
资本公积	×××
盈余公积	×××
未分配利润	×××
所有者权益合计	×××

二、利润表

利润表（income statement），又称损益表，是反映企业在一定会计期间经营成果的会计报表。利润表是一张动态报表，它是根据收入实现原则和配比原则，把一定会计期间的收入与同一会计期间相关的费用（成本）相配比，计算出企业一定时期的净利润或净亏损。所以，利润表实际上就是一张利润计算表。利润既是企业经营业绩的综合体现，又是进行利润分配的依据，因此，利润表是会计报表中的主要报表。利润表的基本格式见表3-2。

表3-2 利润表

编制单位： 年度 单位：元

项 目	本期金额	上期金额
一、营业收入		
减：营业成本		
税金及附加		
销售费用		
管理费用		
研发费用		
财务费用		
加：其他收益		
投资收益（损失以“-”号填列）		
其中：对联营企业和合营企业的投资收益		
以摊余成本计量的金融资产终止确认收益（损失以“-”号填列）		
净敞口套期收益（损失以“-”号填列）		
公允价值变动收益（损失以“-”号填列）		
信用减值损失（损失以“-”号填列）		
资产减值损失（损失以“-”号填列）		
资产处置收益（损失以“-”号填列）		
二、营业利润（亏损以“-”号填列）		
加：营业外收入		

续表

项　目	本期金额	上期金额
减：营业外支出		
三、利润总额（亏损总额以“-”号填列）		
减：所得税费用		
四、净利润（净亏损以“-”号填列）		
（一）持续经营净利润（净亏损以“-”号填列）		
（二）终止经营净利润（净亏损以“-”号填列）		
五、其他综合收益		
（一）不能重分类进损益的其他综合收益		
（二）将重分类进损益的其他综合收益		
六、综合收益总额		
七、每股收益：		
（一）基本每股收益		
（二）稀释每股收益		

三、现金流量表

现金流量表（statement of cash flows）是指反映企业在一定会计期间现金和现金等价物流入和流出的报表。会计对利润表的关注重点在于公司的净收益，而财务管理关注的是现金流量。资产的价值是由其所产生的现金流量决定的。公司的净收益固然重要，但现金流量更为重要，因为偿还债务、购买资产和支付股利等都缺少不了现金。企业的长期目标应该是投资者的现金流量最大化。资产负债表中的账面资产和利润表中的会计利润并不能代表企业实际可支配的货币资金。因此，现金流量表逐渐取代财务状况变动表，成为第三张主要的财务报表。

现金流量表所提供的是一个企业在一定期间现金流入与现金流出的基本信息，它对于分析、评价、预测企业产生未来净现金流量的能力、偿还债务以及支付股利的能力、企业外部筹资的需求、净收益与现金收支之间的差异，以及企业现金和非现金筹资与投资活动等都具有十分重要的意义。现金流量表的基本格式见表3-3。

表3-3 **现金流量表**

编制单位： 年度 单位：元

项　目	本期金额	上期金额
一、经营活动产生的现金流量：		
销售商品、提供劳务收到的现金		
收到的税费返还		
收到其他与经营活动有关的现金		
经营活动现金流入小计		
购买商品、接受劳务支付的现金		
支付给职工以及为职工支付的现金		
支付的各项税费		
支付其他与经营活动有关的现金		
经营活动现金流出小计		
经营活动产生的现金流量净额		
二、投资活动产生的现金流量：		
收回投资收到的现金		
取得投资收益收到的现金		
处置固定资产、无形资产和其他长期资产收回的现金净额		
处置子公司及其他营业单位收到的现金净额		
收到其他与投资活动有关的现金		
投资活动现金流入小计		
购建固定资产、无形资产和其他长期资产支付的现金		
投资支付的现金		
取得子公司及其他营业单位支付的现金净额		
支付其他与投资活动有关的现金		
投资活动现金流出小计		
投资活动产生的现金流量净额		
三、筹资活动产生的现金流量：		
吸收投资收到的现金		

续表

项　目	本期金额	上期金额
取得借款收到的现金		
收到其他与筹资活动有关的现金		
筹资活动现金流入小计		
偿还债务支付的现金		
分配股利、利润或偿付利息支付的现金		
支付其他与筹资活动有关的现金		
筹资活动现金流出小计		
筹资活动产生的现金流量净额		
四、汇率变动对现金及现金等价物的影响		
五、现金及现金等价物净增加额		
加：期初现金及现金等价物余额		
六、期末现金及现金等价物余额		

第二节　财务报表分析的方法

财务报表分析的方法包括定性分析方法和定量分析方法。定性分析是指分析人员根据自己的知识、经验以及对企业内部情况、外部环境的了解程度所做出的非量化的分析和评价。定量分析是指分析人员运用一定的数学方法和分析工具、分析技巧对有关指标所做出的量化分析。这里主要介绍财务报表分析中的定量分析方法。

一、比率分析法

比率分析法（ratio analysis）是将具有相关性的财务报表数据进行对比，形成一系列的财务比率，并且根据这些财务比率各自包含的内容揭示企业财务状况和经营成果的分析方法。比率分析法常用的对比方式主要有三种：（1）将同一张财务报表的数据联系起来进行对比；（2）将不同财务报表之间的数据联系起来进行对比；（3）将不同企业或不同时期的数据联系起来进行对比。

由于财务报表分析的目的不同、角度不同，所以比率分析法中的比率有许多表示形式，种类也比较多。常用的重要比率可以归纳为五类：流动性比率、偿债能力比率、资产管理比率、盈利能力比率和市场价值比率。这些比率的具体内容和分析方法将在下面逐一介绍。

比率分析法是进行财务报表分析最基本和最重要的分析方法，它将原有的以绝对值为主的财务数据转化成用相对值表示的财务指标，便于解释财务数据变化的内在原因，方便在不同规模的企业之间进行比较。比率分析法也存在不足，它不能很好地反映企业财务状况的实际数值，同时在分析中会造成片面追求比率高低而忽视绝对值的情况。

比率分析法涉及企业经营管理的各个方面，而企业的经营管理活动是互相联系、错综复杂的，所以应当将各种比率有机地联系起来，并结合定性分析法，进行全面的分析，才能对企业的财务状况和经营成果以及发展趋势做出正确的判断。如果将各种比率孤立起来分析，财务报表分析就失去了其应有的意义。此外，在使用比率分析法的时候，除了常用的财务指标外，财务报表的使用者可以根据自身具体的需要设计和完善原有的财务指标体系。

二、水平分析法

水平分析法（horizontal analysis）是指将反映企业报告期财务状况和经营成果的财务数据与反映企业前期或历史上某一期财务状况和经营成果的报表数据进行对比，分析企业财务状况和经营成果的发展变化情况的方法。水平分析法的基本要点是，将报表资料中不同时期的同项数据进行对比。对比的方式有两种：一种是比较财务数据之间的增减变动量，另一种是确定财务数据之间的增减变动率。它们的计算方法分别是：

变动量=分析期财务数据的值-前期同项财务数据的值

$$变动率=\left(\frac{分析期财务数据的值}{前期同项财务数据的值}-1\right)\times 100\%$$

水平分析法通过将报告期的财务数据与前期的同项数据进行对比，为全面和深入分析企业财务状况和经营成果的变动提供了依据，是财务报表分析的一种基本方法。水平分析法除了可以在同一企业的不同期间进行比较外，也可应用于一些可比性较高的同类企业之间的对比分析。但是，在对不同企业进行水平分析时，必须考虑其可比性，而且，即使在比较同一企业不同时期的财务数据时，对于差异的评价也应考虑其对比的基础。

三、趋势分析法

趋势分析法（trend analysis）是水平分析法的扩展，它是根据企业连续几年或几个时期的财务数据，分析相关项目的变动情况和趋势的一种方法。为了确定真正的趋势和规律，趋势分析法应采用较多的年份或期数的财务数据资料，应有连续三个以上时期的比较数据。趋势分析法既可对财务报表进行整体分析，又可对某些主要指标进行深入分析。

趋势分析法以某年或某期为基期，通过各期财务数据与基期财务数据的比较，发现企业财务状况和经营成果的变化趋势，并通过对历史趋势的研究与观察，确定企业未来的发展方向。趋势分析法通常有两种方式：一种是定基分析，即以某一时期为基期，将其他各期的财务数据转换成基期数据的百分比；另一种是环比分析，即各期数据分别以前一期为基期，转换成前一期财务数据的百分比。趋势分析法通常采用定基分析的方法，如表3-4中某企业各年度的财务数据都以2019年为基期，转换计算后得到表3-5中的百分比数据。从表3-5中可以看出该企业5年来的发展态势：销售额呈现增长的趋势，而且增长的速度越来越快；盈利能力在经历了两年的大幅下降后转而出现强劲的上升。

表3-4　有关资料

项　目	2019	2020	2021	2022	2023
销售额（万元）	10 600	10 631	11 550	13 305	17 034
税后利润（万元）	923	332	374	1 178	1 397
每股收益（元）	2.54	0.97	1.10	3.52	4.31
每股股利（元）	1.60	1.62	1.63	1.71	1.90

表3-5　趋势分析表

项　目	2019	2020	2021	2022	2023
销售额	100%	100.3%	109.0%	125.5%	160.7%
税后利润	100%	36.0%	40.5%	127.6%	151.4%
每股收益	100%	38.2%	43.3%	138.6%	169.7%
每股股利	100%	101.3%	101.9%	106.9%	118.8%

在运用趋势分析法时，要注意以下几点：（1）基期的选择要合适。一是基期的数据不能为零或负数；二是只有选择具有代表性的时期作为基期，才能正确揭示企业的发展趋势。（2）分析的项目要恰当。一是要抓住重点，有针对性地分析相应的项目；二是避免孤立地对某一项目进行分析，必须结合相关项目同时分析才能发现变化的原因。（3）考虑其他影响变化趋势的因素，如物价变动、会计政策的改变等。

四、垂直分析法

垂直分析法（vertical analysis）也称结构分析法、构成分析法或共同比分析法等，是指选择财务报表中的某一关键项目作为基准，如资产负债表中的资产总额和利润表中的营业收入等，将报表中其他项目的数据转换成基准数据的百分比，以揭示财务报表中各项目之间的关系和相对地位。经过垂直分析法处理后的财务报表称为共同比报表或总体结构表，是进行垂直分析的基础。

垂直分析法的一般步骤如下：（1）根据具体的分析目的，选定恰当的项目作为基准；（2）将报表中其他项目转换成基准项目的百分比；（3）对转换后的共同比报表中的项目进行比较分析。

通过对共同比报表的分析，可以掌握企业各财务项目的结构和动态配置，并且可以将原来无法进行比较的绝对数转换为同一基础上的相对数进行比较。共同比报表以百分比的形式反映财务数据，消除了同一企业不同时期和不同企业之间的规模差异，为报表项目的比较分析提供了方便。但是，要使得分析更有意义，可以将不同时期企业的共同比报表进行比较，以研究报表各项目比重的变动情况，还可以将企业的共同比报表与同类企业的共同比报表进行比较，分析本企业各项目的结构合理性、优势以及差距。

五、其他分析方法

比率分析法、水平分析法、趋势分析法和垂直分析法是财务报表分析中最主要、最基本和最常用的四种方法。此外，还有因素分析法和图解分析法等财务报表分析方法。

因素分析法（factor analysis）是通过找出影响财务指标的诸多因素，并按照一定的程序和方法，计算出各因素对财务指标影响程度的一种技术方法。因素分析法从数量上测定了各因素对财务数据的影响程度，有助于分析者区分影响企业财务结果的主要原因和次要原因，从本质上认识企业财务状况和经营成果的形成过程和发展趋势。

图解分析法并不是一种独立的财务报表分析方法，而是其他财务报表分析方法的辅助工具。它通过各种图形或表格直观地表达其他各种财务报表分析方法的分析过程和结果。图解分析法包括了静态的图解分析和动态的图解分析。图解分析法借助图表，使得信息使用者对分析的过程和结果一目了然，能够迅速掌握企业财务状况和经营成果的相互关系和变化趋势。

财务报表分析的方法很多，并且各自有不同的特点，每一种方法都有其优势和缺陷。在进行具体分析时，应根据不同的目的和需要选择合适的财务报表分析方法，尤其要善于将多种方法加以综合运用，从不同的角度对企业的财务状况和经营成果进行全面、透彻的分析和说明。

第三节　比率分析法

比率分析法是财务报表分析中最常用和最重要的分析方法，往往是财务分析的第一步。财务比率显示了同一企业或不同企业间财务报表项目之间的关系。通过将财务数据转化为比率，可以对不同企业或不同时期的财务状况进行比较分析。根据比率分析的原理，几乎任何两个或多个财务数据之间都能形成一定的比率关系，只不过是财务数据之间相互关系的强弱有所不同而已。因此，财务报表使用者可以根据具体的需要，设计和计算财务比率。这里介绍的是财务报表分析中最为常用和经典的财务比率，分别反映了企业资产的流动性、偿债能力、资产管理效率、盈利能力和市场价值五个重要的方面。本节以某石油公司2023年财务报表为例，说明每一个大类中各个具体指标的定义、计算方法和意义。

某石油公司2023年资产负债表和利润表分别见表3-6和表3-7。

表3-6　　资产负债表

编制单位：某石油公司　　2023年12月31日　　单位：百万元

资　产	期末余额	上年年末余额	负债和所有者权益	期末余额	上年年末余额
流动资产：			流动负债：		
货币资金	225 049	163 536	短期借款	38 375	40 010
交易性金融资产	3 876	—	交易性金融负债	1 698	—
衍生金融资产	21 133	3 913	衍生金融负债	11 146	3 881
应收账款	72 028	52 746	应付票据	15 630	20 089
应收款项融资	4 376	3 975	应付账款	289 117	233 221
预付款项	13 920	14 598	合同负债	77 337	78 481
其他应收款	45 849	39 554	应付职工薪酬	9 385	8 975
存货	167 751	143 848	应交税费	53 514	76 774
其他流动资产	59 885	58 668	其他应付款	41 542	28 493
流动资产合计	613 867	480 838	一年内到期的非流动负债	70 561	19 893
非流动资产：			其他流动负债	15 958	8 341
其他权益工具投资	950	1 176	流动负债合计	624 263	518 158
长期股权投资	269 671	265 884	非流动负债：		
固定资产	463 027	418 837	长期借款	169 630	198 005
油气资产	832 610	816 788	应付债券	52 848	89 170
在建工程	196 876	223 671	租赁负债	118 200	123 222
使用权资产	132 735	139 359	预计负债	142 081	129 405
无形资产	92 960	90 587	递延所得税负债	21 032	26 654
商誉	7 317	7 987	其他非流动负债	7 594	8 795
长期待摊费用	10 388	11 391	非流动负债合计	511 385	575 251
递延所得税资产	19 699	12 161	负债合计	1 135 648	1 093 409
其他非流动资产	33 651	33 854	所有者权益：		
非流动资产合计	2 059 884	2 021 695	股本	183 021	183 021
			资本公积	123 612	127 375
			专项储备	8 490	9 231
			其他综合收益	−19 062	−34 737
			盈余公积	224 957	211 970
			未分配利润	848 558	766 955
			归属于母公司股东权益合计	1 369 576	1 263 815
			少数股东权益	168 527	145 309
			股东权益合计	1 538 103	1 409 124
资产总计	2 673 751	2 502 533	负债和所有者权益总计	2 673 751	2 502 533

表3-7 利润表

编制单位：某石油公司 2023年度 单位：百万元

项 目	本期金额	上期金额
一、营业收入	3 239 167	2 614 349
减：营业成本	2 527 935	2 071 504
税金及附加	276 821	226 664
销售费用	68 352	71 295
管理费用	50 523	51 701
研发费用	20 016	16 729
财务费用	19 614	17 043
加：其他收益	18 177	14 251
投资收益（损失以“-”号填列）	-11 140	35 389
公允价值变动损益（损失以“-”号填列）	-2 464	—
信用减值损失（损失以“-”号填列）	-1 587	-353
资产减值损失（损失以“-”号填列）	-37 233	-27 611
资产处置收益（损失以“-”号填列）	905	1 091
二、营业利润（亏损总额以“-”号填列）	242 564	182 180
加：营业外收入	3 515	2 983
减：营业外支出	32 807	26 969
三、利润总额（亏损总额以“-”号填列）	213 272	158 194
减：所得税费用	49 295	43 507
四、净利润（净亏损以“-”号填列）	163 977	114 687
五、每股收益		
（一）基本每股收益	0.82	0.50
（二）稀释每股收益	0.82	0.50

一、流动性比率

流动性是指企业资产的变现能力，由企业近期可以转变为现金的流动资产的数量决定。由于偿还短期债务必须及时支付现金，所以资产的流动性反映了企业的短期偿债能力。衡量企业资产流动性和短期偿债能力的财务比率主要有流动比率和速动比率。

(一) 流动比率

流动比率（current ratio）是流动资产与流动负债的比值，反映企业全部流动资产根据账面价值变现清偿全部账面流动负债的能力。其具体的计算公式如下：

$$流动比率=\frac{流动资产}{流动负债}$$

流动比率是反映企业的流动资产是否能迅速变现从而偿还流动负债的最佳指标。流动比率越高，说明企业偿还到期流动负债的能力越强；反之，流动比率越低，则企业不能偿还到期流动负债的风险就越大。这并不是说企业的流动比率越高越好。如果流动比率过高，说明企业不能有效地利用流动资产，企业对流动资产的管理能力较低。一般认为，企业流动比率为2较为合理，但这只能作为参考而不是绝对的标准。需要将企业的流动比率与行业的平均水平以及本企业的历史水平联系起来分析，才能合理判断流动比率是否恰当。

$$2022年年末的流动比率=\frac{流动资产}{流动负债}=\frac{480\,838}{518\,158}=0.93$$

$$2023年年末的流动比率=\frac{流动资产}{流动负债}=\frac{613\,867}{624\,263}=0.98$$

公司所在的石油行业竞争公司2023年的流动比率为0.78。说明与同类公司相比，该石油公司这两年的流动比率均高于行业水平，不存在不能偿还到期流动负债的财务风险。同时，公司2023年的流动比率较2022年略有增加，说明公司的财务风险正在降低。

流动比率是反映流动资产和流动负债之间关系的相对数指标，在财务指标体系中还有一个分析两者关系的绝对数指标，即净营运资金。其计算公式如下：

净营运资金=流动资产-流动负债

与净营运资金相比，流动比率作为一个相对值，消除了企业规模的影响，更便于在企业不同时期或不同企业之间进行分析比较。

(二) 速动比率

速动比率（quick ratio）又称酸性测试比率（acid-test ratio），是企业速动资产与流动负债之间的比值，反映企业速动资产偿还全部流动负债的能力。速动资产（quick asset），是指企业变现能力较强的流动资产，主要包括货币资金、交易性金融资产、应收账款、应收票据等。之所以计算速动比率，是因为流动资产各项目的变现能力不同，流动资产中有一部分不能或不易变现，如存货、其他应收款等，所以将这些项目从流动资产总额中减去后计算出速动资产，再除以流动负债后计算出速动比率，能更准确地反映企业的短期偿债能力。由于其他应收款等项目在企业实际经营过程中不经常存在或所占的比重不大，所以一般情况下将剔除存货后的流动资产看作速动资产。其计算公式如下：

$$速动比率=\frac{流动资产-存货}{流动负债}$$

一般认为，企业的速动比率在1左右比较合适，但行业、销售方式等因素会造成企业间速动比率的差异。例如，房地产企业由于存在大量价值很高的房地产作为存货，其速动比率通常较低。

$$2022\text{年年末的速动比率} = \frac{\text{流动资产} - \text{存货}}{\text{流动负债}} = \frac{480\,838 - 143\,848}{518\,158} = 0.65$$

$$2023\text{年年末的速动比率} = \frac{\text{流动资产} - \text{存货}}{\text{流动负债}} = \frac{613\,867 - 167\,751}{624\,263} = 0.71$$

公司所在的石油行业2023年平均速动比率为0.58。可见，该石油公司这两年的速动比率都明显高于行业水平，同样说明公司短期的财务风险较低。同时，公司2023年的速动比率比2022年有所上升，说明公司的财务风险正在进一步下降。这个结论与流动比率分析得出的结果基本一致。

二、偿债能力比率

偿债能力是指企业所拥有的经济资源可以偿还长期负债的能力。企业的偿债能力，既受到企业长期的盈利能力的影响，又受到企业资本结构的显著影响。资本结构就是指企业不同种类资金来源的比例关系，也就是债务资金与所有者权益资金之间的比例关系。由于未来的现金流量受众多不确定因素的影响而难以估计，因而偿债能力的分析侧重于对企业资本结构的分析。反映企业偿债能力的比率主要有资产负债率、负债权益比和利息保障倍数。

（一）资产负债率

资产负债率（debt ratio）反映企业偿还全部债务的能力，又称为负债比率，是负债总额与资产总额的比值。其计算公式如下：

$$\text{资产负债率} = \frac{\text{负债总额}}{\text{资产总额}}$$

通常，资产负债率的值在0~1之间。企业的资产负债率为0，说明企业没有任何债务，不会面临任何财务风险，但也完全失去了财务杠杆的利益；企业的资产负债率为1，说明企业全部举债经营，处于最大的财务风险之中；如果企业的资产负债率大于1，说明企业已经处于资不抵债的境地。

资产负债率反映了企业负债占全部资本的比重，即企业负债经营的比例体现了债权人、股东和管理者三方的利益权衡。债权人关心的是债权的安全性，即能否按时收回本金和利息，所以他们希望资产负债率越低越好，因为这样可以降低债权的风险。股东所关心的则是资本利润率能否超过债务的利率。由于财务杠杆的存在，当企业资本利润率大于债务利率时，扣除固定利息后，股东所获得的回报会增加，所以股东倾向于较高的资产负债率，以充分利用财务杠杆。从企业管理者的角度来看，资产负债率越高，企业财务风险就越大，但资产负债率太低，企业又失去了财务杠杆的作用。所以，不同经营理念和不同风格的管理者会选择不同的资产负债率，偏好风险和注重短期收益的管理者往往会选择较高的资产负债率，而规避风险和注重长期收益的管理者会选择较低的资产负债率。所以企业的资产负债率是上述三方利益均衡的结果。

$$2022年年末的资产负债率 = \frac{负债总额}{资产总额} = \frac{1\ 093\ 409}{2\ 502\ 533} = 0.44$$

$$2023年年末的资产负债率 = \frac{负债总额}{资产总额} = \frac{1\ 135\ 648}{2\ 673\ 751} = 0.42$$

公司所在的石油行业2023年平均资产负债率为0.58。该石油公司近两年的资产负债率相较行业平均水平较低，说明公司的资本结构较为合理，偿还长期债务的能力较强，长期的财务风险较低。

（二）负债权益比

负债权益比（equity ratio）反映的是企业所有者权益可以弥补全部负债的能力，也称为产权比率，是负债总额与所有者权益总额的比值。其计算公式如下：

$$负债权益比 = \frac{负债总额}{所有者权益总额}$$

负债权益比通过借入资本与所有者资本的相对关系反映企业的资本结构和财务状况。与资产负债率一样，如果负债权益比过高，说明企业面临较高的财务风险，反之，则财务风险较低。

负债权益比和资产负债率都是常用的衡量企业资本结构状况的指标。此外，还有所有者权益比，即所有者权益总额与资产总额之比。这些指标之间都是相互联系的。在利用这些指标评价企业的资本结构、财务风险和长期偿债能力时，还需要考虑企业的经营环境和经营状况等因素。

$$2022年年末的负债权益比 = \frac{负债总额}{所有者权益总额} = \frac{1\ 093\ 409}{1\ 409\ 124} = 0.78$$

$$2023年年末的负债权益比 = \frac{负债总额}{所有者权益总额} = \frac{1\ 135\ 648}{1\ 538\ 103} = 0.74$$

公司所在的石油行业2023年竞争公司的负债权益比为1.08。该石油公司近两年的负债权益比相较行业平均水平较低，说明该石油公司的长期的财务风险较低。无论是与行业水平的横向比较，还是公司近两年的纵向比较，根据负债权益比分析得出的结论与根据资产负债率得出的结论都是一致的，因为这两个比率之间是互相联系的。

（三）利息保障倍数

利息保障倍数（times interest earned）是反映企业支付利息能力的指标，表示为企业息税前利润与利息费用的比值。其计算公式如下：

$$利息保障倍数 = \frac{息税前利润}{利息费用}$$

息税前利润是扣除利息费用和所得税费用之前的利润，利息费用则是本期发生的全部应付利息。

利息保障倍数反映企业经营收益是所应支付利息的多少倍。该指标值越大，说明企业支付利息和履行债务契约的能力越强，否则就说明企业面临债务利息的压力，如果不能按期支付利息就会因违反债务契约而遭受财务危机。要合理判断企业利息保障倍数的合理性，需要先将该指标与企业历史平均水平和行业平均水平进行比较，然后进行具体分析。

三、资产管理比率

资产管理比率（efficiency ratio）又称营运效率比率，是衡量企业管理和使用资产的效率的财务比率。资产管理越有效，营运能力越强，说明企业越能较好地利用其拥有或控制的资源，获取更高的收益。它主要包括各项资产的周转率指标。

（一）存货周转率

存货周转率（inventory turnover）是评价企业对存货的管理能力的指标，表示为营业成本与平均存货水平之比，也称为存货周转次数。其计算公式如下：

$$存货周转率=\frac{营业成本}{平均存货}$$

平均存货=（期初存货+期末存货）÷2

用时间表示的存货周转率就是存货周转天数。其计算公式为：

$$存货周转天数=\frac{365}{存货周转率}=365\times\frac{平均存货}{营业成本}$$

存货周转速度越快，占用的资金就越少，流动性也就越强。因此，提高存货周转率可以提高企业资产的变现能力。通常，存货在企业流动资产中所占的比重较大，是整个企业资产管理的重要内容。存货周转率是衡量企业存货管理水平的指标，不仅反映了企业的短期偿债能力，也反映了企业资产管理和营运的效率。

$$2023年的存货周转率=\frac{营业成本}{平均存货}=\frac{2\ 527\ 935}{(167\ 751+143\ 848)\div 2}=16.23$$

$$2023年的存货周转天数=\frac{365}{存货周转率}=\frac{365}{16.23}=22.49（天）$$

公司所在的石油行业2023年平均存货周转率为15.50。该石油公司2023年的存货周转率约为行业平均水平的1.05倍，说明其存货的周转速度略高于行业平均水平。从存货周转天数可以看出，该石油公司的存货平均22.49天周转一次，存货在一年内平均周转约16次。

（二）应收账款周转率

应收账款周转率（accounts receivable turnover）是评价企业对应收账款的管理能力的指标，表示为销售收入（营业收入）与平均应收账款之比，即年度内应收账款转化为现金的平均次数。其计算公式如下：

$$应收账款周转率=\frac{销售收入}{平均应收账款}$$

平均应收账款=（期初应收账款+期末应收账款）÷2

它也可以用企业从应收账款形成到收回应收账款平均所需的时间来表示，称为应收账款周转天数，或称为应收账款平均回收期。其计算公式为：

$$应收账款周转天数=\frac{365}{应收账款周转率}=365\times\frac{平均应收账款}{销售收入}$$

为了在计算中保持分子和分母的一致性，理论上应使用赊销净额作为销售收入的数据，但由于在财务报表上难以取得赊销净额的数据，所以在实际使用中，把现金销售看作收款时间为一天的赊销，用销售收入代替赊销净额进行计算。

一般来说，应收账款周转率越高，平均收账期越短，说明应收账款的收回越快，资金滞留在应收账款上的数量越少，资金使用效率越高；否则，不仅会大量占用资金，影响资金的周转，而且还会增加产生坏账、呆账的可能，导致企业资金的损失。与存货相似，应收账款在流动资产中的地位也十分重要。对应收账款的有效管理，可以提高企业的资金使用效率，增强企业的短期偿债能力，还可以提高企业销售收入的质量。

$$2023\text{年的应收账款周转率} = \frac{\text{销售收入}}{\text{平均应收账款}} = \frac{3\ 239\ 167}{(72\ 028 + 52\ 746) \div 2} = 51.92$$

$$2023\text{年的应收账款周转天数} = \frac{365}{\text{应收账款周转率}} = \frac{365}{51.92} = 7.03(\text{天})$$

公司所在的石油行业2023年应收账款周转率行业优秀值为28.7。该石油公司2023年的应收账款周转率约为行业优秀值的1.81倍，说明其应收账款的周转速度处于行业优秀水平。从应收账款周转天数可以看出，该石油公司的应收账款平均7天周转一次，在一年内平均周转约52次。可见，该石油公司对应收账款的管理水平和资金使用效率高于行业平均水平。

（三）流动资产周转率

流动资产周转率（current assets turnover）是考察企业流动资产管理能力的指标，表示为销售收入（营业收入）与平均流动资产的比值。其计算公式如下：

$$\text{流动资产周转率} = \frac{\text{销售收入}}{\text{平均流动资产}}$$

平均流动资产=（期初流动资产+期末流动资产）÷2

通常认为，在正常经营情况下，流动资产周转率越高，说明流动资产周转速度越快，节约了流动资金，增强了企业的经营效率和盈利能力。

$$2023\text{年的流动资产周转率} = \frac{\text{销售收入}}{\text{平均流动资产}} = \frac{3\ 239\ 167}{(613\ 867 + 480\ 838) \div 2} = 5.92$$

公司所在的石油行业2023年流动资产周转率行业优秀值为4.3。可见，该石油公司的流动资产周转率显著高于行业平均水平，该石油公司的流动资产管理情况较好。

（四）总资产周转率

总资产周转率（total asset turnover）是评价企业全部资产管理能力的指标，表示为销售收入（营业收入）与平均资产总额的比值。

$$\text{总资产周转率} = \frac{\text{销售收入}}{\text{平均资产总额}}$$

平均资产总额=（期初资产总额+期末资产总额）÷2

总资产周转率越高，总资产周转速度越快，说明企业的销售能力越强，企业可以通过薄利多销的方法加速资产的流转，增加利润。

$$2023\text{年的总资产周转率} = \frac{\text{销售收入}}{\text{平均资产总额}} = \frac{3\,239\,167}{(2\,673\,751 + 2\,502\,533) \div 2} = 1.25$$

公司所在的石油行业2023年总资产周转率优秀值为0.8。该石油公司2023年的总资产周转率大大高于行业优秀水平，说明其资产的周转速度较快。

四、盈利能力比率

盈利能力是指企业正常经营赚取利润的能力，是企业生存和发展的基础，所以企业的投资者、债权人和管理者格外重视盈利能力。此外，企业的员工、供应商和消费者也都会关注企业的盈利能力。盈利能力是在评价一个企业经营业绩和财务状况过程中最为核心的问题。在分析企业盈利能力时，应剔除非正常项目的影响，因为只有在正常经营状况下的结果才能说明企业真正的和稳定的盈利能力，才能合理预测企业未来的经营发展情况。反映企业盈利能力的比率主要有：销售毛利率、销售净利率、总资产收益率和净资产收益率。

（一）销售毛利率

销售毛利率（gross margin）反映企业主要经营业务的获利能力，表示为销售毛利占销售收入（营业收入）的百分比，其中销售毛利为销售收入（营业收入）与销售成本（营业成本）的差额。其计算公式为：

$$\text{销售毛利率} = \frac{\text{销售收入} - \text{销售成本}}{\text{销售收入}} \times 100\%$$

销售毛利率表示每1元销售收入中扣除销售成本后，可以用于支付期间费用和贡献于利润的比例。销售毛利率是企业销售净利率的基础和保障，没有一定的毛利率水平就不可能有盈利。

$$2023\text{年的销售毛利率} = \frac{\text{销售收入} - \text{销售成本}}{\text{销售收入}} \times 100\% = \frac{3\,239\,167 - 2\,527\,935}{3\,239\,167} \times 100\% = 21.96\%$$

公司所在的石油行业2023年的平均销售毛利率为26.4%。该石油公司的销售毛利率约为行业平均水平的83%，说明该石油公司的获利能力较行业平均水平稍低。

（二）销售净利率

销售净利率（profit margin）反映企业主要经营业务对净利润的贡献程度，表示为净利润与销售收入（营业收入）的百分比。其计算公式为：

$$\text{销售净利率} = \frac{\text{净利润}}{\text{销售收入}} \times 100\%$$

销售净利率表明每1元销售收入可以带来的净利润。它是在销售毛利率的基础上，考虑了主营业务对企业整体经营，包括非常项目和所得税费用的影响后得出的指标。销售毛利率和销售净利率指标说明，企业在扩大销售、增加销售收入的同时，必须加强生产和经营管理，降低成本和费用，才能提高企业获利能力，增加利润。

$$2023\text{年的销售净利率} = \frac{\text{净利润}}{\text{销售收入}} \times 100\% = \frac{163\,977}{3\,239\,167} \times 100\% = 5.06\%$$

公司所在的石油行业2023年的平均销售净利率为9.6%。该石油公司的销售净利率约为行业平均水平的一半，说明该石油公司的获利能力相对行业平均水平较低。

（三）总资产收益率

总资产收益率（return on assets，ROA）反映一段时间内企业运营整体资产获取收益的能力，表示为企业净利润与平均资产总额的百分比。其计算公式如下：

$$总资产收益率=\frac{净利润}{平均资产总额}\times 100\%$$

平均资产总额=（期初资产总额+期末资产总额）÷2

总资产收益率是一个综合指标，能够说明企业同时在增加收入和降低成本支出等各方面取得的整体效果。通常认为，该指标越高，表明企业整体资产的获利能力越强。影响总资产收益率的因素很多，包括销售量、销售价格、产品成本、管理效率、资本结构等。

$$2023年的总资产收益率=\frac{净利润}{平均资产总额}\times 100\%=\frac{163\,977}{(2\,673\,751+2\,502\,533)\div 2}\times 100\%=6.34\%$$

公司所在的石油行业2023年的平均总资产收益率为3.9%。该石油公司的总资产收益率高于行业平均水平，约为行业平均总资产收益率的1.63倍，说明该石油公司保持了较强的整体资产获利能力。

（四）净资产收益率

净资产收益率（return on equity，ROE）反映企业所有者或者股东所投入资本的获利能力，表示为企业净利润与平均净资产的百分比。其计算公式如下：

$$净资产收益率=\frac{净利润}{平均净资产}\times 100\%$$

平均净资产=（期初净资产+期末净资产）÷2

净资产收益率体现的是企业所有者权益的投资报酬率。投资者将资金投入企业就是为了获得收益，所以净资产收益率是投资者和潜在的投资者最为看重的财务指标，是所有财务比率中综合性最强、最具有代表性的一个指标。在分析净资产收益率时，需要将该指标与所有者资金的必要报酬率进行比较。只有当净资产收益率高于所有者资金的必要报酬率时，企业的经营业绩才能满足投资者的要求；反之，就无法满足投资者的要求，就会出现更换管理者或者投资者撤资的情况。

$$2023年的净资产收益率=\frac{净利润}{平均净资产}\times 100\%=\frac{163\,977}{(1\,538\,103+1\,409\,124)\div 2}\times 100\%=11.13\%$$

公司所在的石油行业2023年的平均净资产收益率为6.3%。该石油公司的净资产收益率约为行业平均净资产收益率的1.77倍，说明该石油公司给股东的回报远高于行业平均水平。

企业的盈利能力指标没有特定的数值可以参考，需要对本企业不同时期的盈利能力指标进行纵向比较，考察其获利能力的发展趋势，或者通过对本企业与同行业或其他企业的盈利能力指标进行横向比较，才能判断企业的获利能力是否合理。

五、市场价值比率

一个企业在资本市场上公开上市募集资金，就会拥有大批的外部投资者和潜在的投资者。这些投资者对上市公司的财务状况和经营业绩十分关注，他们借助上市公司公开披露的信息进行财务分析从而做出投资决策。在对上市公司进行财务分析的过程中，除了运用上面提到的四类基本财务比率外，还应关注一组市场价值比率。市场价值比率（market ratio）是将上市公司的股票价格与其收益、每股账面价值等财务数据相联系的一组比值。这些比率向信息使用者传递了关于公司过去经营绩效和未来发展前景的相关信息，主要包括每股收益、每股净资产、市盈率、市净率、股利支付率和股利收益率等。

（一）每股收益

每股收益（earnings per share，EPS）是指普通股每股所获得的净利润，又称每股净利润或每股盈余，表示为属于普通股股东的全部净利润除以加权平均发行在外的普通股股数。其计算公式如下：

$$每股收益=\frac{净利润-优先股股利}{加权平均发行在外的普通股股数}$$

其中，加权平均发行在外的普通股股数的计算公式如下：

$$\frac{加权平均发行在外的}{普通股股数}=\frac{期初发行在外}{普通股股数}+\frac{当期新发行}{普通股股数}\times\frac{已发行时间}{报告期时间}-\frac{当期回购}{普通股股数}\times\frac{已回购时间}{报告期时间}$$

如果公司发生普通股股数的变动，则要采用加权平均的方法计算普通股股数。如果不能获得加权平均的数据，可以选择使用年初和年末普通股股数的算术平均数。

该石油公司2023年年末发行在外的普通股的加权平均股数为183 021百万股，优先股股利为14 602百万元。

$$每股收益=\frac{净利润-优先股股利}{加权平均发行在外的普通股股数}=\frac{163\ 977-14\ 602}{183\ 021}=0.82（元）$$

说明该石油公司在2023年为股东的每股股票赚取了0.82元的利润，高出公司所在的石油行业平均水平。

（二）每股净资产

每股净资产（net asset per share）是每股普通股所拥有的权益，也称为每股权益，表示为属于普通股股东的全部净资产除以加权平均发行在外的普通股股数。其计算公式如下：

$$每股净资产=\frac{净资产-优先股股东权益}{加权平均发行在外的普通股股数}$$

这里，分子中的净资产是期初和期末净资产的算术平均数，再扣除优先股股东所拥有的净资产，分母中的加权平均发行在外的普通股股数的计算方法与每股收益中的计算方法相同。

$$每股净资产=\frac{净资产-优先股股东权益}{加权平均发行在外的普通股股数}=\frac{1\,473\,613.50-104\,616}{183\,021}=7.48（元）$$

该石油公司优先股股东权益为104 616百万元，计算出每股普通股所拥有的权益，即账面价值为7.48元。理论上说，这是公司股票的最低价格。公司所在的石油行业同期的竞争公司2023年每股净资产为6.58元。该石油公司的每股净资产水平高于行业平均水平。

（三）市盈率

市盈率（P/E ratio）是普通股每股市场价格与每股收益的比值，反映投资者为获得每1元利润所愿意投资的金额。其计算公式如下：

$$市盈率=\frac{普通股股价}{每股收益}$$

市盈率说明了投资者对上市公司未来发展的信心。该指标越高，表明投资者越看好公司未来的前景，认为公司越能带来较高的投资收益，所以愿意以较高的价格购买公司股票；反之，则表示投资者对公司未来感到悲观。其他条件相同时，高成长性公司的市盈率较高，高风险公司的市盈率较低。

该石油公司股票2023年年末的价格为3.57元。

$$2023年年末的市盈率=\frac{普通股股价}{每股收益}=\frac{3.57}{0.82}=4.35$$

同期，公司所在的石油行业的平均市盈率为9.17，约为该石油公司股票市盈率的2.1倍。说明该石油公司的市盈率相对处于比较好的状态。

（四）市净率

市净率（market to book value，MTB）是普通股每股市场价格与每股净资产的比值，也称市值与账面价值之比，反映投资者为获得每1元净资产所愿意投资的金额。其计算公式如下：

$$市净率=\frac{普通股股价}{每股净资产}$$

市净率同样说明了投资者对公司的预期。如果该指标大于1，说明资本市场上的投资者认为企业有较高的获利潜力；反之，如果该指标小于1，则说明投资者不看好公司的未来。通常，净资产收益率高的公司，市净率也较高，其股票能以高出账面价值的数倍出售。

$$市净率=\frac{普通股股价}{每股净资产}=\frac{3.57}{7.48}=0.48$$

同期，公司所在的石油行业的平均市净率为1.18。在一个成熟的资本市场上，公司的市净率保持在3左右会给投资者一个较好的企业形象。按照这个标准，该石油公司的市净率偏低，同时也低于整个行业的平均水平。

（五）股利支付率

股利支付率（payout ratio）是指普通股每股股利与每股收益的比值，反映公司的股利分配政策和进行现金股利分配的能力。其计算公式如下：

$$股利支付率=\frac{普通股每股股利}{每股收益}\times 100\%$$

其中，普通股每股股利的计算公式如下：

普通股每股股利=普通股现金股利总额÷年末普通股股数

该石油公司2023年每股普通股的现金股利为0.42元。

$$股利支付率=\frac{普通股每股股利}{每股收益}\times 100\%=\frac{0.42}{0.82}\times 100\%=51.22\%$$

公司所在的石油行业的同期平均股利支付率为34.12%。该石油公司的股利支付率约为行业平均水平的1.5倍，显著高于行业平均水平。

（六）股利收益率

股利收益率（dividend yield）是指普通股每股股利与每股市场价格的比值，反映普通股投资者的投资所带来的确定的收益能力。其计算公式如下：

$$股利收益率=\frac{普通股每股股利}{每股价格}\times 100\%$$

$$股利收益率=\frac{普通股每股股利}{每股价格}\times 100\%=\frac{0.42}{3.57}\times 100\%=11.76\%$$

公司所在的石油行业同期的平均股利收益率为2.92%。该石油公司的股利收益率约为行业平均水平的4.03倍，显著高于行业平均水平。

股利发放水平是资本市场投资者关心的问题之一。一方面，投资者的收益主要源自股利和买卖价差两个方面，所以，实际发放的股利为投资者带来了确定的投资收益；另一方面，公司的股利发放水平和股利政策向投资者传递了有关公司未来投资价值的信息，是投资者做出投资决策的重要依据之一。

第四节 杜邦分析体系

在财务报表分析过程中，除了对各项财务指标进行独立分析外，为了对企业整体财务状况和经营成果做出正确认识和合理评价，还需要将财务指标联系起来进行综合分析。最常用的财务报表综合分析方法就是杜邦分析体系。

杜邦分析体系是由美国杜邦（DuPont）公司率先提出并得到广泛运用的综合财务分析方法。它通过财务指标之间的内在联系，将最为重要和基本的净资产收益率分解为销售净利率、总资产周转率和资产负债率三个指标，并继续进行分解，从而将企业的盈利能力、营运能力和偿债能力等综合起来进行分析评价，从而获得对企业财务状况和经营成果的全面认识。

杜邦分析体系的分析过程可以用一张杜邦分析图来直观地表示，如图3-1所示。

从图3-1可以看出，杜邦分析体系中最为核心的指标是净资产收益率。净资产收益率反映了所有者（股东）投入资本的获利能力，表明企业财务管理的目标是最大化所有者（股东）权益。企业的净资产收益率受到企业盈利能力、营运能力和偿债能力等因素的影响，用公式表示为：

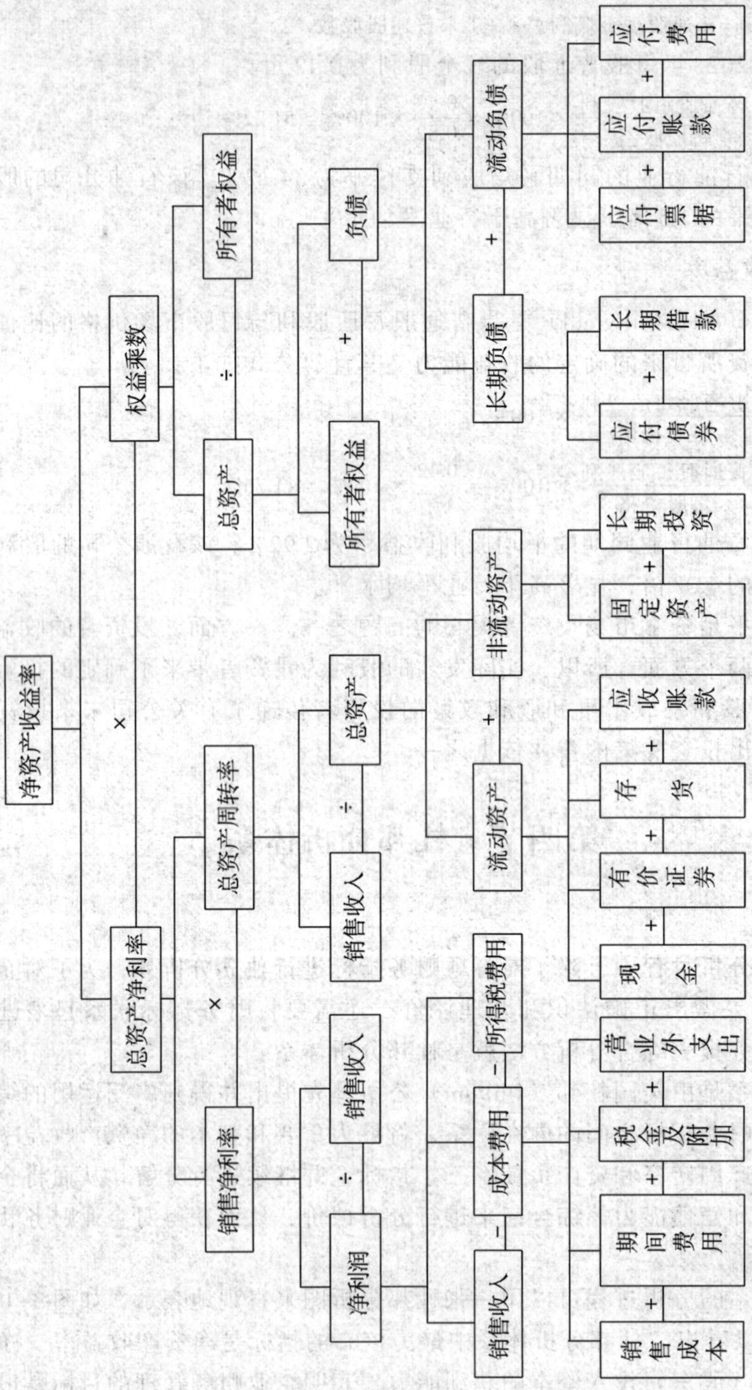

图3-1 杜邦分析图

注：权益乘数=资产÷权益=1÷（1-资产负债率）。

净资产收益率=总资产收益率×权益乘数

总资产收益率=销售净利率×总资产周转率

即：

净资产收益率=销售净利率×总资产周转率×权益乘数

以上公式说明，要提高净资产收益率，增加所有者（股东）回报，需要扩大销售，增加销售收入，降低成本和消耗，同时要通过适度的负债经营获得财务杠杆利益。

所以，综合分析方法有助于分析企业整体财务状况和经营成果，确定其优势和不足，并找出原因，以便采取有针对性的改善措施。

第五节 综合财务分析

综合财务分析是基于综合报告的思维构建的，顺应21世纪商业环境和经营理念变化的财务分析新框架。

一、综合报告

综合报告是在机构外部环境背景下，就机构的战略、治理、绩效和前景如何创造短期、中期和长期价值进行沟通的简要文件①。综合报告的主要目标是向财务资本提供者解释机构如何持续创造价值，因此包括财务和其他方面的相关信息。综合报告的使用者包括所有关注机构持续价值创造能力的利益相关者，即员工、客户、供应商、业务伙伴、当地社区、立法机构、监管机构和政策制定者。

综合报告提出的“综合”思维为财务分析的新框架提供了有益和可借鉴的理念，因此，我们不妨将这种“综合”思维引入财务分析的实践之中。

二、财务分析的新框架

（一）财务分析的目标

1.价值创造

财务分析的目标与企业经营目标是内在一致的。综合报告提出的“价值创造”理念进一步明晰了企业经营和财务分析的价值目标。

所谓价值创造，并不是仅由机构自身决定的，而是受外部环境影响、通过与利益相关者的关系、取决于各类资源，包括为机构自身创造的价值和为其他方创造的价值。当然，企业关注为其他方创造价值的前提是此类价值影响到企业为自身创造价值的能力。这一内外互动的价值创造目标是基于管理学的最新发展——共享价值理论。

2.创造共享价值

共享价值原则是由“竞争战略之父”波特和克莱默在2011年提出的②。共享价值从

---

① 国际综合报告委员会．国际综合报告框架［S］．2013.

② PORTER M，KRAMER M.Creating shared value［J］．Harvard Business Review，2011，89（1/2）：62-77.

一个新的视角来看待企业和社会之间的相互关系，追求的是扩大经济与社会总价值，不再把企业的成功和社会的福利看作此消彼长的零和游戏。如果企业将他们手中的资源、专业知识和洞察力投入到对社会有利的活动中去，就有可能成为企业实现战略目标、赢得可持续竞争优势和推动社会取得巨大进步的重要动力。与此同时，企业在应对社会挑战、满足社会需求和为社会创造价值的过程中，将会创造出巨大的经济价值，企业将因此实现与社会共享价值，与社会共生。

（二）财务分析的原则

关注利益相关者关系是财务分析新框架所特有的原则。

这一原则要求在财务分析过程中深入了解企业与关键利益相关者之间关系的性质和质量，并分析企业如何及在多大程度上理解、考虑并回应利益相关者的合理需求及利益。现代商业环境下的企业不是孤立的营利组织，价值不是由企业独自创造或在企业内部创造的，而是在企业与其他方的关系中创造的。

企业的经营目标是为财务资本提供者持续创造价值，但同样需要重视包括员工、客户、合作伙伴、社区、监管者等在内的利益相关者。与利益相关者之间产生的经济、社会与环境问题不只是影响企业与利益相关者的关系，其最终都会影响企业的价值创造能力。

（三）财务分析的内容

1.识别价值创造的源泉

财务分析体系是一个注重因果关系的逻辑框架。综合报告体系从资本的角度识别价值创造的源泉，认为“所有机构的成功都依赖于各种形式的资本”。资本进一步被分为六类，分别是金融资本、制造资本、智力资本、人力资本、社会与关系资本以及自然资本。

金融资本即传统财务报表中包括的权益和债务两大类资金；制造资本是指包括建筑物、设备、基础设施等在内的经过加工的有形资产；自然的有形资产，以及生物多样性和生态系统则归入自然资本；智力资本主要是知识产权等无形资产，但还包含如系统、程序等在内的组织资本。传统财务报表和财务分析系统所忽略的人力资本和社会与关系资本被看作为企业创造价值的重要资源列入资本概念中：人力资本是指员工的才能、能力和经验以及创新动机；社会与关系资本是指在社区、利益相关者群体和其他网络的内部或相互之间的制度和关系，以及为增进个人和集体的福利而共享信息的能力。社会资本涉及的方面比其他有形和无形资本更为广泛，既包括品牌价值等财务信息，又包括大量非财务信息。

2.分析价值创造的过程

企业的价值创造过程如图3-2所示。

从图3-2中可以看出，企业价值创造过程包括了7个要素：外部环境、治理、商业模式、机遇与风险、战略和资源配置、绩效、前景展望。作为价值创造动因的6类资本既是经营活动的投入要素，又是产出结果。

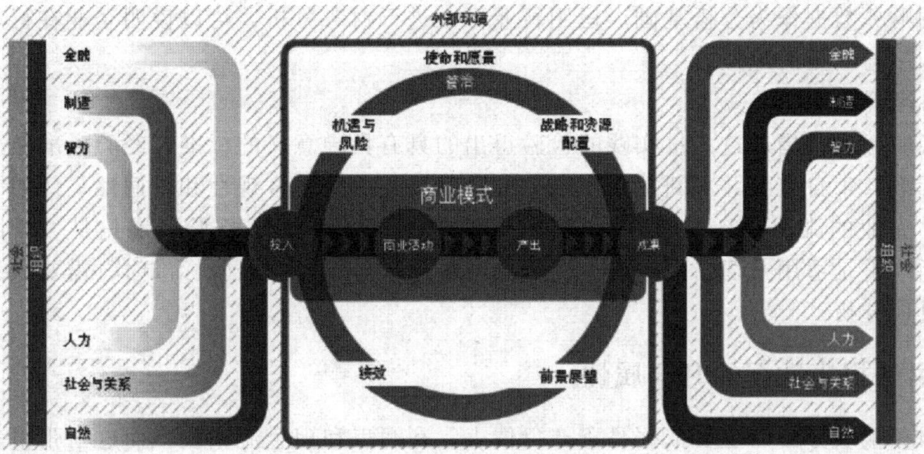

图3-2　企业价值创造过程

基于这一价值创造过程模型，综合财务分析以企业的使命和愿景为背景，对其外部环境进行分析，以此识别与企业、企业战略及其商业模式相关的机遇和风险，确定企业的治理结构如何提供支持、战略计划如何最大限度地利用机遇和降低风险并通过资源配置实现战略计划，动态地看待企业的绩效和不确定性条件下的前景。在对价值创造过程的分析中，居于核心地位的是商业模式。

第六节　财务报表分析中需要注意的问题

在进行财务报表分析的过程中，除了选择分析方法、设计财务指标和计算财务数据外，还要考虑如何确定恰当的评价标准和如何正确使用财务报表，同时还要认识到财务报表分析中存在的局限性。

一、财务报表分析的评价标准

通过财务报表分析来衡量企业财务状况和经营成果，必须将财务指标与评价标准进行比较分析才能得出结论，所以，选定适当的评价标准是财务报表分析的基本步骤。这里介绍常用的三种评价标准，即历史标准、行业标准以及经验标准。

1.历史标准

历史标准以企业过去一段时间的实际财务状况和经营成果作为标准。在实际使用中，通常会将当期的财务数据与上期的财务数据进行对比，这样，上期的实际水平就作为一种评判标准，或者将当期的财务数据与过去几期的平均数值进行比较。采用历史标准便于评价企业自身财务状况和经营成果的发展变化趋势。

2.行业标准

行业标准是以反映行业财务状况和经营成果的平均水平作为标准。通常选择行业中一组有代表性的企业，以其平均情况作为行业标准，或者直接就以情况较为接近的竞争对手的财务数据作为分析基础。运用行业标准进行财务分析，可以说明企业在行业中的相对水平与所处的地位。

3.经验标准

经验标准是指通过大量实践的检验得出的具有指导意义的标准。经验标准是人们公认的标准，来自实践并不断接受实践的检验，具有一定的客观性和普遍性。例如，一般认为，企业的流动比率不低于2，速动比率不低于1。但是，经验标准只是一般情况下的判断，不是适用一切情况和所有企业的绝对标准。在应用经验标准时，需要联系实际情况具体分析。

二、财务报表数据的时间属性

财务报表分析的主要依据是资产负债表、利润表和现金流量表，而这三张报表具有不同的时间属性。资产负债表包含的财务数据均为时点性信息，利润表和现金流量表反映的是时期性信息。在同时使用来自不同报表的数据时，必须将它们转换成相同时间属性的数据才能进行运算，生成所需的财务指标。

在同时使用资产负债表数据与利润表或现金流量表数据进行分析时，通常是将时点数据转换成时期数据，例如，在计算存货周转率和净资产收益率等比率时都采用这种方法。将时点数据转换为时期数据的方法包括加权平均法和算术平均法。加权平均法是将维持同一时点数据的时间长度作为权数，进行加权平均。由于一般很难在财务报表中获得有关持续时间的数据，所以会使用简单的算术平均法作为替代。算术平均法是将不同时点的数据进行简单的算术平均，最常见的是将期初和期末的时点数据进行平均。

三、财务报表分析存在的局限性

财务报表能为分析企业的财务状况和经营成果提供很多非常有用的信息，但是也存在一定的局限性，有必要加以注意并进行适当的判断，以免影响分析结果的正确性。

1.不同的会计方法

尽管会计界已经采取措施尽量减少会计方法的可选择性，但是这类问题依然存在。不同企业选择不同的会计方法，或者同一企业在不同时期改变会计方法都会使得报表数据之间缺乏可比性。

2.通货膨胀因素

通货膨胀一方面会使得企业的资产负债表严重失实，账面价值远远偏离实际价值；另一方面会影响折旧费用和存货成本，使得利润数字不能反映企业实际的盈利能力。在对企业较长一段时间或者不同时期的财务数据进行比较时，需要对物价引起的价值变动进行判断后才能进行解释。

3.财务报表粉饰

有些企业会使用一些会计方法对财务报表进行粉饰，在实际经营业绩和财务状况并没有好转的情况下改善财务数据。例如，一家资产流动性较差的企业，在年末借入一笔资金，持有现金几天后，在下一年年初就偿还借款，从而提高了企业的流动比率和速动比率。同样，还可以通过年末的销售和下年初的销售退回，在报表上提高企业的盈利能力指标和周转率指标。因此，在财务报表分析时还需要透过数字看本质（see through the figures）。

4.季节性因素

对于生产经营活动带有明显的季节性波动的企业，季节性因素也会扭曲财务报表数据，尤其在使用时点数据时会出现较大的波动。例如，零售企业的资产负债表中的存货，在节假日之前和之后会出现大幅度的变化，计算出来的存货周转率会有很大的差异。这时，最好采用月平均数据来计算周转率指标。

5.财务指标的两面性

对于一个财务指标不能简单地断定其越高越好或越低越好，因为财务指标具有两面性。例如，流动比率越高，说明企业资产的流动性越强，这是好的一面，但同时也有不好的一面，可能是企业现金过多导致企业资源的闲置和浪费。同样，企业资产周转率高，可能反映了企业资产使用效率高，但也可能是企业投资不足，无法购买足够的资产。所以，在分析财务指标时，不能机械地生搬硬套，需要全面和客观地进行判断。

财务管理中的商业伦理　　安然事件的反思

美国当地时间2001年12月2日，财务丑闻缠身的安然公司向纽约破产法庭申请破产保护，市值位列美国500强第七的安然公司黯然终结其不光彩的历史。安然事件以及2002年曝光的世界通信造假案，成为美国整肃财务造假、重构资本市场秩序的导火索，促使《萨班斯-奥克斯利法案》的出台和PCAOB的成立，改写了美国会计审计的发展进程。安然事件具有里程碑意义，值得铭记。

安然公司的主要会计问题可分为四大类：（1）利用“特别目的实体”高估利润、低估负债；（2）通过空挂应收票据，高估资产和股东权益；（3）通过有限合伙企业，操纵利润；（4）利用合伙企业网络组织，自我交易，涉嫌隐瞒巨额损失。

为其提供审计鉴证和咨询服务的安达信在安然事件中，存在以下严重问题：（1）安达信出具了严重失实的审计报告和内部控制评价报告；（2）安达信对安然公司的审计缺乏独立性；（3）安达信在觉察安然公司会计问题的情况下，未采取必要的纠正措施；（4）销毁审计工作底稿，妨碍司法调查。

安然事件既是对号称全世界最好的美国会计准则的一种嘲讽，也使“五大”神话般的光环骤然失色，更有可能使美国注册会计师的行业自律模式成为历史。安然事件对美国会计审计的潜在影响：（1）安然事件再次引发了关于会计准则的制定效率和制定模式的争论；（2）安然事件将改写注册会计师的监管模式。

安然事件的五点启示：（1）既不应夸大独立审计在证券监管中的作用，也不应将上市公司因舞弊倒闭的全部责任归咎于注册会计师；（2）不要过分崇拜市场的力量，民间自律不见得是最佳选择；（3）既不要迷信美国的公司治理模式，也不可神化独立董事；（4）不能只重视制度安排，而忽视全方位的诚信教育；（5）不要迷信“五大”，“五大”的审计质量不总是值得信赖。

资料来源：葛家澍，黄世忠. 安然事件的反思——对安然公司会计审计问题的剖析［J］. 会计研究，2002（2）：3-11.

重要术语

财务分析（financial analysis）
财务报表分析（financial statement analysis）
财务报告（financial report）
资产负债表（balance sheet）
利润表（income statement）
现金流量表（statement of cash flows）
比率分析法（ratio analysis）
水平分析法（horizontal analysis）
趋势分析法（trend analysis）
垂直分析法（vertical analysis）
因素分析法（factor analysis）
流动比率（current ratio）
速动比率（quick ratio）
酸性测试比率（acid-test ratio）
速动资产（quick asset）
资产负债率（debt ratio）
负债权益比（equity ratio）
利息保障倍数（times interest earned）
资产管理比率（efficiency ratio）
存货周转率（inventory turnover）
应收账款周转率（accounts receivable turnover）
流动资产周转率（current asset turnover）
总资产周转率（total asset turnover）
销售毛利率（gross margin）
销售净利率（profit margin）
总资产收益率（return on assets，ROA）
净资产收益率（return on equity，ROE）
市场价值比率（market ratio）
每股收益（earnings per share，EPS）
每股净资产（net asset per share）
市盈率（P/E ratio）
市净率（market to book value，MTB）
股利支付率（payout ratio）
股利收益率（dividend yield）

本章小结

本章介绍了财务分析的内容和方法。本章第一节简要介绍了三大财务报表。第二节介绍了财务报表分析方法，包括比率分析法、水平分析法、趋势分析法、垂直分析法、因素分析法和图解分析法等。

本章第三节重点介绍了财务比率分析法，包括流动性分析、偿债能力分析、资产管理效率分析、盈利能力分析和市场价值分析这五个重要的方面的财务分析。流动性比率主要包括流动比率、速动比率；偿债能力比率主要包括资产负债率、负债权益比、利息保障倍数；资产管理比率主要包括存货周转率、应收账款周转率、流动资产周转率、总资产周转率；盈利能力比率主要包括销售毛利率、销售净利率、总资产收益率、净资产收益率；市场价值比率主要包括每股收益、每股净资产、市盈率、市净率、股利支付率、股利收益率。

本章第四节介绍了杜邦分析体系，它是最常用的财务报表综合分析方法。杜邦分析法通过财务指标之间的内在联系，将企业的盈利能力、营运能力和偿债能力等综合起来进行分析评价，从而获得对企业财务状况和经营成果的全面认识。

本章第五节简要介绍综合财务分析的概念和框架。本章第六节总结了财务报表分析中需要注意的问题。

复习与思考

1. 什么是财务分析？财务分析在财务管理中的作用是什么？
2. 衡量企业流动性和盈利能力的主要指标有哪些？
3. 衡量企业偿债能力和资产管理能力的主要指标有哪些？
4. 衡量企业市场价值的主要指标有哪些？
5. 表3-8是某公司2023年会计报表的有关资料。请分别计算出该公司的净资产收益率、销售净利率、总资产周转率和权益乘数，并验证杜邦公式。

表3-8 某公司2023年会计报表的有关资料 单位：元

资产负债表项目	年初数	年末数
资产	8 000	10 000
负债	4 500	6 000
所有者权益	3 500	4 000
利润表项目	上年数	本年数
主营业务收入净额	—	20 000
净利润	—	500

二维码3-1 复习与思考参考答案

拓展阅读

二维码3-2 财务报表的新格式

二维码3-3 大数据对财务分析的影响

第四章　货币时间价值

学习目标

1.认识货币时间价值的概念；
2.了解货币时间价值的作用；
3.掌握各种终值和现值的计算方法；
4.学会折现率和计息期数的推算。

教学重点与难点

教学重点：
各种终值和现值的计算方法。
教学难点：
折现率和计息期数的推算。

引例：一万美金赠品里的秘密

20世纪90年代，美国汽车经销商大力推销一款价值1万美金的车，但是当时美国的汽车市场已经饱和了，所以市场的销售情况一点儿也不好。有的车行就不惜血本打折，打折15%销售，但是效果也不是特别理想。

这个时候，有一个特别懂金融的经销商他就想出了一个“免费送车”的主意，怎么说呢？就是买一辆车，送一张面值1万美金的30年期的美国国债。1万美金的车，送价值1万美金的债券，这听上去像什么？免费拿了一辆车。这个诱惑实在是太大了。所以很多根本就不打算买车的人这时候就开始争先恐后地往车行跑，生怕去晚了，这个天上掉的馅饼砸不到自己，所以车行的生意一下子变得特别的火爆。

但是，聪明的你估计已经注意到了，这个赠品不是1万美金的现金，而是“面值1万美金的30年期的折价国债”，换句话说，你拿到的“1万美金”是30年后付给你的1万美金。

按照20世纪90年代中期8%左右的国债利率算，折算到30年后，这个面值1万美金的债券只剩下994美金。也就是说，销售商其实只给了你994美金的礼物，让利幅度只有9.94%，比那个15%的打折力度差远了。

30年后的1万元（给定8%的利率水平），到今天只值994元！这意味着什么？这意味着30年的时间被折掉了九千多美金，所以，时间在这里被量化成了具体的金钱——这，就是金融里最基础，也最重要的一个概念，叫“货币的时间价值”——这个概念说起来高深莫测，但是你仔细想一下，不就是我们平时里老挂在嘴边的“时间就是金钱”吗？

资料来源：香帅.香帅金融学讲义［M］.北京：中信出版集团，2020.

因此，不妨带着下面几个问题去阅读本章：如果是1万元50年期的国债，按照8%的利率折现到现在又是多少钱呢？日常生活中还有哪些复利的例子？

财务管理原则的运用

原则二：货币时间价值——今天收到的一元钱比将来收到的一元钱更值钱。

第一节　货币时间价值概述

任何企业的财务管理活动，都是在特定的时空进行的。货币时间价值是客观存在的经济范畴。在商品经济中，有这样一种现象：今天的1元钱和一年后的1元钱经济价值不相等，今天的1元钱比一年后的1元钱更值钱，即使不存在通货膨胀也是如此。为什么呢？一个简单的例子是：今天将1元钱存入银行，假如存款年利率为5%（不含通货膨胀补贴和风险报酬），一年后可得到1.05元。这1元钱经过一年时间的投资增加了0.05元。由此可见，货币在不同的时点上，其价值是不一样的，不能简单地相加减或直接比较，而需要进行换算。

一、货币时间价值的概念

货币时间价值（time value of money）是指货币经历一定时间的投资和再投资所增加的价值。

企业资金循环和周转的起点是投入货币，企业用它来购买所需的资源，然后生产出新的产品，产品出售时得到的货币量大于最初投入的货币量，实现了货币增值。每完成一次循环，货币就增加一定数额。周转的次数越多，增值额也就越大。可见，货币之所以具有时间价值，根源在于其在再生产过程中的运动和转化。所以，货币时间价值的实质是资本投入周转使用而形成的增值。

货币时间价值从量的规定性来看，是没有风险和没有通货膨胀条件下的社会平均资本利润率。由于竞争的存在，市场经济中各部门投资的利润率趋于平均化，致使每个企业的投资项目至少要取得社会平均利润率，否则，就会投资于其他项目或其他行业。因此，货币时间价值也就成为评价投资项目的基本标准。

货币时间价值可以有两种表现形式：一是绝对数表现形式，即货币时间价值额，是指资本在周转使用中产生的真实增值额；二是相对数表现形式，即货币时间价值率，是指扣除风险报酬和通货膨胀贴水后的社会平均资本利润率。它与一般的利率是有差别的。只有在没有风险和没有通货膨胀的情况下，货币时间价值率与利率才相等。为了便于介绍，本章以此假设为前提，以利率代表货币时间价值率。

二、货币时间价值的作用

在企业财务管理中，货币时间价值在筹资与投资决策、经济效益的评价等方面都起着重要的作用。

1.货币时间价值是正确进行财务决策的基本依据

货币时间价值是扣除风险报酬和通货膨胀等因素后的社会平均资本利润率。作为投资方案的利润率至少应达到社会平均资本利润率水平，否则，该项目就是不成功的。在投资决策中，可以根据货币时间价值原理，把不同时点上的投资额和不同时点上的投资收益额换算成同一时点上的现值，做出科学的可行性分析，例如项目投资的净现值、证券投资的证券估价等。在筹资决策中，也可以根据货币时间价值原理，计算比较各种筹资方案的成本，确定可行的资本结构。

2.货币时间价值是衡量企业经济效益的基本依据

货币时间价值问题实际上是资本使用的经济效益问题。企业作为营利性的组织，其主要财务目标是实现企业价值最大化，不断提高股东财富。因此，企业经营者必须充分调动和利用各种经济资源去实现预期的收益，而评判这些资源是否充分、有效使用的一个重要标准就是货币时间价值，即社会平均资本利润率，这应该是企业资本利润率的最低限度。

三、货币时间价值计算的基本术语和符号

由于货币随时间的增值过程与利息的增值过程在数学上相似，因此，在计算货币时间价值时广泛使用了计算利息的各种方法。在计算货币时间价值时，通常使用下面的术语和符号。

（1）现值（present value，PV），从现在时点看的价值，也称本金或期初金额。

（2）利率（interest rate，i），利息与本金之比，没有特别指明时，一般是年利率。天利率可以按一年360天来换算，月利率、季利率或半年利率按同样的道理换算。

（3）利息（interest，I），本金与利率之积。

（4）计息期数（n），期可以是天、月、季、半年、年等。没有特别指明时，一般以年为单位，应该与利率相匹配。

（5）终值（future value，FV），从将来时点看的价值，是本金与利息之和，也称本利和。

第二节　一次性收付的货币时间价值的计算

一次性收付是指在某一特定时点上一次性收取（或支付）的款项。一次性收付的货币时间价值计算包括终值和现值的计算。

计算利息的方法有单利和复利。单利（simple interest）即只就本金计算利息，在规定期限内获得的利息均不加入本金中计算利息。复利（compound interest）俗称“利滚

利”，即除了就本金计算利息外，还将每一期利息分别加入上期本金中一起计算利息，逐期滚算。货币时间价值通常是按复利计算的，因为理性理财者会重视时间价值，获得的利息将继续投资，以便再获取利息。

一、复利终值的计算

复利终值是指一定数量的本金在一定的利率下，按照复利的方法计算出的若干时期以后的本利和。其形式如图4-1所示。

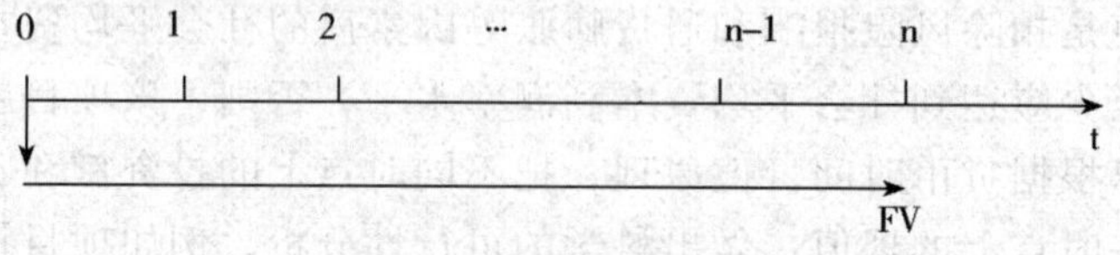

图4-1 复利终值示意图

【例4-1】某人现在存入银行1 000元，若存款年利率为5%，且复利计息，3年后他可以从银行取回多少钱？

这实际上是复利终值的计算问题。

1年后的本利和为：

$$FV_1 = PV + PV \cdot i = PV \cdot (1 + i) = 1\,000 \times (1 + 5\%) = 1\,050 \text{（元）}$$

2年后的本利和为：

$$FV_2 = \left[PV \cdot (1 + i)\right] \cdot (1 + i) = PV \cdot (1 + i)^2$$

$$= 1\,050 \times (1 + 5\%) = 1\,102.50 \text{（元）}$$

或 $$= 1\,000 \times (1 + 5\%)^2 = 1\,102.50 \text{（元）}$$

3年后的本利和为：

$$FV_3 = \left[PV \cdot (1 + i)^2\right] \cdot (1 + i) = PV \cdot (1 + i)^3$$

$$= 1\,102.50 \times (1 + 5\%) = 1\,157.63 \text{（元）}$$

或 $$= 1\,000 \times (1 + 5\%)^3 = 1\,157.63 \text{（元）}$$

3年后他可以从银行取回1 157.63元。

复利终值的计算公式为：

$$FV_n = PV \cdot (1 + i)^n$$

计算复利终值公式中的$(1 + i)^n$通常被称为复利终值系数或一元复利终值，用符号（F/P，i，n）表示。例如，（F/P，5%，3）表示年利率为5%的3期复利终值系数。

复利终值的计算公式也可以写为：

$$FV_n = PV \cdot (F/P,\ i,\ n)$$

复利终值系数的计算可以有四种方法：一是使用常规的计算器，即计算（1+i）的n次幂。如上例，计算（1+5%）的3次幂，即$(1 + 5\%)^3 = 1.1576$。二是编制“复利终值系数表”（见“附录一”的“表一”），这是为了便于计算。该表的第一行是利率i，第一列是计息期数n，相应的（1+i）^{n}值在其纵横相交处。例如，通过该表可查出上例中的（F/P，5%，3）=1.1576。但通常系数表只编制了整利率和整期数的情况，类似利率为3.6%或期数为2.5年的情况则不能解决。三是利用Microsoft Excel的函数功能进行计算。四是利用财务计算器进行计算。

（1）利用Microsoft Excel函数功能计算的步骤

①打开Excel工作表→选择菜单下的f_x→在选择类别中选择“财务”→在选择函数下拉菜单中选择“FV”→确定。插入FV函数如图4-2所示（后面计算年金终值同理）。

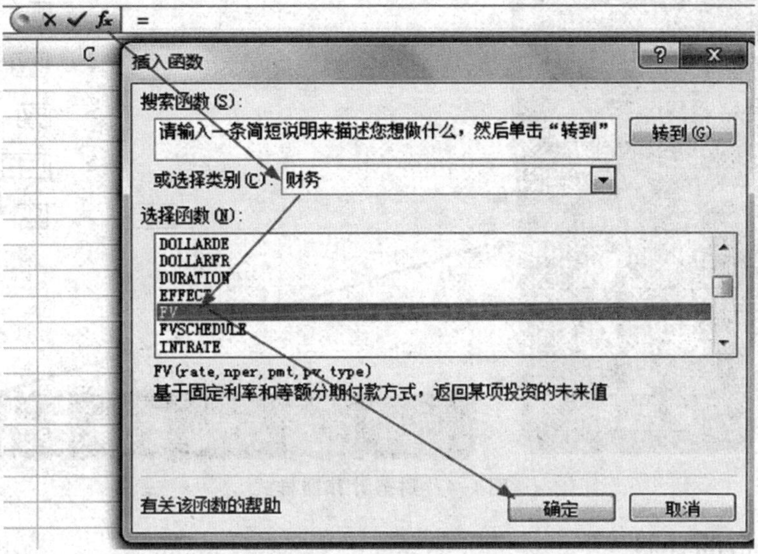

图4-2　插入FV函数

②在弹出的函数参数对话框中输入利率（rate）5%，期限（Nper）输入3，现值（Pv）输入-1 000（Excel计算会默认现值为支付，负数），计算结果为1 157.625，按确定即可。FV函数参数如图4-3所示。

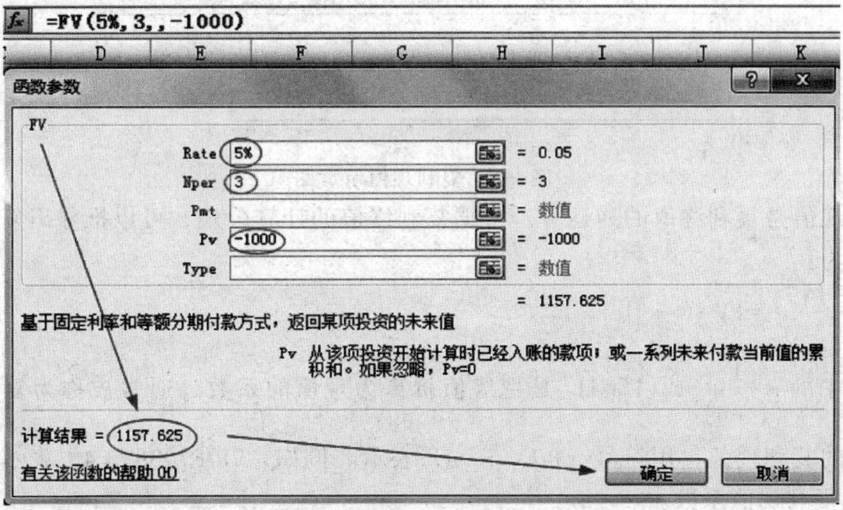

图4-3　FV函数参数

（2）利用财务计算器函数的计算步骤

①输入-1 000，按第三排的PV，再按ENTER。

②输入5，按第三排的I/Y，再按ENTER。

③输入3，按第三排的N，再按ENTER。

④按CPT后再按第三排的FV，计算结果为1 157.63。

财务计算器样式如图4-4所示。

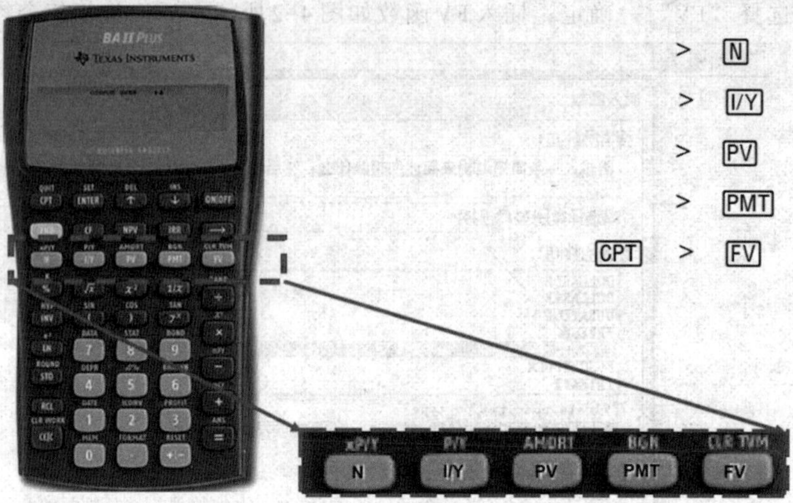

图4-4　财务计算器样式

二、复利现值的计算

复利现值是指未来一定时间的资本按复利计算的现在价值，或者说是为取得将来一定本利和而现在所需要的本金。其形式如图4-5所示。

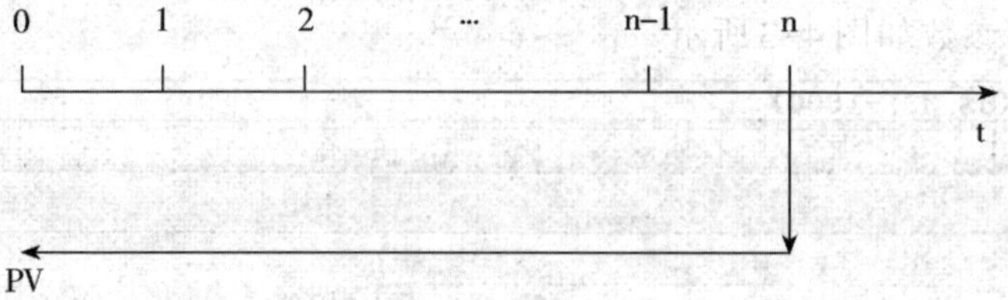

图4-5　复利现值示意图

复利现值是复利终值的逆运算。根据复利终值的计算公式，可以推导出复利现值的计算公式为：

$$PV=\frac{FV}{(1+i)^{n}}=FV\cdot(1+i)^{-n}$$

上式中的$\frac{1}{(1+i)^{n}}$或$(1+i)^{-n}$是把终值折算为现值的系数，通常被称为复利现值系数或一元的复利现值，用符号（P/F，i，n）表示。例如，（P/F，3%，4）表示年利率为3%的4期复利现值系数。

复利现值的计算公式也可以写为：

$$PV=FV\cdot(P/F,\ i,\ n)$$

复利现值系数的计算同样可以有四种方法：一是使用常规的计算器。二是为了便于计算，可编制“复利现值系数表”（见“附录一”的“表二”），通过查表得出系数值。

该表的使用方法与“复利终值系数表”相同。三是利用Microsoft Excel的函数功能计算。四是利用财务计算器进行计算。

【例4-2】某人希望在4年后有8 000元支付学费。假设存款年利率为3%，则现在此人需存入银行的本金是多少？

方法一：

$$PV = \frac{FV}{(1+i)^n} = \frac{8\,000}{(1+3\%)^4} = \frac{8\,000}{1.1255} \approx 7\,108\text{（元）}$$

方法二：

$$\begin{aligned} PV &= FV \cdot (P/F,\ i,\ n) \\ &= 8\,000 \times (P/F,\ 3\%,\ 4) \\ &= 8\,000 \times 0.8885 = 7\,108\text{（元）} \end{aligned}$$

可见，只有现在存入7 108元，4年后才能有8 000元支付学费。

方法三：

（1）打开Excel工作表→选择菜单下的f_x→在选择类别中选择“财务”→在选择函数下拉菜单中选择“PV”→确定。插入PV函数如图4-6所示（后面计算年金现值同理）。

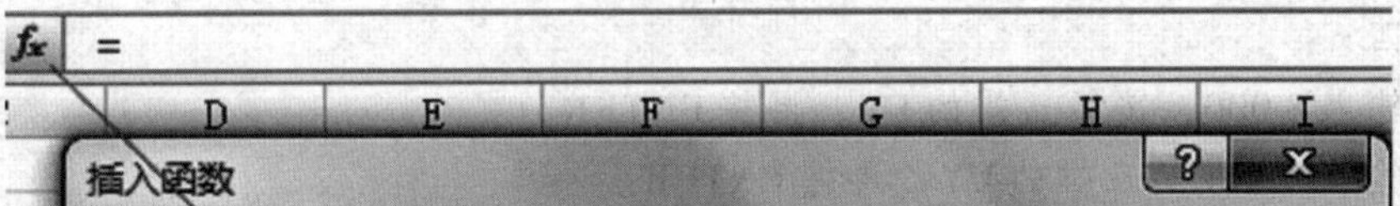

图4-6 插入PV函数

（2）在弹出的函数参数对话框中输入利率（rate）3%，期限（Nper）输入4，终值（Fv）输入8 000，计算结果显示为-7 107.896383。Excel计算会默认现值为负数，表示支付，但时间价值的计算的现值不一定就是支付，所以计算结果需要改为正数7 107.896383（后面现值计算同理）。PV函数参数如图4-7所示。

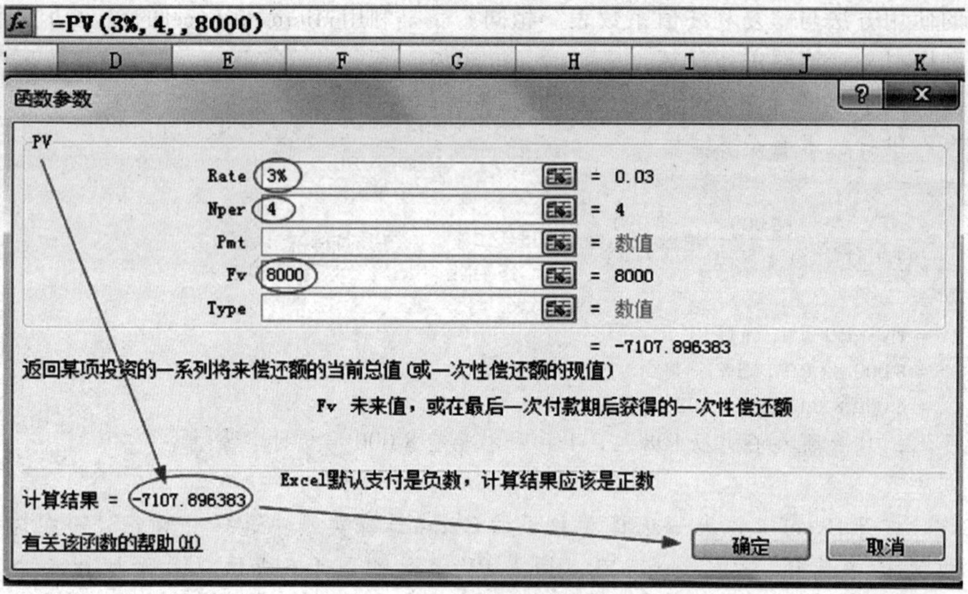

图4-7 PV函数参数

方法四：

(1) 输入8 000，按第三排的FV，再按ENTER。

(2) 输入3，按第三排的I/Y，再按ENTER。

(3) 输入4，按第三排的N，再按ENTER。

(4) 按CPT后再按第三排的PV，计算结果为−7 107.90（财务计算器计算时默认现值为负数，表示支付）。

三、名义利率与实际利率的换算

上述讨论的计算问题均假定利率为年利率，且每年计算复利一次。但实际上，复利的计息期不一定总是一年，有可能是半年、季度、月或日，如有些债券半年计息一次，有的抵押贷款每月计息一次。当一年内计算复利的次数超过一次时，这样给出的年利率叫名义年利率（nominal interest rate），而实际年利率（effective interest rate）或称有效年利率则需要通过换算求出。

将名义年利率换算为实际年利率的公式如下：

$$i=\left(1+\frac{r}{m}\right)^{m}-1$$

式中：i表示实际年利率（或有效年利率）；

r表示名义年利率；

m表示每年计算复利的次数。

【例4-3】假如你可以从银行取得年利率为6%、每季计息的贷款，也可以使用每月付息、月利率为0.5%的信用卡借款，这两种方式的实际年利率哪一种高？

$$每季计息贷款的实际年利率=\left(1+\frac{6\%}{4}\right)^{4}-1\approx 6.14\%$$

$$每月付息信用卡借款的实际年利率=\left(1+\frac{6\%}{12}\right)^{12}-1\approx 6.17\%$$

每月付息信用卡借款的实际年利率比每季计息贷款的实际年利率高。实际上，这两种方式的名义年利率都是6%（0.5%×12），但每季计息是1年计算复利4次，而每月计息是1年计算复利12次。可见，当1年内计算复利的次数超过1次时，实际年利率比名义年利率要高，计算复利的次数越多，实际年利率越高。

对于1年内多次计算复利的情况，可采取两种方法计算货币时间价值。

第一种方法是先将名义年利率调整为实际年利率，然后按实际年利率计算货币时间价值。

【例4-4】某人购买某公司债券。该债券面值为5 000元，期限为3年，年利率为6%，每半年计息一次，则债券到期时可得的本利和是多少？

$$债券的实际年利率（i）=\left(1+\frac{6\%}{2}\right)^{2}-1\approx 6.09\%$$

$$\begin{aligned}FV &= PV\cdot(1+i)^{n}\\ &= 5\,000\times(1+6.09\%)^{3}\\ &\approx 5\,970(元)\end{aligned}$$

第二种方法是不计算实际年利率，而是相应调整有关利率和期数指标，即利率变为$\frac{r}{m}$，期数相应变为m·n。

【例4-5】仍利用【例4-4】中的有关数据，用第二种方法计算其本利和。

$$\begin{aligned}FV &= PV\cdot(1+\frac{r}{m})^{m\times n}\\ &= 5\,000\times(1+\frac{6\%}{2})^{2\times 3}\\ &= 5\,000\times(1+3\%)^{6}\\ &\approx 5\,970（元）\end{aligned}$$

或

$$\begin{aligned}&= 5\,000\times(F/P,\ 3\%,\ 6)\\ &= 5\,000\times 1.1941\\ &\approx 5\,970（元）\end{aligned}$$

所编制的系数表中的期数不一定是年，可理解为是一种等间隔的时间段（如年、半年、季、月）。

第三种方法是利用Microsoft Excel函数功能计算。在Excel表的f_x“财务”的选择函数下拉菜单中选择“终值”（FV）。在弹出的函数参数对话框中输入利率（Rate）6%/2，期限（Nper）输入6（2×3），现值（Pv）输入-5 000，计算结果为5 970.261483，按确定即可。FV函数参数如图4-8所示。

第四种方法是利用财务计算器计算。

（1）输入-5 000，按第三排的PV，再按ENTER。

（2）输入3（6/2），按第三排的I/Y，再按ENTER。

（3）输入6（2×3），按第三排的N，再按ENTER。

（4）按CPT后再按第三排的FV，计算结果为5 970.26。

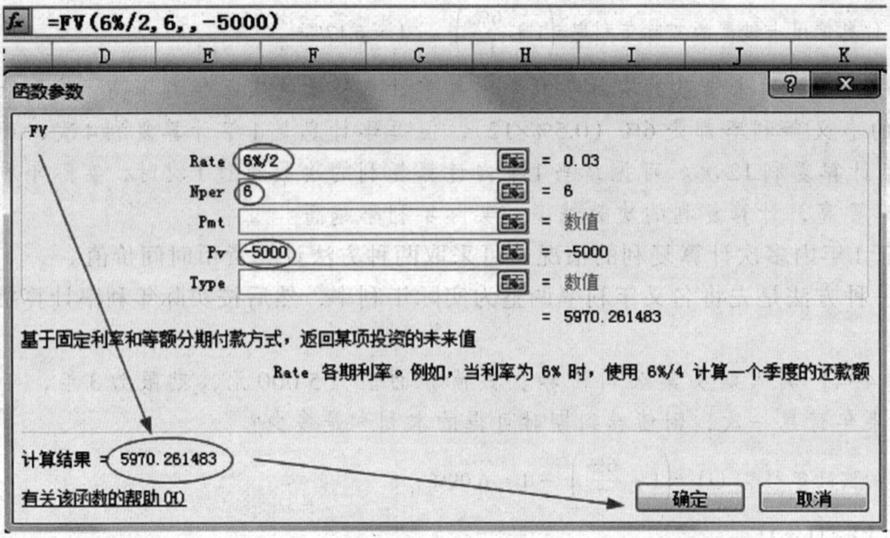

图4-8　FV函数参数

第三节　不等额系列收付的货币时间价值的计算

不等额系列收付是指一定时期内多次收付，而每次收付的金额是不相等的款项。不等额收付的货币时间价值的计算包括终值和现值的计算。

一、不等额系列收付款项终值的计算

不等额系列收付款项终值的形式和计算如图4-9所示。

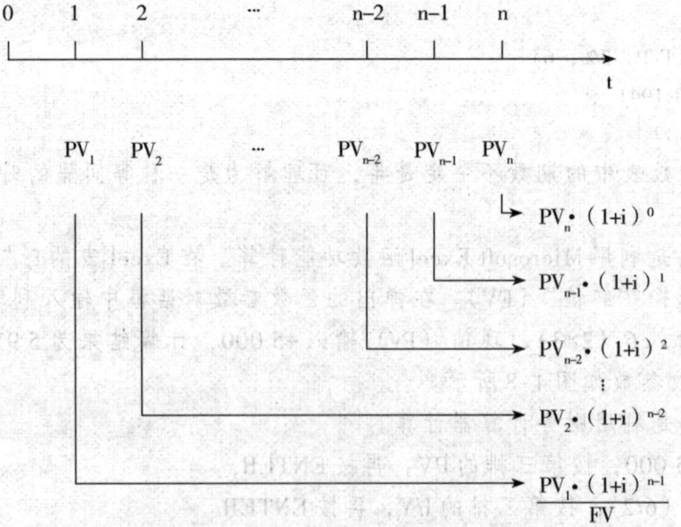

图4-9　不等额系列收付款项终值示意图

由图4-9可知，不等额系列收付款项终值的计算公式为：

$$FV = PV_n \cdot (1+i)^0 + PV_{n-1} \cdot (1+i)^1 + PV_{n-2} \cdot (1+i)^2 + \cdots + PV_2 \cdot (1+i)^{n-2} + PV_1 \cdot (1+i)^{n-1}$$
$$= \sum_{t=1}^{n} PV_t \cdot (1+i)^{n-t}$$

可见，不等额系列收付款项终值等于每期收付款项的终值之和。

【例 4-6】某人存钱的计划如下：第1年年末存2 000元，第2年年末存2 500元，第3年年末存3 000元。如果年利率为4%，那么他在第3年年末可以得到的本利和是多少？

方法一：

$$FV = 2\,000 \times (1+4\%)^{3-1} + 2\,500 \times (1+4\%)^{3-2} + 3\,000 \times (1+4\%)^{3-3}$$
$$= 2\,000 \times (1+4\%)^2 + 2\,500 \times (1+4\%) + 3\,000$$
$$= 2\,000 \times 1.0816 + 2\,500 \times 1.04 + 3\,000$$
$$= 7\,763.20 \text{（元）}$$

方法二：

$$FV = 2\,000 \times (F/P，4\%，2) + 2\,500 \times (F/P，4\%，1) + 3\,000$$
$$= 2\,000 \times 1.0816 + 2\,500 \times 1.04 + 3\,000$$
$$= 7\,763.20 \text{（元）}$$

二、不等额系列收付款项现值的计算

不等额系列收付款项现值的形式和计算如图4-10所示。

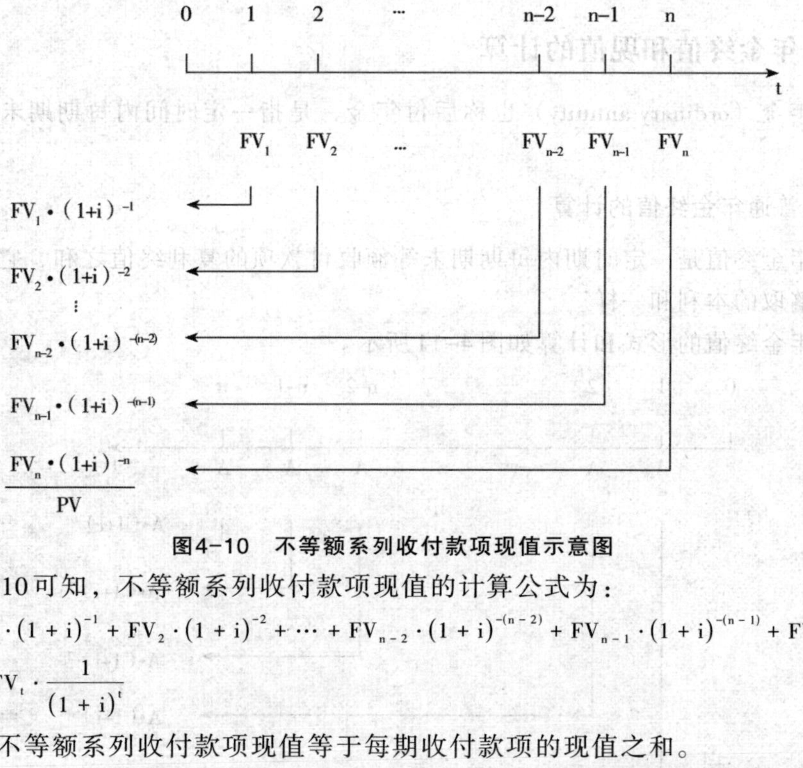

图4-10　不等额系列收付款项现值示意图

由图4-10可知，不等额系列收付款项现值的计算公式为：

$$PV = FV_1 \cdot (1+i)^{-1} + FV_2 \cdot (1+i)^{-2} + \cdots + FV_{n-2} \cdot (1+i)^{-(n-2)} + FV_{n-1} \cdot (1+i)^{-(n-1)} + FV_n \cdot (1+i)^{-n}$$
$$= \sum_{t=1}^{n} FV_t \cdot \frac{1}{(1+i)^t}$$

可见，不等额系列收付款项现值等于每期收付款项的现值之和。

【例 4-7】某人现在想存一笔钱进银行，希望在第1年年末可以取出1 300元，第2年年末可以取出1 500元，第3年年末可以取出1 800元，第4年年末可以取出2 000元。如果年利率为5%，那么他现在应存多少钱在银行？

方法一：

$$PV=\frac{1\,300}{(1+5\%)^1}+\frac{1\,500}{(1+5\%)^2}+\frac{1\,800}{(1+5\%)^3}+\frac{2\,000}{(1+5\%)^4}$$

$$=\frac{1\,300}{1.05}+\frac{1\,500}{1.1025}+\frac{1\,800}{1.1576}+\frac{2\,000}{1.2155}$$

$\approx 5\,799$（元）

方法二：

$$PV=1\,300\times(P/F,\ 5\%,\ 1)+1\,500\times(P/F,\ 5\%,\ 2)+1\,800\times(P/F,\ 5\%,\ 3)+2\,000\times(P/F,\ 5\%,\ 4)$$

$$=1\,300\times0.9524+1\,500\times0.9070+1\,800\times0.8638+2\,000\times0.8227$$

$\approx 5\,799$（元）

第四节　等额系列收付的货币时间价值的计算

等额系列收付是指等金额、等时间间隔的系列收付，也称为年金（annuity，A）。

在实际工作中，分期收付利息、分期收付款、分期偿还贷款、分期发放养老金等，都属于年金收付形式。年金按照收付的次数和支付的时间不同，可分为普通年金、先付年金、递延年金和永续年金。

一、普通年金终值和现值的计算

普通年金（ordinary annuity）也称后付年金，是指一定时间内每期期末等额系列收付的款项。

（一）普通年金终值的计算

普通年金终值是一定时期内每期期末等额收付款项的复利终值之和，它就和人们到银行零存整取的本利和一样。

普通年金终值的形式和计算如图4-11所示。

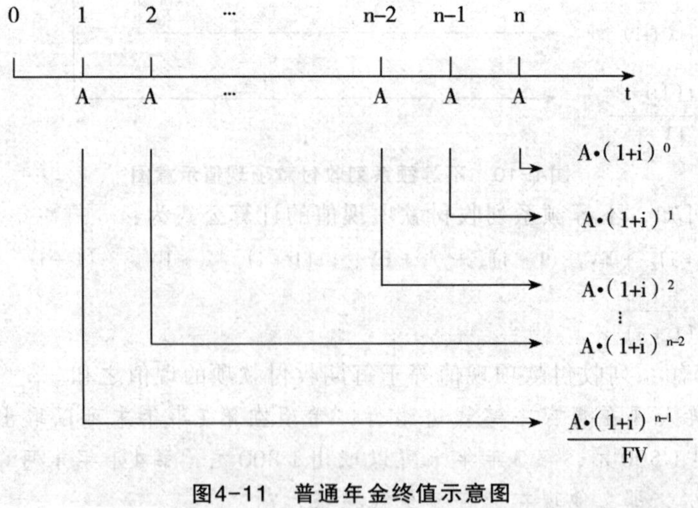

图4-11　普通年金终值示意图

由图4-11可知，普通年金终值的计算公式为：

$$FV = A\cdot(1+i)^0 + A\cdot(1+i)^1 + A\cdot(1+i)^2 + \cdots + A\cdot(1+i)^{n-2} + A\cdot(1+i)^{n-1} = A\cdot\sum_{t=1}^{n}(1+i)^{n-t} \quad ①$$

可见，普通年金终值的计算与不等额系列收付款项终值的计算比较，不同的只是每期的收付款项相等，即都为A（年金）而已。也正因为如此，普通年金终值的计算公式可以简化。

将①式两边同时乘上（1+i），得：

$$FV\cdot(1+i) = A\cdot(1+i)^1 + A\cdot(1+i)^2 + A\cdot(1+i)^3 + \cdots + A\cdot(1+i)^{n-1} + A\cdot(1+i)^n \quad ②$$

用②式减去①式，得：

$$FV\cdot i = A\cdot(1+i)^n - A = A\cdot\left[(1+i)^n - 1\right]$$

$$FV = A\cdot\frac{(1+i)^n - 1}{i}$$

①式中的$\sum_{t=1}^{n}(1+i)^{n-t}$和②式中的$\frac{(1+i)^n - 1}{i}$通常被称为普通年金终值系数或一元普通年金终值，用符号（F/A，i，n）表示。例如，（F/A，4%，3）表示年利率为4%的3期年金终值系数。

普通年金终值的计算公式也可写为：

$$FV = A\cdot(F/A,\ i,\ n)$$

普通年金终值系数的计算同样可以有四种方法：一是使用常规的计算器。二是可以编制“普通年金终值系数表”（见“附录一”的“表三”），通过查表得出系数。该表的使用方法与“复利终值系数表”相同。三是利用Microsoft Excel的函数功能计算。四是利用财务计算器进行计算。

【例4-8】某人在3年里，每年年末存入银行3 000元。若存款年利率为4%，则第3年年末可以得到多少本利和？

方法一：

$$FV = 3\,000\times(1+4\%)^2 + 3\,000\times(1+4\%)^1 + 3\,000\times(1+4\%)^0$$

$$= 3\,000\times\sum_{t=1}^{3}(1+4\%)^{3-t} = 9\,364.80\text{（元）}$$

或

$$= 3\,000\times\left[\frac{(1+4\%)^3 - 1}{4\%}\right] = 9\,364.80\text{（元）}$$

方法二：

$$FV = A\cdot(F/A,\ i,\ n)$$
$$= 3\,000\times(F/A,\ 4\%,\ 3)$$
$$= 3\,000\times 3.1216$$
$$= 9\,364.80\text{（元）}$$

方法三：

（1）同【例4-1】的（1）。

（2）在弹出的函数参数对话框中输入利率（Rate）4%，期限（Nper）输入3，年金（Pmt）输入-3 000，计算结果为9 364.8，按确定即可。FV函数参数如图4-12所示。

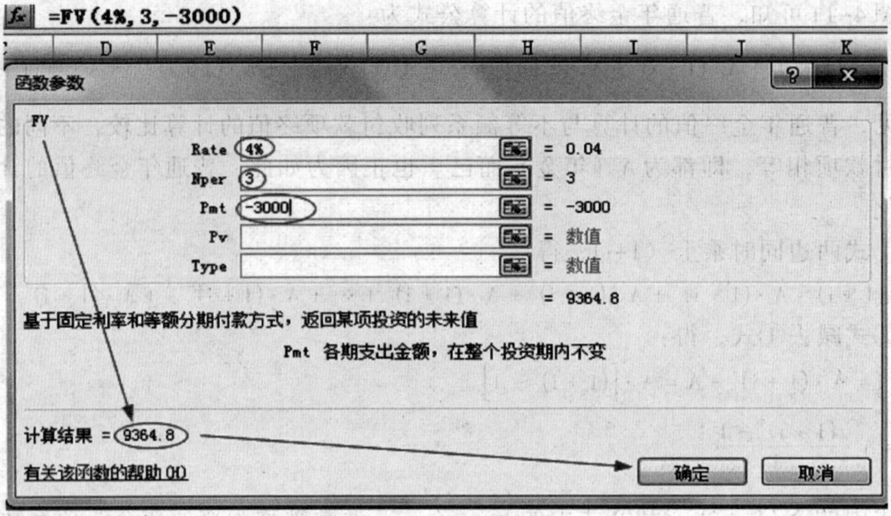

图4-12 FV函数参数

方法四：

（1）输入-3 000，按第三排的PMT，再按ENTER。

（2）输入4，按第三排的I/Y，再按ENTER。

（3）输入3，按第三排的N，再按ENTER。

（4）按CPT后再按第三排的FV，计算结果为9 364.80。

（二）偿债基金的计算

偿债基金是指为了在约定的未来某一时点清偿某笔债务或积聚一定数额的资金而必须分次等额储存的款项。每次等额储存的款项就是年金（A），可以获得按复利计算的利息，未来的债务或需积聚的资金实际上等于年金终值（FV）。

偿债基金的计算实际上是年金终值的逆运算。根据年金终值的计算公式，可以推算出偿债基金的计算公式为：

$$A = FV \cdot \frac{i}{(1+i)^n - 1}$$

在上式中，$\frac{i}{(1+i)^n - 1}$是年金终值系数的倒数，通常被称为偿债基金系数，用符号（A/F，i，n）表示，可编制“偿债基金系数表”直接查阅，或通过年金终值系数的倒数推算出来。

偿债基金的计算公式也可写为：

$$A = FV \cdot (A/F, i, n) = FV \cdot \frac{1}{(F/A, i, n)}$$

【例4-9】某人希望在4年后有8 000元支付学费，于是从现在起每年年末存入银行等额的一笔款项。假设存款年利率为3%，他每年年末应存入的金额是多少？

方法一：

$$A = 8\,000 \times \frac{3\%}{(1+3\%)^4 - 1} \approx 1\,912.22（元）$$

方法二：

$$A = 8\,000 \times \frac{1}{(F/A,\ i,\ n)} = 8\,000 \times \frac{1}{4.1836} \approx 1\,912.23\ (元)$$

方法三：

(1) 打开Excel工作表→选择菜单下的f_x→在选择类别中选择“财务”→在选择函数下拉菜单中选择“PMT”→确定。插入PMT函数如图4-13所示（后面计算资本回收额同理）。

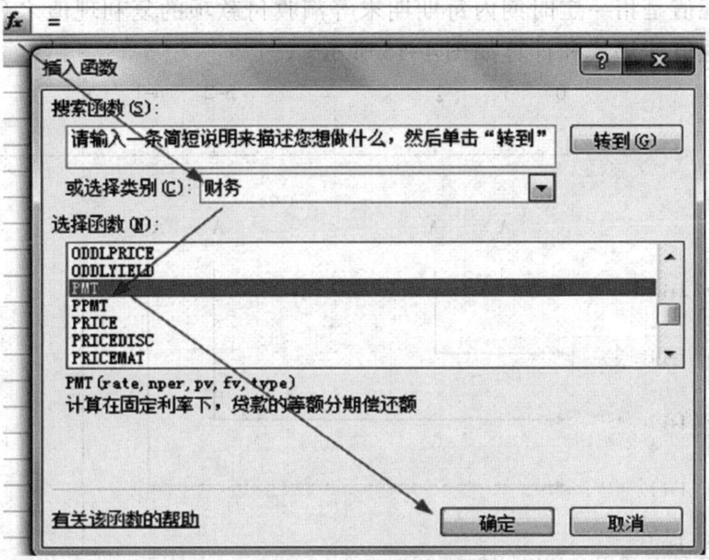

图4-13　插入PMT函数

(2) 在弹出的函数参数对话框中输入利率（Rate）3%，期限（Nper）输入4，终值（Fv）输入8 000，计算结果为-1 912.216362，改为正数后的计算结果应该为1 912.216362。PMT函数参数如图4-14所示。

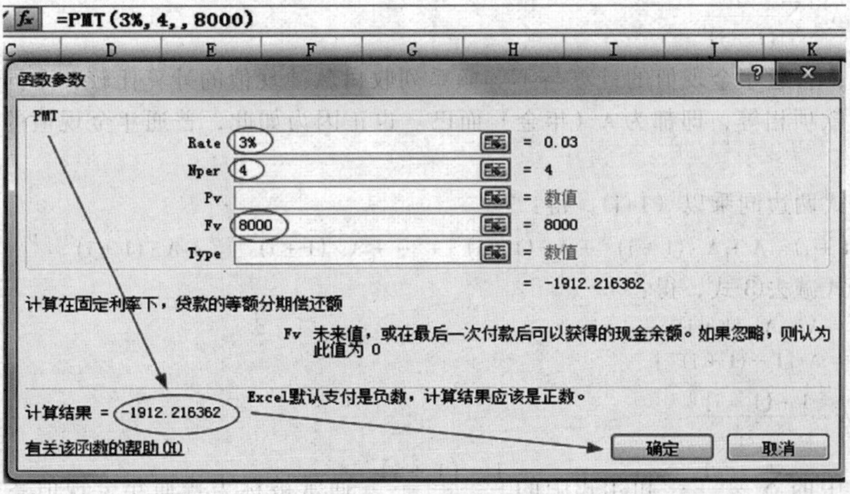

图4-14　PMT函数参数

方法四：

(1) 输入8 000，按第三排的FV，再按ENTER。

（2）输入3，按第三排的I/Y，再按ENTER。

（3）输入4，按第三排的N，再按ENTER。

（4）按CPT后再按第三排的PMT，计算结果为-1 912.22，改为正数后的计算结果应该为1 912.22。

（三）普通年金现值的计算

普通年金现值是指一定时期内每期期末等额收付款项的复利现值之和。

普通年金现值的形式和计算如图4-15所示。

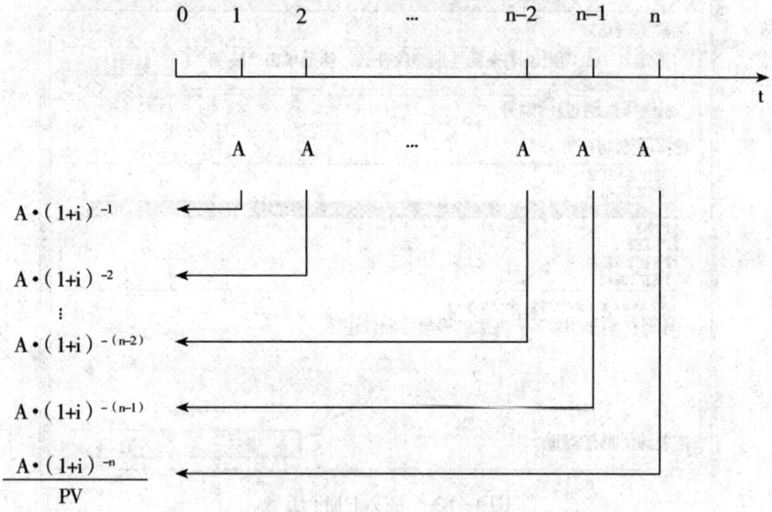

图4-15 普通年金现值示意图

由图4-15可知，普通年金现值的计算公式为：

$$PV = A \cdot (1+i)^{-1} + A \cdot (1+i)^{-2} + \cdots + A \cdot (1+i)^{-(n-2)} + A \cdot (1+i)^{-(n-1)} + A \cdot (1+i)^{-n}$$

$$= A \cdot \sum_{t=1}^{n} \frac{1}{(1+i)^t} \quad ③$$

可见，普通年金现值的计算与不等额系列收付款项现值的计算比较，不同的只是每期的收付款项相等，即都为A（年金）而已。也正因为如此，普通年金现值的计算公式可以简化。

将③式两边同乘以（1+i），得：

$$PV \cdot (1+i) = A + A \cdot (1+i)^{-1} + A \cdot (1+i)^{-2} + \cdots + A \cdot (1+i)^{-(n-2)} + A \cdot (1+i)^{-(n-1)} \quad ④$$

用④式减去③式，得：

$$PV \cdot i = A - A \cdot (1+i)^{-n}$$

$$= A \cdot [1 - (1+i)^{-n}]$$

$$PV = A \cdot \frac{1-(1+i)^{-n}}{i}$$

③式中的$\sum_{t=1}^{n} \frac{1}{(1+i)^t}$和④式中的$\frac{1-(1+i)^{-n}}{i}$通常被称为普通年金现值系数或一元普通年金现值，用符号（P/A，i，n）表示。例如，（P/A，3%，6）表示年利率为3%的6期年金现值系数。

普通年金现值的计算公式也可写为：

$PV = A \cdot (P/A, i, n)$

普通年金现值系数的计算同样可以有四种方法：一是使用常规的计算器。二是可以编制“普通年金现值系数表”（见“附录一”的“表四”），通过查表得出系数。该表的使用方法与“复利终值系数表”相同。三是利用Microsoft Excel的函数功能计算。四是利用财务计算器进行计算。

【例4-10】王先生计划让儿子1年后到国外完成4年大学本科学业，预计每年开学时需要交纳学杂费100 000元。假设存款年利率为5%，如果王先生现在就把以后需要的钱存入银行，应存入多少？

依题意，第一次交纳学杂费是1年后，即第1年年末，第2次交纳是2年后，即第2年年末，依此类推。

方法一：

$$PV = 100\,000 \times (1+5\%)^{-1} + 100\,000 \times (1+5\%)^{-2} + 100\,000 \times (1+5\%)^{-3} + 100\,000 \times (1+5\%)^{-4}$$

$$= 100\,000 \times \sum_{t=1}^{4} \frac{1}{(1+5\%)^t} \approx 354\,595.05\ (\text{元})$$

或 $$= 100\,000 \times \frac{1-(1+5\%)^{-4}}{5\%} \approx 354\,595.05\ (\text{元})$$

方法二：

$$PV = 100\,000 \times (P/A, 5\%, 4)$$
$$= 100\,000 \times 3.5460$$
$$= 354\,600\ (\text{元})$$

方法三：

（1）同【例4-2】的（1）。

（2）在弹出的函数参数对话框中输入利率（Rate）5%，期限（Nper）输入4，年金（Pmt）输入100 000，计算结果为-354 595.0504，改为正数后的计算结果应该为354 595.0504。PV函数参数如图4-16所示。

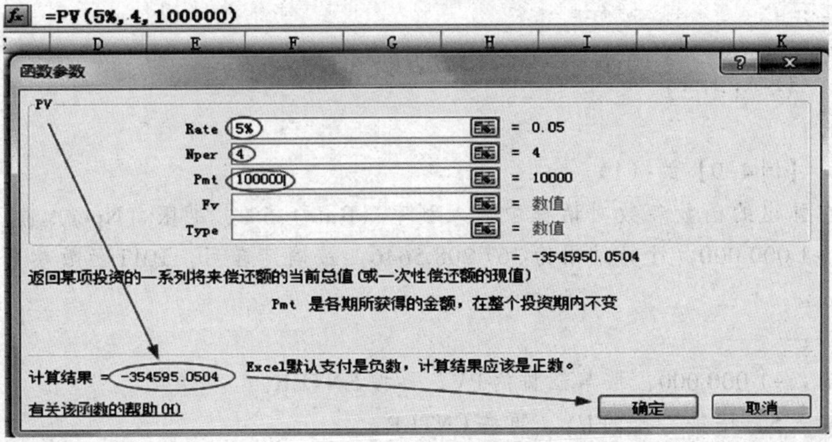

图4-16　PV函数参数

方法四：

（1）输入-100 000，按第三排的PMT，再按ENTER。

（2）输入5，按第三排的I/Y，再按ENTER。

（3）输入4，按第三排的N，再按ENTER。

（4）按CPT后再按第三排的PV，计算结果为354 595.05。

【例4-10】中不同方法的结果有差异是由于系数计算时四舍五入的影响。下面的例题同理。

（四）资本回收额的计算

资本回收额是指在给定的年限内等额回收（或清偿）初始投入的资金（或所欠的债务）。每次等额回收（或清偿）的金额相当于年金（A），初始投入的资金（或所欠的债务）就是年金现值（PV）。

资本回收额的计算实际上是年金现值的逆运算。根据年金现值的计算公式，可以推导出资本回收额的计算公式为：

$$A = PV \cdot \frac{i}{1-(1+i)^{-n}}$$

上式中的$\frac{i}{1-(1+i)^{-n}}$是普通年金现值系数的倒数，通常被称为资本回收系数，用符号（A/P，i，n）表示，可以编制“资本回收系数表”直接查阅，或利用年金现值系数的倒数求得。

资本回收额的计算公式也可写为：

$$A = PV \cdot (A/P,\ i,\ n) = PV \cdot \frac{1}{(P/A,\ i,\ n)}$$

【例4-11】某企业以年利率5%借得100万元，将其投资某项目。企业要在3年内还清贷款本息，每年回收额至少是多少？

方法一：

$$A = 100 \times \frac{5\%}{1-(1+5\%)^{-3}} = 36.72\text{（万元）}$$

方法二：

$$A = 100 \times \frac{1}{(P/A,\ i,\ n)} = 100 \times \frac{1}{2.7232} = 36.72\text{（万元）}$$

方法三：

（1）同【例4-9】的（1）。

（2）在弹出的函数参数对话框中输入利率（Rate）5%，期限（Nper）输入3，现值（Pv）输入-1 000 000，计算结果为367 208.5646，按确定即可。PMT函数参数如图4-17所示。

方法四：

（1）输入-1 000 000，按第三排的PV，再按ENTER。

（2）输入5，按第三排的I/Y，再按ENTER。

（3）输入3，按第三排的N，再按ENTER。

（4）按CPT后再按第三排的PMT，计算结果为367 208.56。

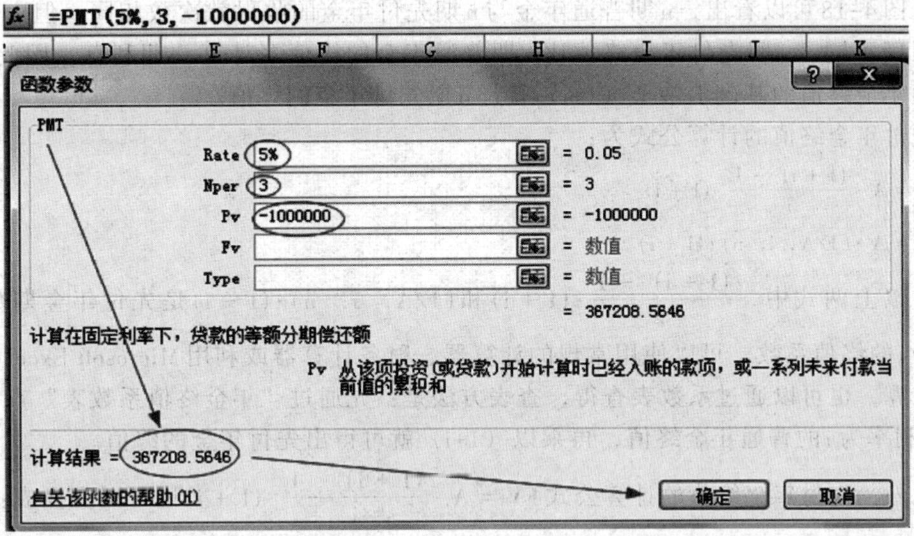

图4-17　PMT函数参数

二、先付年金终值和现值的计算

先付年金（annuity due）又称预付年金，是指一定时期内每期期初等额系列收付的款项。先付年金与普通年金的区别仅在于收付款时间的不同。

（一）先付年金终值的计算

先付年金终值是一定时期内每期期初等额收付款项的复利终值之和。因为先付年金与普通年金的区别仅在于收付款时间的不同，所以将n期先付年金终值与n期普通年金终值进行比较，如图4-18所示。

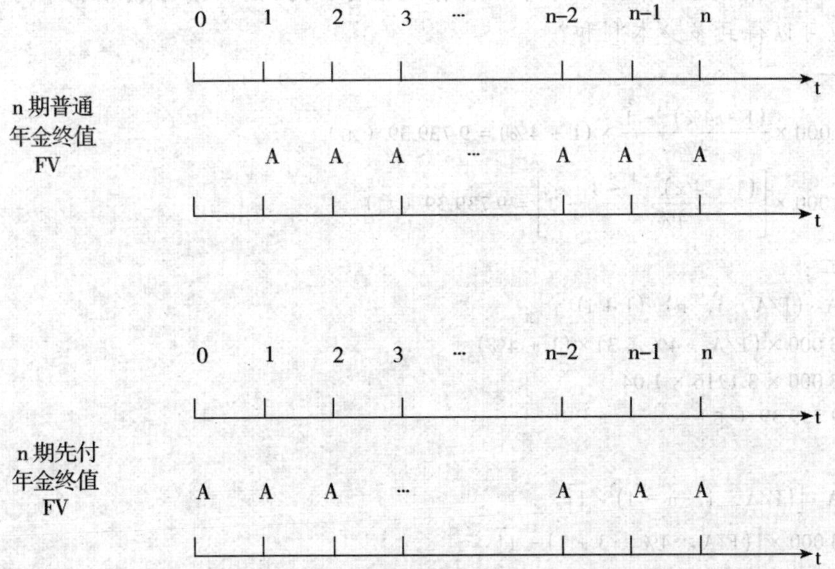

图4-18　普通年金终值与先付年金终值比较图

从图4-18可以看出，n期普通年金与n期先付年金的收付款次数相同，但由于其收付款时间不同，n期先付年金终值比n期普通年金的终值多计算一期利息。因此，在n期普通年金终值的基础上乘上（1+i）就是n期先付年金的终值。

先付年金终值的计算公式为：

$$FV = A \cdot \frac{(1+i)^n - 1}{i} \cdot (1+i)$$

或 $$= A \cdot (F/A,\ i,\ n) \cdot (1+i)$$

在以上两式中，$\frac{(1+i)^n - 1}{i} \cdot (1+i)$和$(F/A,\ i,\ n) \cdot (1+i)$是先付年金期数为n、利率为i的终值系数，可以使用常规的计算器、财务计算器或利用Microsoft Excel的函数功能计算，也可以通过系数表查得，查表方法是：先通过“年金终值系数表”查得期数为n、利率为i的普通年金终值，再乘以（1+i）就可得出先付年金的终值。

此外，先付年金终值的计算公式$FV = A \cdot \frac{(1+i)^n - 1}{i} \cdot (1+i)$还可以变换成：

$$FV = A \cdot \frac{(1+i)^{n+1} - (1+i)}{i} = A \cdot \left[\frac{(1+i)^{n+1} - 1}{i} - 1\right]$$

上式中的$\frac{(1+i)^{n+1} - 1}{i} - 1$也是先付年金终值系数，它与普通年金终值系数$\frac{(1+i)^n - 1}{i}$相比，是在普通年金终值系数的基础上，期数加1、系数减1所得的结果，用符号$[(F/A,\ i,\ n+1) - 1]$表示。这样，也可以通过查“普通年金终值系数表”（n+1）期的系数值，然后减去1，可得到n期的先付年金终值系数值。

这时先付年金终值的计算公式也可写为：

$$FV = A \cdot [(F/A,\ i,\ n+1) - 1]$$

【例4-12】某人在3年里，每年年初存入银行3 000元。若存款年利率为4%，则第3年年末他可以得到多少本利和？

方法一：

$$FV = 3\,000 \times \frac{(1+4\%)^3 - 1}{4\%} \times (1+4\%) = 9\,739.39\text{（元）}$$

或 $$= 3\,000 \times \left[\frac{(1+4\%)^{3+1} - 1}{4\%} - 1\right] = 9\,739.39\text{（元）}$$

方法二：

$$\begin{aligned} FV &= A \cdot (F/A,\ i,\ n) \cdot (1+i) \\ &= 3\,000 \times (F/A,\ 4\%,\ 3) \times (1+4\%) \\ &= 3\,000 \times 3.1216 \times 1.04 \\ &= 9\,739.39\text{（元）} \end{aligned}$$

或

$$\begin{aligned} &= A \cdot [(F/A,\ i,\ n+1) - 1] \\ &= 3\,000 \times [(F/A,\ 4\%,\ 3+1) - 1] \\ &= 3\,000 \times [(F/A,\ 4\%,\ 4) - 1] \end{aligned}$$

$= 3\,000 \times (4.2465 - 1)$

$= 9\,739.50$（元）

（二）先付年金现值的计算

先付年金的现值是一定时期内每期期初等额收付款项的复利现值之和。因为先付年金与普通年金的区别仅在于收付款时间的不同，所以将n期普通年金现值与n期先付年金现值进行比较，如图4-19所示。

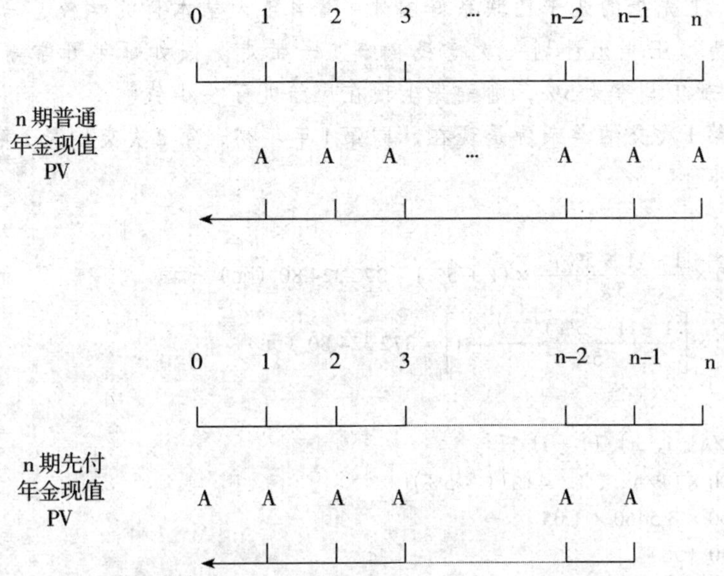

图4-19　普通年金现值与先付年金现值比较图

从图4-19可以看出，n期普通年金现值与n期先付年金现值的期限相同，但由于其收付款时间不同，n期先付年金现值比n期普通年金现值少折现一期。因此，在n期普通年金现值的基础上乘以（1+i），便可求得n期先付年金的现值。

先付年金现值的计算公式为：

$$PV = A \cdot \frac{1-(1+i)^{-n}}{i} \cdot (1+i)$$

或 $$= A \cdot \big(P/A,\ i,\ n\big) \cdot (1+i)$$

在以上两式中，$\frac{1-(1+i)^{-n}}{i} \cdot (1+i)$和$\big(P/A,\ i,\ n\big) \cdot (1+i)$是先付年金期数为n、利率为i的现值系数，可以使用常规的计算器、财务计算器或利用Microsoft Excel的函数功能计算，也可以通过查系数表计算。查表方法是：直接查期数为n、利率为i的"普通年金现值系数表"求出普通年金现值，再乘以（1+i）就可得出先付年金的现值。

此外，先付年金现值的计算公式也可以变换成以下形式：

$$PV = A \cdot \frac{(1+i)-(1+i)^{-(n-1)}}{i} = A \cdot \left[\frac{1-(1+i)^{-(n-1)}}{i} + 1\right]$$

上式中的$\frac{1-(1+i)^{-(n-1)}}{i} + 1$也是先付年金现值系数。与普通年金现值系数

$\frac{1-(1+i)^{-n}}{i}$相比，它是在普通年金现值系数的基础上，期数减1、系数加1所得的结果，用符号$[(P/A,\ i,\ n-1)+1]$表示。这样，通过查“普通年金现值系数表”(n-1)期的系数值，然后加1，便可得出n期先付年金现值系数的值。

这时，先付年金现值的计算公式可写为：

$$PV = A \cdot [(P/A,\ i,\ n-1)+1]$$

【例4-13】王先生的儿子已联系好国外一家4年大学本科的学校，马上起程并要交第1年的学杂费。王先生计划一次把钱交给儿子带走。假如每年开学需要交纳学杂费100 000元，存款年利率为5%，则王先生现在应给儿子多少钱？

依题意，第1次交纳学杂费是现在，即第1年年初，第2次交纳是1年后，即第2年年初，依此类推。

方法一：

$$PV = 100\,000 \times \frac{1-(1+5\%)^{-4}}{5\%} \times (1+5\%) \approx 372\,324.80\text{（元）}$$

或
$$= 100\,000 \times \left[\frac{1-(1+5\%)^{-(4-1)}}{5\%}+1\right] \approx 372\,324.80\text{（元）}$$

方法二：

$$\begin{aligned} PV &= A \cdot (P/A,\ i,\ n) \cdot (1+i) \\ &= 100\,000 \times (P/A,\ 5\%,\ 4) \cdot (1+5\%) \\ &= 100\,000 \times 3.5460 \times 1.05 \\ &= 372\,330\text{（元）} \end{aligned}$$

方法三：

$$\begin{aligned} PV &= A \cdot [(P/A,\ i,\ n-1)+1] \\ &= 100\,000 \times [(P/A,\ 5\%,\ 4-1)+1] \\ &= 100\,000 \times [(P/A,\ 5\%,\ 3)+1] \\ &= 100\,000 \times (2.7232+1) \\ &= 372\,320\text{（元）} \end{aligned}$$

三、递延年金终值和现值的计算

递延年金（deferred annuity）是指第一次收付款发生的时间不是在第一期期末，而是隔若干期后才开始发生的等额系列收付款项。它是普通年金的特殊形式。

（一）递延年金终值的计算

递延年金终值是自若干期后开始每期等额系列收付款项的复利终值之和。

递延年金终值的大小与递延期无关，所以计算方法和普通年金终值相同，但与普通年金终值的时间点不同。

（二）递延年金现值的计算

递延年金现值是自若干期后开始每期等额系列收付款项的复利现值之和。其计算方法有两种。

第一种方法：把递延年金视为n期普通年金，先计算出递延年金在递延期（m）期末的现值，然后再把它折现到第1期期初。其形式和计算如图4-20所示。

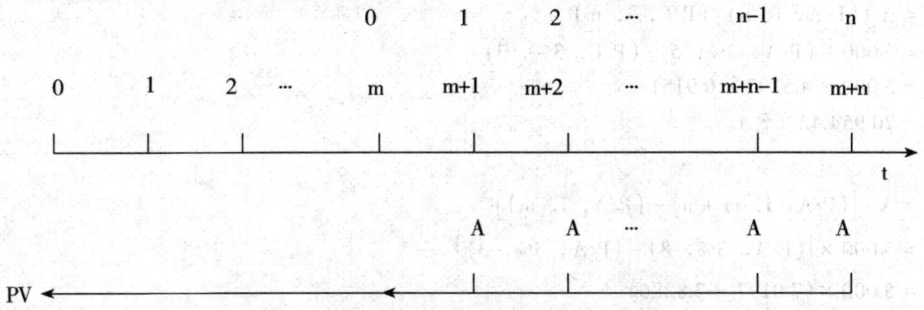

图4-20　递延年金现值计算方法一示意图

从图4-20可知，递延年金现值的计算公式为：

$$PV = A \cdot \frac{1-(1+i)^{-n}}{i} \cdot (1+i)^{-m}$$

或　$= A \cdot (P/A,\ i,\ n) \cdot (P/F,\ i,\ m)$

第二种方法：先假设在递延期中也有等额系列收付款项，计算出（m+n）期的普通年金现值，然后减去实际没有收付的递延期（m）的普通年金现值。其现值的形式和计算如图4-21所示。

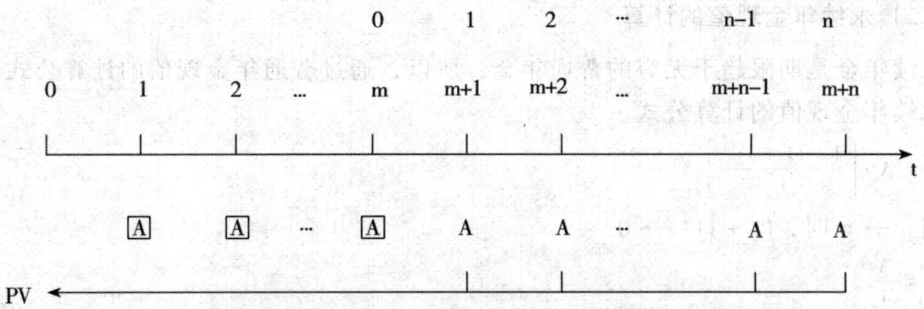

图4-21　递延年金现值计算方法二示意图

从图4-21可知，递延年金现值的计算公式为：

$$PV = A \cdot \left[\frac{1-(1+i)^{-(m+n)}}{i} - \frac{1-(1+i)^{-m}}{i}\right]$$

或　$= A \cdot [(P/A,\ i,\ m+n) - (P/A,\ i,\ m)]$

【例4-14】张女士3年后退休，她计划现在存入银行一笔钱，以便能在退休后的5年内每年年末可以取出5 000元去旅游。假设存款年利率为3%，那么她现在应一次存入银行多少钱？

依题意，m=3，n=5。

方法一：

$$PV = 5\,000 \times \frac{1-(1+3\%)^{-5}}{3\%} \times (1+3\%)^{-3} \approx 20\,955.40（元）$$

或 $= 5\,000 \times \left[\frac{1-(1+3\%)^{-(3+5)}}{3\%} - \frac{1-(1+3\%)^{-3}}{3\%}\right] \approx 20\,955.40$（元）

方法二：

$$PV = A \cdot (P/A, i, n) \cdot (P/F, i, m)$$
$$= 5\,000 \times (P/A, 3\%, 5) \cdot (P/F, 3\%, 3)$$
$$= 5\,000 \times 4.5797 \times 0.9151$$
$$\approx 20\,954.42\text{（元）}$$

或

$$= A \cdot [(P/A, i, m+n) - (P/A, i, m)]$$
$$= 5\,000 \times [(P/A, 3\%, 8) - (P/A, 3\%, 3)]$$
$$= 5\,000 \times (7.0197 - 2.8286)$$
$$\approx 20\,955.50\text{（元）}$$

四、永续年金终值和现值的计算

永续年金（perpetual annuity）是指无限期等额系列收付的款项。它也是普通年金的特殊形式，即期限趋于无穷的普通年金。

（一）永续年金终值的计算

由于永续年金持续期无限，没有终止的时间，因此无法定量计算其终值。

（二）永续年金现值的计算

永续年金是期限趋于无穷的普通年金，所以，通过普通年金现值的计算公式可以推导出永续年金现值的计算公式。

$$PV = A \cdot \left[\frac{1-(1+i)^{-n}}{i}\right]$$

当 $n \to \infty$ 时，$(1+i)^{-n} \to 0$

$$PV = \frac{A}{i}$$

【例 4-15】徐女士准备在她的母校设立一个永久的奖学金基金，每年年末拿出20 000元奖励品学兼优的学生。假设存款年利率为4%，徐女士现在应存入基金多少钱？

$$PV = \frac{A}{i} = \frac{20\,000}{4\%} = 500\,000\text{（元）}$$

第五节　利息率与计息期数的推算

一、利息率（折现率）的推算

前面所讨论的都是已知利息率（折现率）和计息期数求终值、现值或年金。但在财务管理中，有时也会遇到已知终值、现值、年金、计息期数，而需要求利息率的问题，如计算项目投资的内部收益率。

(一) 永续年金利息率 (折现率) 的推算

根据永续年金现值计算公式 $PV = \frac{A}{i}$，得：

$$i = \frac{A}{PV}$$

(二) 一次性收付款项利息率 (折现率) 的推算

根据复利终值计算公式或复利现值计算公式，得：

$$i = \left(\frac{FV}{PV}\right)^{\frac{1}{n}} - 1 = \sqrt[n]{\frac{FV}{PV}} - 1$$

(三) 普通年金利息率 (折现率) 的推算

普通年金利息率（折现率）的推算比较复杂，可利用Microsoft Excel的函数功能计算，也可以利用有关年金的系数表计算，有时还需要使用内插法才能求得。

1.利用年金系数表计算

根据普通年金终值和普通年金现值的计算公式，分别可推算出普通年金终值系数和普通年金现值系数，分别为：

$$\frac{FV}{A} = (F/A,\ i,\ n)$$

$$\frac{PV}{A} = (P/A,\ i,\ n)$$

若FV、A、n已知，则可通过查“普通年金终值系数表”，找出等于$\frac{FV}{A}$的系数值，其对应的i即为所求的i；若PV、A、n已知，则可通过查“普通年金现值系数表”，找出等于$\frac{PV}{A}$的系数值，其对应的i即为所求的i。若找不到完全对应的i，则需要运用内插法求得。

可见，利用“普通年金终值系数表”和“普通年金现值系数表”求i的基本原理和步骤是一致的。

以普通年金现值为例，在已知PV、A和n的情况下，推算利息率（折现率）i的基本方法和步骤为：

(1) 计算出$\frac{PV}{A}$的值，假设$\frac{PV}{A}=\alpha$。

(2) 查“普通年金现值系数表”，沿着已知n所在的行横向查找。若恰好能找到某一系数值等于α，则该系数值所在的列相对应的利率便为所求的i值。

(3) 若无法找到恰好等于α的系数值，就应在表中n行上找与α最接近的两个左右临界系数值，设为β_1、β_2（$\beta_1>\alpha>\beta_2$或$\beta_1<\alpha<\beta_2$），读出β_1、β_2所对应的临界利率，然后进一步运用内插法。

(4) 在内插法下，因假定利率i同相关的系数在较小范围内线性相关，故可根据临界系数β_1、β_2和临界利率i_1、i_2计算出i。

其计算公式为：

$$i = i_1 + \frac{\beta_1 - \alpha}{\beta_1 - \beta_2}(i_2 - i_1)$$

【例 4-16】某公司于第 1 年年初借款 350 000 元，每年年末还本付息额均为 80 000 元，分 5 年还清，实际的借款利率为多少？

$$(P/A, i, 5) = \frac{PV}{A} = \frac{350\ 000}{80\ 000} = 4.375$$

$\alpha = 4.375$

查“普通年金现值系数表”，在 n=5 的行上横向查找，无法找到恰好为 4.375（α）的系数值，于是在该行上找大于和小于 4.375 的临界系数值，分别为 $\beta_1=4.4518>4.375$，$\beta_2=4.3295<4.375$，同时读出临界利率 $i_1=4\%$、$i_2=5\%$。

利率

$$1\%\left\{\begin{matrix} X\%\left\{\begin{matrix}4\%\\ i\end{matrix}\right. \\ 5\%\end{matrix}\right.$$

$$\frac{X\%}{1\%} = \frac{0.0768}{0.1223}$$

年金现值系数

$$0.1223\left\{\begin{matrix} 0.0768\left\{\begin{matrix}4.4518\\ 4.375\end{matrix}\right. \\ 4.3295\end{matrix}\right.$$

$X \approx 0.63$

$i = 4\% + 0.63\% = 4.63\%$

或直接用公式计算：

$$i = 4\% + \left[\frac{4.4518 - 4.375}{4.4518 - 4.3295}\right] \times (5\% - 4\%) \approx 4.63\%$$

同理，也可以按照上述方法和步骤，利用“普通年金终值系数表”求 i。

2. 利用 Microsoft Excel 的函数功能计算

（1）打开 Excel 工作表→选择菜单下的 f_x→在选择类别中选择“财务”→在选择函数下拉菜单中选择“RATE”→确定。插入 RATE 函数如图 4-22 所示。

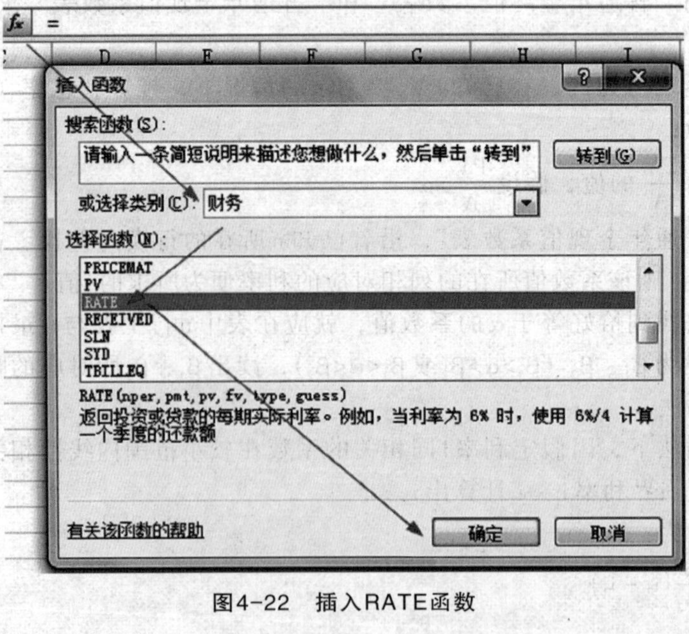

图4-22 插入RATE函数

（2）在弹出的函数参数对话框中，期限（Nper）输入5，年金（Pmt）输入80 000，现值（Pv）输入-350 000，计算结果为0.046227568，按确定即可。RATE函数参数如图4-23所示。

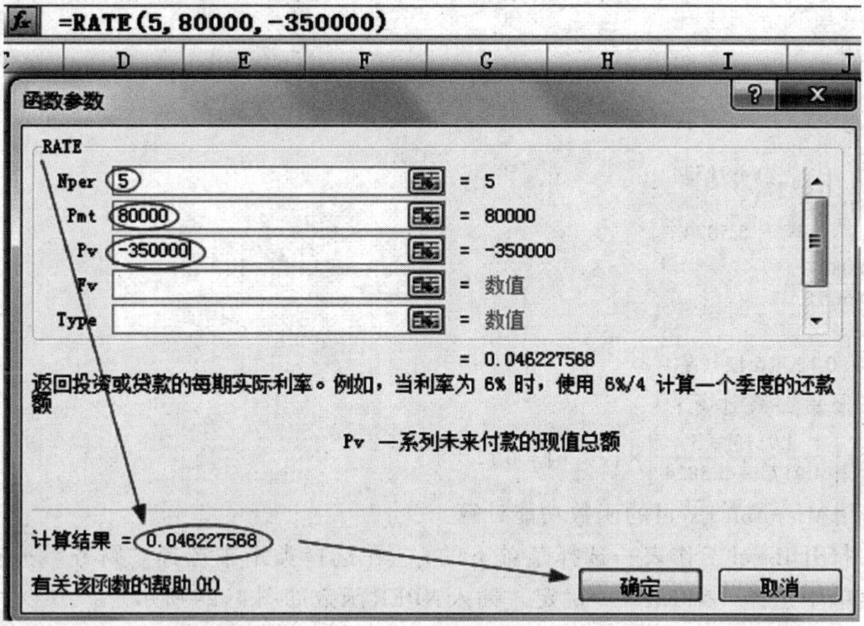

图4-23　RATE函数参数

3.利用财务计算器计算

（1）输入80 000，按第三排的PMT，再按ENTER。

（2）输入-350 000，按第三排的PV，再按ENTER。

（3）输入5，按第三排的N，再按ENTER。

（4）按CPT后再按第三排的I/Y，计算结果为4.62，即实际的借款利率为4.62%。

二、计息期数的推算

在财务管理中，有时也会遇到已知终值、现值、年金、利息率（折现率），而需要求计息期数的问题，如计算项目投资的回收期等。

1.利用年金系数表计算

计息期数n的推算，其原理和步骤与利息率（折现率）i的推算同理，区别只是沿着已知i所在列纵向查找计息期数n。

其计算公式为：

$$n = n_1 + \frac{\beta_1 - \alpha}{\beta_1 - \beta_2} \cdot (n_2 - n_1)$$

【例4-17】某企业于第1年年初向银行借入500 000元，借款利率为6%，预计每年年末归还本息额均为100 000元，几年后可全部还清本息？

$$(P/A, 6\%, n) = \frac{500\,000}{100\,000} = 5$$

$$\alpha = 5$$

查“普通年金现值系数表”，在i=6%的列上纵向查找，无法找到恰好为5（α）的系数值，于是在该列上查找大于和小于5的临界系数值，分别为 $\beta_1=4.9173<5$，$\beta_2=5.5824>5$，对应的临界计息期数 $n_1=6$、$n_2=7$。

计息期数

$$1\left\{\begin{array}{l} x\left\{\begin{array}{l}6\\ n\end{array}\right.\\ 7\end{array}\right.$$

年金现值系数

$$0.6651\left\{\begin{array}{l} 0.0827\left\{\begin{array}{l}4.91734\\ 5\end{array}\right.\\ 5.5824\end{array}\right.$$

$$\frac{x}{1}=\frac{0.0827}{0.6651}$$

$x \approx 0.12$

$n = 6 + 0.12 = 6.12$（年）

或直接用公式计算：

$$n = 6 + \left[\frac{4.9173-5}{4.9173-5.5824}\right]\times(7-6)\approx 6.12\text{（年）}$$

2.利用Microsoft Excel的函数功能计算

（1）打开Excel工作表→选择菜单下的 f_x→在选择类别中选择“财务”→在选择函数下拉菜单中选择“NPER”→确定。插入NPER函数如图4-24所示。

图4-24 插入NPER函数

（2）在弹出的函数参数对话框中，利率（Rate）输入6%，年金（Pmt）输入100 000，现值（Pv）输入-500 000，计算结果为6.121188047，按确定即可。NPER函数参数如图4-25所示。

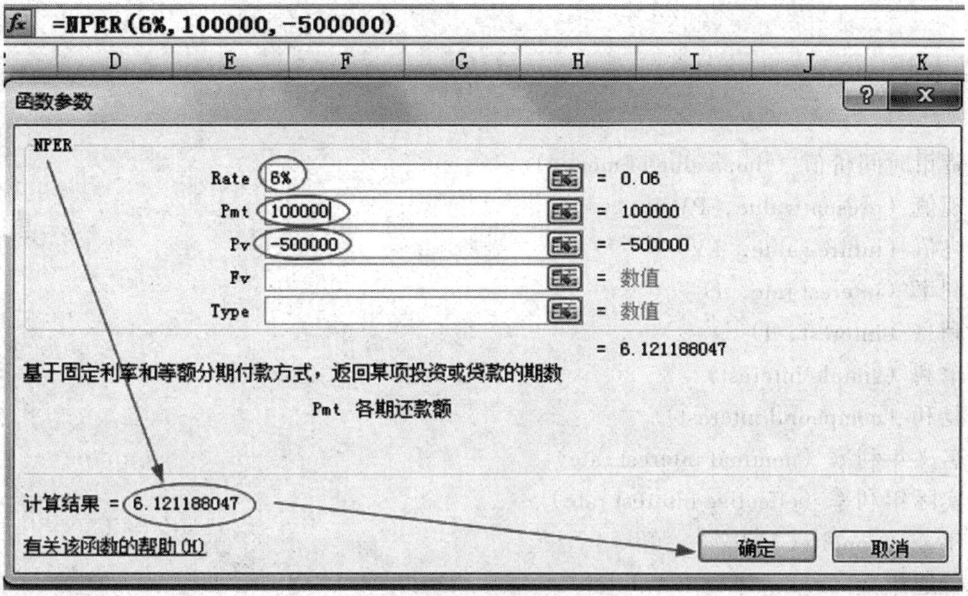

图4-25　NPER函数参数

3.利用财务计算器计算

（1）输入100 000，按第三排的PMT，再按ENTER。

（2）输入-500 000，按第三排的PV，再按ENTER。

（3）输入6，按第三排的I/Y，再按ENTER。

（4）按CPT后再按第三排的N，计算结果为6.12。

财务管理中的商业伦理　　　冬眠者存款的复利计息

在科幻小说《三体》第二部中有一个细节，男主角罗辑跟大史在经历两个世纪的冬眠（人体冷冻技术）后，他们都因冷冻期存款的复利变成了亿万富翁。

理论上，如果把1 000元钱存1 000年，按照每年1.95%的固定利息来计算，经过1 000年的利滚利后，最开始的1 000块钱会变成近2 440亿元（$1\ 000\times1.0195^{1\ 000}$），由此不难看出，只要时间足够漫长，穷光蛋也能变成千亿富翁。

人体冷冻技术现如今已经取得了初步的成果，目前全球共有数百名冷冻人，但离成功解冻还有很长的路要走。随着人体冷冻技术的发展，它所带来的伦理问题也值得被关注，包括身份认同、社群关系、适应问题等等伦理挑战。

在商业方面，冷冻人技术可能带来的另一个挑战就是对“货币时间价值”滥用的问题。如果冷冻技术门槛足够低，是否会导致很多人通过冬眠的形式利用复利的威力让个人财富膨胀，从而以非常低的成本变成亿万富翁？

资料来源：

1.刘慈欣．三体2：黑暗森林［M］．重庆：重庆出版社．2008.

2.佚名．1 000块存一千年，会变成2 440亿，人体冷冻造就亿万富翁？［EB/OL］．［2021-12-16］．https：//www.sohu.com/a/508883016_120099904.

重要术语

货币时间价值（time value of money）
现值（present value，PV）
终值（future value，FV）
利率（interest rate，i）
利息（interest，I）
单利（simple interest）
复利（compound interest）
名义年利率（nominal interest rate）
实际年利率（effective interest rate）
年金（annuity，A）
普通年金（ordinary annuity）
先付年金（annuity due）
递延年金（deferred annuity）
永续年金（perpetual annuity）

本章小结

本章介绍了货币的时间价值的概念和计算。本章第一节简要介绍了货币时间价值的概念。它是指货币经历一定时间的投资和再投资所增加的价值。第二节介绍了一次性收付的货币时间价值的计算，包括终值、现值的计算，名义利率与实际利率的换算。

本章第三节和第四节分别介绍了不等额系列收付和等额系列收付的货币时间价值的计算，重点包括年金的概念和计算。年金是指等金额、等时间间隔的系列收付，可分为普通年金、先付年金、递延年金和永续年金。本章第五节介绍了利息率与计息期数的推算，若已知现值、终值、年金、利息率与计息期数中的任意三个变量，便可以利用公式计算出第四个变量。

复习与思考

1.影响货币的时间价值大小的因素主要有哪些？

2.什么是永续年金？它的现值如何计算？

3.什么是先付年金？它的终值和现值计算与普通年金有何区别？

4.假设你正考虑两个储蓄账户，其中一个年利率为5.25%每日支付，另一个年利率为5.3%每半年支付，你会选择哪一个？

5.假如你因为要购买一辆20万元的汽车，而以10%年利息向某银行贷款5年，假设按年还款，请问每年应还款多少？

二维码4-1 复习与思考参考答案

拓展阅读

二维码4-2 延迟满足——斯坦福大学棉花糖实验

二维码4-3 生活中的永续年金——永续债券

第五章　风险与收益

学习目标

1. 了解风险的含义、特征与分类；
2. 学会计算单个资产的收益与风险；
3. 认识投资组合的收益与风险及其衡量；
4. 掌握投资组合和风险分散的原理。

教学重点与难点

教学重点：

风险衡量、风险分散、险与收益的关系。

教学难点：

投资组合的风险衡量。

引例：P2P——十年兴衰，清零落幕

2020年11月27日，银保监会①首席律师刘福寿宣布："截至今年11月中旬，全国实际运营的P2P网贷机构，已经完全归零。"至此，P2P正式在中国市场谢幕。

P2P（Peer-to-peer）即个人对个人，又称点对点网络借款，是一种将小额资金聚集起来借贷给有资金需求人群的一种民间小额借贷模式。我国P2P行业兴起于2006年，到2020年11月中旬P2P完全清零。据统计，在2006—2020年之间先后有一万多家P2P上线，高峰时同时有五千多家运营，年交易规模约3万亿元，坏账损失率很高。

回顾我国P2P网贷简史，其兴衰不过十多年的时间。2006—2011年是P2P的萌芽期，2012—2015年P2P进入野蛮扩张期，2016—2020年则是P2P的整顿规范和清退期。

P2P网贷的本质是借贷关系的中间人，是撮合成交的信息中介角色。P2P平台收取的只是交易手续费。但是，当行业野蛮生长时，部分P2P平台却发生了变种，不再只是简单的信息平台。部分P2P平台通过自我担保、份额拆分、期限错配等形式快速扩张，

① 2023年3月，中共中央、国务院印发了《党和国家机构改革方案》。在中国银行保险监督管理委员会基础上组建国家金融监督管理总局，不再保留中国银行保险监督管理委员会。5月18日，国家金融监督管理总局正式揭牌。

实质上是在玩自融，搭建着自己的资金池，本质上变成了非法集资。

资料来源：宋杰. P2P十年兴衰，清零落幕［J］. 中国经济周刊，2020（24）.

因而，不妨带着下面几个问题去阅读本章：在考虑投资回报的时候，风险是不是很重要的因素？单个投资风险是否可以避免？如何权衡风险和收益的关系？

财务管理原则的运用

原则一：风险-收益权衡——除非可以预期得到额外的收益，否则人们就不会去承担额外的风险。

原则九：不是所有风险都是一样的——某些风险可以被分散，某些却不能。

第一节 风险概述

在企业的经营活动中，风险无处不在、无时不有。党的二十大报告要求“守住不发生系统性风险的底线”。财务管理人员应该了解风险的含义及衡量方式。

一、风险的含义

在韦氏（Webster's）词典里，风险被定义为“冒险的事，危险，有可能受损失或伤害”。显然，传统意义上的风险是指不利事件发生的可能性，被视为“贬义词”，而事实上却不然。风险既是挑战也是机会，应该是“中性词”，不过人们通常对可能的损失的关注和感受更强于收益。

下面的例子可以说明风险。假设有一位投资者花5 000元购买1年期、年利率为5%的国库券，那么他几乎可以准确地估计出1年后可以获得5%的投资收益，这种投资被认为几乎是无风险的。如果投资者将这5 000元用于购买一家刚成立的天然气开采公司的股票，那么该投资的收益率就很难估计。尽管通过统计学的方法可以预期年投资收益率为30%，但实际上1年后的收益率可能高到1 000%，也可能低到-100%。如果天然气开采公司发现了天然气并开采成功，那么投资收益率可能高到1 000%；相反，如果天然气开采公司没有发现天然气，那么投资者就可能失去所有的钱，投资收益率就为-100%。这样的投资，其结果是不确定的，具有相当的风险。

经济活动一般可分为确定性经济活动和不确定性经济活动两种。

确定性经济活动是指企业经济活动的未来结果是确定的，不会偏离预期的判断。对这一类经济活动，决策者可以很容易地根据结果的优劣和其对企业价值的影响做出决策。但是，在企业面临的所有经济活动中，真正具有确定性的是不多见的。因为很多因素会使经济活动的结果具有多样性和变动性。

不确定性经济活动是指企业经济活动的未来结果是不确定的，可能偏离预期的判断，决策者无法事先确知最终将会出现哪一种结果，或者虽然知道可能的结果，但不知道它们出现的概率。例如天然气开采活动，虽然知道结果只有找到和找不到两种，但不知道结果出现的概率。

严格来说，不确定性和风险是有区别的。对于风险来说，事前可以知道可能的结果以及每种结果的概率，如天气预报员说的“明天有30%的概率下雨，70%的概率不下雨”，而不确定性是不知道可能结果的概率，是无法计量的。所以，在财务管理中，通常为不确定性估计一些主观概率，如上述天然气开采的例子。这样，财务管理中对风险和不确定性就不进行严格的区分。当说到风险时，它可能指严格意义上的风险，也可能指不确定性。

根据以上分析，可以从财务管理的角度给风险下这样一个定义：风险（risk）是指某种行动结果所具有的多样性和变动性，是概率分布已知的或是可以估计的不确定性。

风险的产生主要是源于：①客观世界的多变性和复杂性，如宏观政策的变化、资本市场的波动或顾客需求的改变等；②人们主观认识的局限性，如信息成本过高或根本无法获得信息而带来的信息缺乏等。

二、风险的特征

风险具有如下特征：

（1）客观性。风险是事件本身的不确定性，无论人们愿意与否，它都客观存在。不过，风险是一定条件下的风险，是否冒风险或冒多大的风险，是由人们主观决定的。一旦做出决策，就必须承担风险。

（2）时间性。风险是一定时期的风险，其大小随时间的推移而变化。随着时间的延续，事件的不确定性在缩小，到事件完成，其结果也就完全肯定了，风险也就没有了。

（3）相对性。风险产生的主要原因是决策时缺乏可靠的信息，所以，同样的经济活动，对于某一个人，由于他掌握充分的信息，可能风险就比较小，但对于另外一个人，由于他掌握的信息不够，可能风险就比较大。

（4）可测性。虽然风险是预期结果的不确定性，但并不是说人们对它毫无主动认识能力。人们可以根据同类经济活动发生的历史统计数据和影响其变动的未来环境条件的预测资料，对经济活动可能出现的结果及其概率做出主观判断和估计。风险的可测性为人们控制和防范风险提供了依据。

（5）收益性。风险可能带来超出预期收益的结果，也可能带来超出预期损失的结果。因此，只要敢于冒风险，一般都会得到风险的收益，否则，就不会有人愿意冒风险了。

三、风险的分类

风险从不同的角度可以作不同的分类。

（1）从个别投资主体的角度分，风险可分为市场风险和公司特有风险。

市场风险（market-related risk）是指由那些影响市场上所有公司的因素导致的风险，如战争、通货膨胀、经济衰退等。市场风险涉及所有的投资对象，不能通过多元化投资来分散，因此也称为不可分散风险（non-diversifiable risk）或系统风险（systematic risk）。例如，一家企业欲通过购买股票的方式投资另一家企业，无论买哪一家企业的股票，都要承担市场风险。因为如果遇到战争或经济衰退等情况，所有公司股票的价格都会受到影响。

公司特有风险（firm-specific risk）是指由发生在个别公司的特有事件导致的风险，如诉讼失败、新产品开发失败、罢工等。公司特有风险只涉及个别的投资对象，可以通过多元化投资来分散，因此也称为可分散风险（diversifiable risk）或非系统风险（unsystematic risk）。例如，一家企业在投资时购买的是几家公司的股票，这样，一些公司可能遇到特有的不利事件使股价下跌，而另一些公司可能会遇到特有的有利事件使股价上升，因此它们互相抵消可以分散风险。

（2）从公司本身的角度分，风险可分为经营风险（商业风险）和财务风险（筹资风险）。

经营风险是指因生产经营的不确定性而引起的风险，它会使企业的经营收益变得不确定。经营风险是任何商业活动都有的，因此也称为商业风险。例如，由于原材料价格变动、原材料供应渠道改变、新材料出现等引起的供应方面的风险；由于设备事故，产品质量不合格，新产品、新技术开发试验不成功，生产组织不合理等引起的生产方面的风险；由于消费者偏好发生变化、出现新的竞争对手、市场需求和市场价格变动、销售决策失误等引起的销售方面的风险。此外，经济不景气、通货膨胀、自然灾害、宏观经济政策的变化等，也会直接或间接地影响企业正常经营活动，从而给企业带来经营风险。

财务风险是指因举债而增加的风险，它会使企业的财务成果变得不确定。企业举债经营，产生借入资金定期还本付息的压力。不管企业是盈是亏，都需要按预定的利率计付利息；不管企业财务状况如何，到期都需要偿还债务。一旦企业无法偿付到期的本息，便会陷入财务困境，甚至破产。财务风险是筹资决策带来的风险，因此也称为筹资风险。

（3）从财务管理基本内容的角度分，风险可分为筹资风险、投资风险和分配风险。

筹资风险是指筹资中因负债而带来的风险，它会使企业的财务成果变得不确定。筹资风险又可以分为收支性风险和现金性风险。收支性风险是指企业由于收不抵支发生亏损而造成企业不能到期偿债以致破产的风险，是企业的终极风险。它不仅源于理财不当，更多地源于经营不当。现金性风险是指企业在特定时点上现金流出量超过流入量，以致不能如期偿债的风险。它主要是由理财不当所造成的，导致现金的流入和流出在时间上和金额上发生了错位。

投资风险是企业投资活动，即资金的投放和使用所产生的风险。它使投资收益变得不确定。投资风险又可以分为投资结构风险、投资项目风险和投资组合风险。投资结构风险是指企业在投资，即安排所有的资产时，由于流动资产与非流动资产、流动资产内部各项目、非流动资产内部各项目之间的比例不当而造成的流动性风险。投资项目风险是指投资于某一具体项目不能产生收益或者产生的收益偏离预期收益的风险。投资组合风险是指选择不同投资组合而带来的风险。

分配风险是指收益分配可能给企业今后的生产经营活动带来的影响。分配风险包括收益确认风险和收益分配行为风险。收益确认风险是指如果收益确认不当而带来超额分配收益的风险。收益分配行为风险是指对给投资者分配股利的时间、形式和金额把握不准而产生的风险，以及对各种收益分配次序和比例安排不当而产生的风险。

第二节　单项资产的收益与风险

一、单项资产的投资收益

资产的收益是指资产的价值在一定时期内的增值。公司期初投入资金购买资产，希望在将来得到更多的资金，这部分增加的资金就是收益。收益一般有两种表示方式：

第一种是以增量额表示的，称为收益额。增量额主要来自两个方面：一是一定时期内资产的现金回报，如债券的利息、股票的股利；二是期末资产的价格相对于期初价格的增减额，称为资本利得或资本损失，如债券、股票价格的上升或下跌造成的买卖价差。但是，以增量额表示，不便于不同资产规模之间的收益比较。

第二种是以相对率表示的，即收益率。收益率（rate of return）是指资产增值额与期初资产价值（原始投资额）之比。显然，这种表示方式适合比较分析，所以通常都用资产收益率来表示资产的收益。

资产收益率的计算公式为：

$$资产收益率=\frac{资产增值额(收益额)}{期初资产价值(原始投资额)}$$

如果资产是债券或股票，其收益率的计算公式为：

$$债券（股票）收益率=\frac{利息(股利)+(债券或股票期末价格-债券或股票期初价格)}{期初债券(股票)价格}$$

$$=\frac{利息(股利)+资本利得}{期初债券(股票)价格}$$

二、单项资产风险的衡量

衡量风险的大小有多种方法，这里介绍使用概率统计方法来衡量与计算风险。如前所述，风险是与各种可能的结果以及结果的概率分布相联系的，因此，概率统计中的方差、标准差、标准离差率等都是反映实际结果与期望结果偏离程度的指标，往往被用于衡量风险的大小。

（一）概率

在经济活动中，某一事件在完全相同的条件下，可能发生，也可能不发生；既可能出现这种结果，又可能出现那种结果。这类事件称为随机事件。例如，财务管理中的投资收益率、现金流量等都可以看作随机事件。

概率就是用百分数或小数来表示随机事件发生可能性及出现某种结果可能性大小的数值。假设X表示随机事件，X_i表示随机事件的第i种结果，P_i为出现该种结果的相应概率。通常把必然发生的事件的概率定为1，不可能发生事件的概率定为0，而一般随机事件的概率介于0和1之间，同时，所有可能结果出现的概率之和为1，即概率必须符合下列两个要求：

第一，$0 \leq P_i \leq 1$；

第二，$\sum_{i=1}^{n} P_i = 1$。

概率分布是指一项活动可能出现的所有结果概率的集合。概率分布有两种类型：一种是离散型概率分布，即随机事件可能出现的结果只取有限个值，概率分布在各个特定的X值上，如图5-1所示。另一种是连续型概率分布，即随机事件可能出现的结果有无数个值，也对应无数个相应的概率，概率分布在连续图像两点之间的区间上，如图5-2所示。

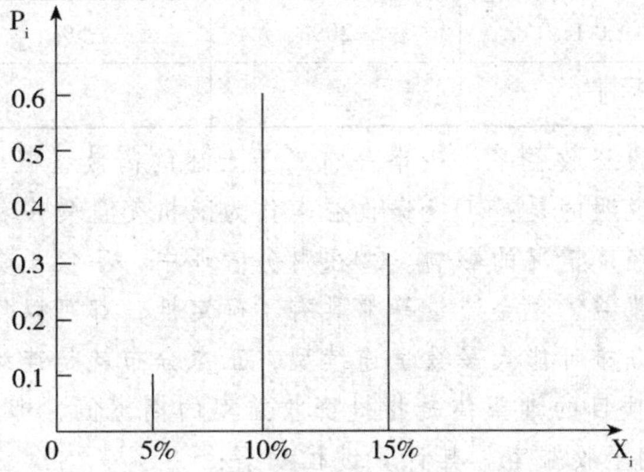

图5-1 离散型概率分布图

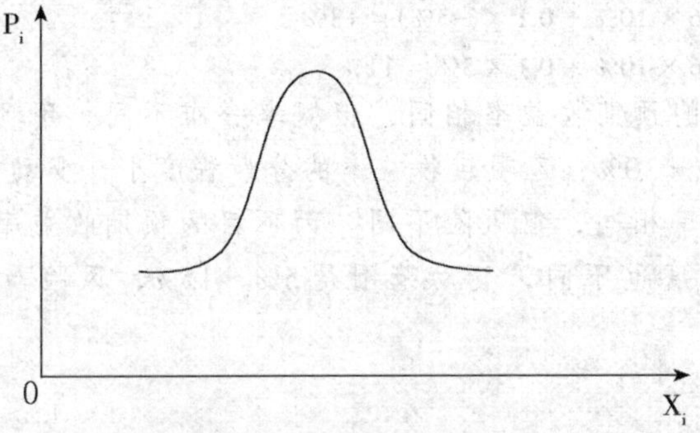

图5-2 连续型概率分布图

（二）期望值

期望值是指一个概率分布中的所有可能结果（即随机变量的各个取值），以各自相应的概率为权数计算的加权平均值，通常用符号$\bar{X}$或$E(X_i)$表示。其计算公式如下：

$$\bar{X} = E(X_i) = \sum_{i=1}^{n} X_i P_i$$

式中：X_i表示随机事件的第i种结果；

P_i表示随机事件第i种结果的相应概率；

n表示所有可能结果的数目。

【例5-1】某企业有甲、乙、丙三个可供选择的投资项目。甲项目和乙项目是两个高科技项目。这两个领域竞争激烈。如果经济发展迅速并且这两个项目进行得好，会取得较大的市场占有率，利润会很大，否则利润很小甚至亏本。丙项目是一个生产老产品并且是必需品的项目。假设其他因素都相同，影响收益率的未来经济情况只有三种：繁荣、正常、衰退。有关的概率分布和收益率见表5-1。

表5-1 **甲、乙、丙项目的概率分布和收益率表**

经济情况	发生概率	甲项目收益率	乙项目收益率	丙项目收益率
繁荣	0.3	30%	25%	15%
正常	0.6	10%	10%	10%
衰退	0.1	-20%	-5%	5%
合计	1			

该例题分析的是投资收益率，概率分布属于上述的离散型概率分布。图5-1是丙项目的概率分布。需要说明的是：①投资收益率作为随机变量受多种因素的影响，为简便起见，这里假设只受经济情况的影响。②在财务管理中，不仅投资收益率有风险，销售量、经营利润、每股收益、现金流量等都具有不确定性，都可以作为风险分析对象。③在现实生活中，概率分布可能大多数呈连续型，正态分布就是连续型的常见形式。

甲、乙、丙三个项目的期望值是指投资收益率的期望值，即预期收益率（expected rate of return），或称期望收益率。其计算过程如下：

$\bar{R}_{甲} = 0.3 \times 30\% + 0.6 \times 10\% + 0.1 \times (-20\%) = 13\%$

$\bar{R}_{乙} = 0.3 \times 25\% + 0.6 \times 10\% + 0.1 \times (-5\%) = 13\%$

$\bar{R}_{丙} = 0.3 \times 15\% + 0.6 \times 10\% + 0.1 \times 5\% = 11\%$

甲项目和乙项目的预期收益率相同，但概率分布不同。甲项目收益率的分散程度大，变动范围是-20%～30%；乙项目收益率的分散程度小，变动范围是-5%～25%。这说明两个项目的收益率相同，但风险不同。丙项目的预期收益率与甲项目和乙项目不同，收益率的分散程度也不同，变动范围是5%～15%，风险与甲项目和乙项目也会不同。

（三）离散程度

为了定量地衡量风险大小，可以借助统计学中衡量离散程度的指标。

1.方差

方差（variance）是反映概率分布中各种可能结果对期望值的偏离程度，即离散程度的差异总和，通常用符号σ^2表示。其计算公式为：

$$\sigma^2 = \sum_{i=1}^{n}\left(X_i - \bar{X}\right)^2 \cdot P_i$$

【例5-2】仍以【例5-1】的数据为例，计算该企业甲、乙、丙三个项目的方差。

$\sigma_{甲}{}^2 = (30\% - 13\%)^2 \times 0.3 + (10\% - 13\%)^2 \times 0.6 + (-20\% - 13\%)^2 \times 0.1 = 0.0201$

$\sigma_{乙}{}^2 = (25\% - 13\%)^2 \times 0.3 + (10\% - 13\%)^2 \times 0.6 + (-5\% - 13\%)^2 \times 0.1 = 0.0081$

$\sigma_{丙}{}^2 = (15\% - 11\%)^2 \times 0.3 + (10\% - 11\%)^2 \times 0.6 + (5\% - 11\%)^2 \times 0.1 = 0.0009$

2.标准差

标准差（standard deviation）是方差的算术平方根，通常用符号σ表示，其计算公式为：

$$\sigma = \sqrt{\sum_{i=1}^{n}\left(X_i - \bar{X}\right)^2 \cdot P_i}$$

【例5-3】仍以【例5-1】的数据为例，计算该企业甲、乙、丙三个项目的标准差。

$$\sigma_{甲} = \sqrt{(30\% - 13\%)^2 \times 0.3 + (10\% - 13\%)^2 \times 0.6 + (-20\% - 13\%)^2 \times 0.1}$$

$$= \sqrt{0.0201} \approx 0.1418 = 14.18\%$$

$$\sigma_{乙} = \sqrt{(25\% - 13\%)^2 \times 0.3 + (10\% - 13\%)^2 \times 0.6 + (-5\% - 13\%)^2 \times 0.1}$$

$$= \sqrt{0.0081} = 0.09 = 9\%$$

$$\sigma_{丙} = \sqrt{(15\% - 11\%)^2 \times 0.3 + (10\% - 11\%)^2 \times 0.6 + (5\% - 11\%)^2 \times 0.1}$$

$$= \sqrt{0.0009} = 0.03 = 3\%$$

在期望值相同的情况下，标准差越大，风险越大；反之，标准差越小，风险越小。甲项目和乙项目的预期收益率相同，均为13%，甲项目的标准差为14.18%，比乙项目的标准差（9%）大，所以，甲项目的风险比乙项目的风险大。

需要注意的是，标准差实际上是各个可能值与期望值之间偏差的加权平均值，对于期望值不同的决策方案，该指标值没有直接可比性，在【例5-3】中，丙项目的期望值（预期收益率）与甲、乙项目不同，不能直接用标准差来判断其风险比甲、乙项目大还是小。对此，需要进一步借助离散系数来说明问题。

3.离散系数

离散系数（coefficient of variation）是标准差与期望值之比，也称标准离差率，通常用符号CV表示，其计算公式为：

$$CV = \frac{\sigma}{\bar{X}}$$

离散系数显然是一个相对数，它表示的是每单位期望值（如预期收益率）所承担的标准差。当两个投资项目的期望值不同时，该指标提供了一个更合理的比较基础。

【例5-4】仍以【例5-1】和【例5-3】的数据为例，计算该企业甲、乙、丙三个项目的离散系数。

$$CV_{甲} = \frac{\sigma_{甲}}{\bar{X}_{甲}} = \frac{14.18\%}{13\%} \approx 1.0908 = 109.08\%$$

$$CV_{乙} = \frac{\sigma_{乙}}{\bar{X}_{乙}} = \frac{9\%}{13\%} \approx 0.6923 = 69.23\%$$

$$CV_{丙} = \frac{\sigma_{丙}}{\bar{X}_{丙}} = \frac{3\%}{11\%} \approx 0.2727 = 27.27\%$$

在期望值不同的情况下，离散系数越大，风险越大；反之，离散系数越小，风险越小。甲项目和乙项目因为预期收益率相同，所以用离散系数计算得出的结论与用标准差计算得出的结论一样，即甲项目的风险比乙项目的风险大，因为甲项目的离散系数为109.08%，比乙项目的离散系数（69.23%）大。

丙项目与甲项目和乙项目的预期收益率不同，就需要以离散系数来比较风险大小，因为$CV_{甲}>CV_{乙}>CV_{丙}$，所以丙项目的风险比甲项目和乙项目的风险都要小。

通过对决策方案风险的量化，决策者便可做出决策。对于单个方案，决策者可根据其标准离差（率）的大小，将其同设定的此项指标可接受的最高限值进行对比，然后做出取舍。对于多个方案择优，决策的原则应是选择低风险、高收益率的方案，即选择标准差或离散系数最低、预期收益率最高的方案。然而，高收益率往往伴有高风险，低收益率的方案其风险程度往往也较低。这就要权衡预期收益率与风险，而且还要视决策者对风险的态度而定。

三、风险与收益原理

风险溢酬（risk premium），是指投资者因承担风险而获取的超过货币时间价值的额外补偿。一般而言，投资者都厌恶风险，并力求回避风险，但他们为何还愿意进行风险性投资？这是因为风险投资可以得到额外补偿——风险溢酬。

人们从事风险活动的实际结果与预期结果（期望值）会发生偏离。这种偏离可能是负方向的（低于期望值），也可能是正方向的（高于期望值）。因此，风险意味着危险和机遇。一方面，冒风险可能蒙受损失，产生不利影响；另一方面，冒风险可能取得成功，获得风险溢酬，并且风险越大，失败后的损失越大，成功后的风险溢酬也越大。巨大风险背后隐藏的巨大成功、高额回报的可能，成为人们冒风险从事各项经济活动的一种动力。风险与收益的并存性，使人们愿意从事各种风险活动。

可见，风险和收益的基本关系是风险越大，投资者要求的收益率越高。各投资项目的风险大小是不同的。在投资收益率相同的情况下，人们都会选择风险最小的投资，竞争的结果是风险增加，收益率下降。最终，高风险的项目必须有高收益，否则就没有人投资；低收益的项目必须风险很低，否则也没有人投资。风险和收益的这种均衡关系，是市场竞争的结果。

企业拿投资者的钱去做生意，由于投资者要承担风险，因此他们要求期望收益率与风险相适应。如果不考虑通货膨胀，投资者进行风险投资所要求得到的投资收益率，即必要收益率（required rate of return），应是货币时间价值（即无风险收益率）与风险溢酬之和，如图5-3所示。

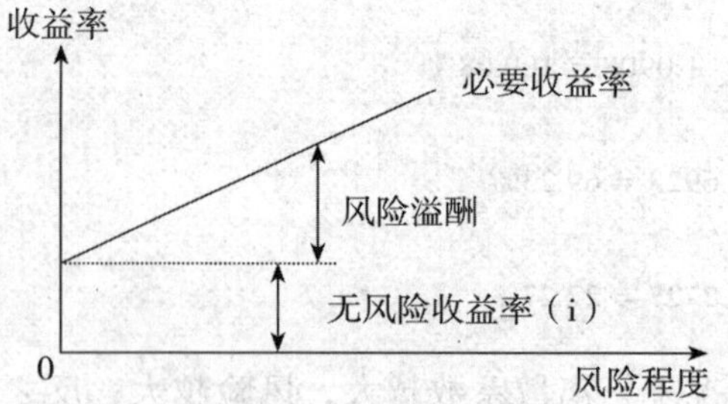

图5-3 风险与收益关系图

必要收益率=无风险收益率+风险溢酬

如果不考虑通货膨胀，无风险收益率就是货币时间价值，是投资者要求的最低收益率，如国库券的利率。

风险溢酬与风险大小有关。风险越高，要求的收益率越大。它还与投资者对风险的态度有关，表现为风险溢酬斜率的大小。如果大家都愿意冒风险，风险溢酬的斜率就小，风险溢酬就不大；如果大家都不愿意冒风险，风险溢酬斜率就大，如图5-4所示。

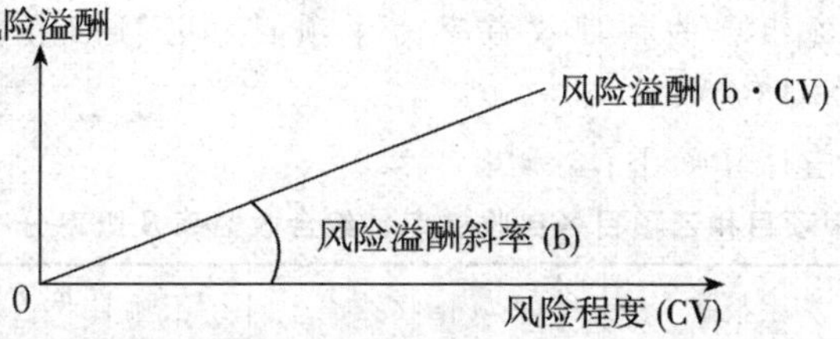

图5-4　风险溢酬与风险溢酬斜率、风险程度关系图

风险溢酬=风险溢酬斜率×风险程度

风险程度用标准差或离散程度等计量。风险溢酬斜率取决于全体投资者的风险回避态度，可以通过统计方法来测定。

第三节　资产组合的收益与风险

资产组合（portfolio）是指两个或两个以上资产所构成的集合，也称为投资组合。如果资产组合中的资产均为有价证券，则可以称之为证券组合。

一、资产组合的预期收益率

资产组合的预期收益率是资产组合中各项资产预期收益率的加权平均，权数是各项资产投资额占资产组合投资总额的比例。其计算公式为：

$$\bar{R}_p = \sum_{i=1}^{n} w_i \bar{R}_i$$

式中：$\bar{R}_p$表示资产组合的预期收益率；

$\bar{R}_i$表示资产i的预期收益率；

w_i表示资产i投资额在资产组合投资总额中所占的比重；

n表示组合中资产的个数。

【例5-5】某投资组合由A、B、C三种股票组成，其预期收益率分别为10%、13%和12%，这三种股票的投资额在投资总额中的比重分别为20%、30%和50%，计算该投资组合的预期收益率。

$$\bar{R}_p = \sum_{i=1}^{n} w_i \bar{R}_i = 20\% \times 10\% + 30\% \times 13\% + 50\% \times 12\% = 11.9\%$$

二、资产组合的风险

资产组合的风险可以用方差和标准差来衡量。资产组合的预期收益率是资产组合中各单项资产预期收益率的加权平均，但资产组合的风险并不是各项资产的方差或标准差的加权平均。资产组合的风险不仅取决于组合内各单项资产的风险，还与各单项资产间的相互关系有关。

【例5-6】假设【例5-1】中的甲项目和乙项目组成投资组合，投资比例分别是60%和40%。甲项目和乙项目各自的收益率、组合收益率及概率分布见表5-2。

在表5-2中，投资组合的预期收益率为甲项目和乙项目预期收益率的加权平均值（60%×13%+40%×13%=13%）。

投资组合的标准差计算如下：

表5-2　甲项目和乙项目各自收益率、组合收益率及概率分布表

经济情况	发生概率	甲项目收益率	乙项目收益率	投资组合收益率
繁荣	0.3	30%	25%	28%
正常	0.6	10%	10%	10%
衰退	0.1	-20%	-5%	-14%
预期收益率		13%	13%	13%

$$\sigma_{组合} = \sqrt{(28\% - 13\%)^2 \times 0.3 + (10\% - 13\%)^2 \times 0.6 + (-14\% - 13\%)^2 \times 0.1}$$

$$= \sqrt{0.01458} \approx 0.1207 = 12.07\%$$

可见，投资组合的标准差（12.07%）不等于甲项目和乙项目单个标准差的加权平均值（60%×14.18%+40%×9%=12.11%，数据见【例5-3】中的计算）。其原因是单个标准差的加权平均值忽略了组合中资产之间的相互关系，因此，不能用单项资产标准差的加权平均值作为资产组合预期收益率的标准差。

（一）资产组合的标准差

资产组合的标准差的通用计算公式为：

$$\sigma_p = \sqrt{\sum_{j=1}^{m}\sum_{k=1}^{m} w_j w_k \sigma_{jk}}$$

式中：σ_p表示资产组合的标准差；

m表示资产组合中资产的数目；

w_j表示投资于资产j的金额比例；

w_k表示投资于资产k的金额比例；

σ_{jk}表示资产j和资产k预期收益率的协方差；

两个“∑”表示投资组合中所有资产两两组合的协方差。

协方差（covariance）是表示两种资产收益率之间相关程度的绝对数。相关系数（correlation coefficient）是表示两种资产收益率之间相关程度的相对数。它们的关系式为：

$$\sigma_{jk} = \rho_{jk}\sigma_j\sigma_k$$

$$\rho_{jk} = \frac{\sigma_{jk}}{\sigma_j\sigma_k}$$

式中：ρ_{jk}表示两种资产的相关系数；

σ_j、σ_k分别表示第j种和第k种资产的标准差。

（二）两种资产构成的资产组合的标准差

如果资产组合由两种资产构成，则组合的标准差为：

$$\sigma_p = \sqrt{w_1{}^2\sigma_1{}^2 + 2w_1w_2\sigma_{1,2} + w_2{}^2\sigma_2{}^2}$$

或

$$= \sqrt{w_1{}^2\sigma_1{}^2 + 2w_1w_2\rho_{1,2}\sigma_1\sigma_2 + w_2{}^2\sigma_2{}^2}$$

式中：w_1和w_2分别表示资产1和资产2的投资额在组合投资总额中所占的比例；

σ_1和σ_2分别表示资产1和资产2的标准差；

$\sigma_{1,2}$表示资产1和资产2的协方差；

$\rho_{1,2}$表示资产1和资产2的相关系数。

资产1和资产2组成的资产组合的协方差的计算公式为：

$$\sigma_{1,2} = \sum_{i=1}^{n}\left(R_{1i} - \bar{R}_1\right)\cdot\left(R_{2i} - \bar{R}_2\right)\cdot P_{1,2i}$$

式中：R_{1i}表示资产1在第i种情况下的收益率；

R_{2i}表示资产2在第i种情况下的收益率；

$P_{1,2i}$表示资产组合出现第i种情况的概率。

另外，由于$\sigma_{1,2} = \rho_{1,2}\sigma_1\sigma_2$，所以有：

$$\rho_{1,2} = \frac{\sigma_{1,2}}{\sigma_1\sigma_2} = \frac{\sum_{i=1}^{n}\left(R_{1i} - \bar{R}_1\right)\cdot\left(R_{2i} - \bar{R}_2\right)\cdot P_{1,2i}}{\sigma_1\sigma_2}$$

由此可见，可以先计算出相关系数，再计算协方差，也可以先计算协方差，再计算相关系数。

【例5-7】按照【例5-6】中甲项目和乙项目的数据，计算甲、乙投资组合的协方差、相关系数和标准差。

$$\sigma_{甲乙} = (30\% - 13\%)\times(25\% - 13\%)\times 0.3 + (10\% - 13\%)^2\times 0.6 + (-20\% - 13\%)\times(-5\% - 13\%)\times 0.1 = 0.0126$$

$$\rho_{甲乙} = \frac{\sigma_{甲乙}}{\sigma_{甲}\sigma_{乙}} = \frac{0.0126}{14.18\% \times 9\%} \approx 0.9873$$

$$\sigma_p = \sqrt{(60\%)^2\times(14.18\%)^2 + 2\times 60\%\times 40\%\times 0.9873\times 14.18\%\times 9\% + (40\%)^2\times(9\%)^2}$$

或

$$\sigma_p = \sqrt{(60\%)^2\times(14.18\%)^2 + 2\times 60\%\times 40\%\times 0.0126 + (40\%)^2\times(9\%)^2} \approx 12.07\%$$

三、资产组合与风险分散

从上面的分析中可以看到，资产组合的风险σ_p通常不等于资产组合中各单项资产风险的加权平均。理论上，投资于资产组合的风险要小于单独投资于一项资产的风险，这就是所谓的风险分散。

下面通过几个例题来论证通过资产组合进行风险分散的理论。

【例5-8】由W股票和M股票组成WM投资组合，其投资额各占50%，相关系数为-1，即完全负相关。这两种股票及投资组合的收益率和标准差列示在表5-3中。

表5-3　　两种股票及投资组合的收益率、标准差

年　份	W股票收益率（%）	M股票收益率（%）	WM投资组合收益率（%）
2019	40	-10	15
2020	-10	40	15
2021	35	-5	15
2022	-5	35	15
2023	15	15	15
平均收益率	15	15	15
标准差（σ）	22.6	22.6	0

表5-3中的数据计算如下：

W股票平均收益率 $=(40\% - 10\% + 35\% - 5\% + 15\%) \div 5 = 15\%$

W股票标准差 $=\sqrt{\dfrac{(40\% - 15\%)^2 + (-10\% - 15\%)^2 + (35\% - 15\%)^2 + (-5\% - 15\%)^2 + (15\% - 15\%)^2}{5 - 1}}$

$= 22.6\%$

M股票平均收益率及标准差计算同理。

WM组合标准差 $=\sqrt{50\%^2 \times 22.6\%^2 + 2 \times 50\% \times 50\% \times (-1) \times 22.6\% \times 22.6\% + 50\%^2 \times 22.6\%^2} = 0$

【例5-8】的情形也可用图5-5来反映。

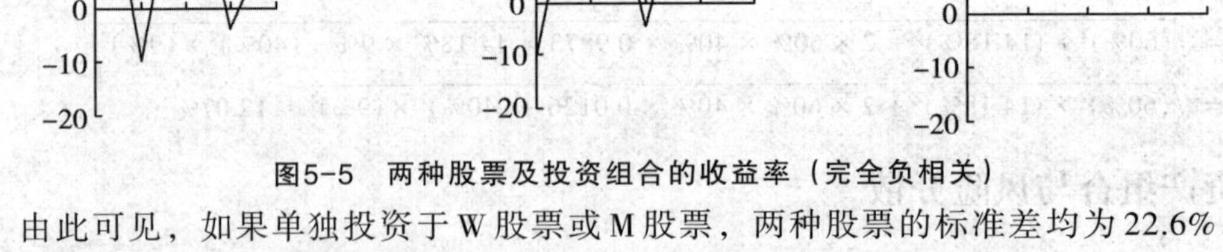

图5-5　两种股票及投资组合的收益率（完全负相关）

由此可见，如果单独投资于W股票或M股票，两种股票的标准差均为22.6%，风险都很高，但将它们组成WM组合后，组合的标准差为0，组合风险就消失了。之所以会出现这种情形，是因为W股票和M股票的收益率变动方向刚好相反，当W股票收益率下降时，M股票收益率上升，幅度也一样。从统计学角度来说，这两种股票的收益率完全负相关，相关系数为-1。与完全负相关相反的是完全正相关。

【例5-9】由M_1股票和M_2股票组成M_1M_2投资组合，其投资额各占50%，相关系数为+1，即完全正相关。两种股票及投资组合的收益率和标准差列示在表5-4中。

表5-4　两种股票及投资组合的收益率、标准差

年　份	M_1股票收益率（%）	M_2股票收益率（%）	M_1M_2投资组合收益率（%）
2019	-10	-10	-10
2020	40	40	40
2021	-5	-5	-5
2022	35	35	35
2023	15	15	15
平均收益率	15	15	15
标准差（σ）	22.6	22.6	22.6

表5-4中数据的计算原理与【例5-8】相同，相关计算过程此处略。

【例5-9】的情形也可以用图5-6来反映。

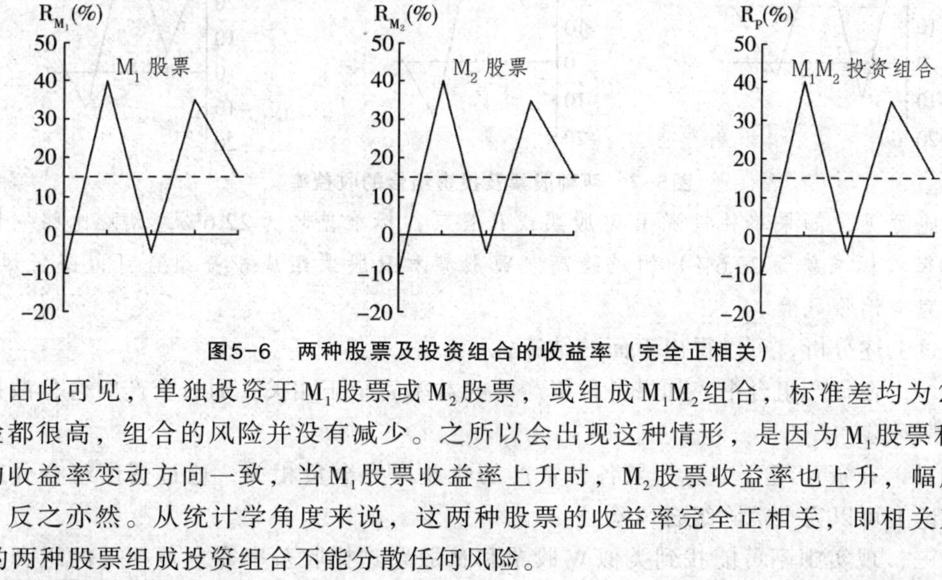

图5-6　两种股票及投资组合的收益率（完全正相关）

由此可见，单独投资于M_1股票或M_2股票，或组成M_1M_2组合，标准差均为22.6%，风险都很高，组合的风险并没有减少。之所以会出现这种情形，是因为M_1股票和M_2股票的收益率变动方向一致，当M_1股票收益率上升时，M_2股票收益率也上升，幅度也一样，反之亦然。从统计学角度来说，这两种股票的收益率完全正相关，即相关系数为+1的两种股票组成投资组合不能分散任何风险。

在现实中，完全负相关和完全正相关的两种股票是很少见的。大多数股票是正相关，但不是完全正相关。这样的组合风险又如何呢？

【例5-10】某公司的WR投资组合由W股票和R股票组成，其投资额各占50%，相关系数为+0.67，两种股票及投资组合的收益率和标准差列示在表5-5中。

表5-5　两种股票及投资组合的收益率、标准差

年　份	W股票收益率（%）	R股票收益率（%）	WR投资组合收益率（%）
2019	40	28	34
2020	-10	20	5

续表

年　份	W股票收益率（%）	R股票收益率（%）	WR投资组合收益率（%）
2021	35	41	38
2022	−5	−17	−11
2023	15	3	9
平均收益率	15	15	15
标准差（σ）	22.6	22.6	20.6

表5-5中数据的计算原理与【例5-8】相同，相关计算过程此处略。

【例5-10】的情形也可以用图5-7来反映。

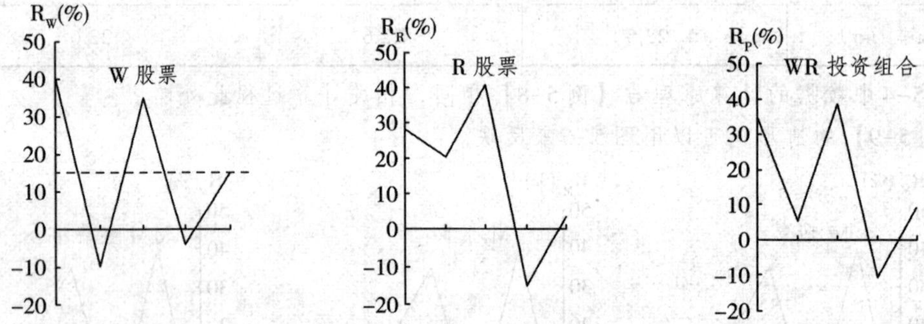

图5-7　两种股票及投资组合的收益率

由此可见，如果单独投资于W股票或R股票，标准差均为22.6%，风险比将它们组合在一起（标准差为20.6%）的风险高。W股票和R股票组成投资组合可以降低风险，但不能完全消除风险。

通过上述分析，可以得出下面的结论：

第一，在资产组合中，如果各种资产的收益率完全正相关，通过资产组合分散投资不能分散风险。

第二，在资产组合中，如果各种资产的收益率完全负相关，通过资产组合分散投资，理论上可以完全消除组合风险。

第三，现实中不可能找到类似W股票和M股票这样收益率完全负相关的组合，通过资产组合分散投资只可以降低风险但不能完全消除风险，而且降低的是非系统风险，即公司特有风险。

上述两种资产的组合已被证明可以降低（分散）风险，但不能完全消除单项资产所含的风险。如果组合中的资产超过两种，情况会如何？由于资产组合里资产之间的相关系数通常为正且小于+1，所以，随着组合中资产数目的增加，组合的风险会降低。一旦有足够多的相关资产组合在一起（国外实证研究结果是涵盖不同行业的40只以上的股票），几乎所有非系统风险均可消除掉。但应注意：有一些影响所有公司的因素，如战争、经济衰退、通货膨胀等带来的系统风险是不能通过组合分散的。资产组合与风险分散关系如图5-8所示。

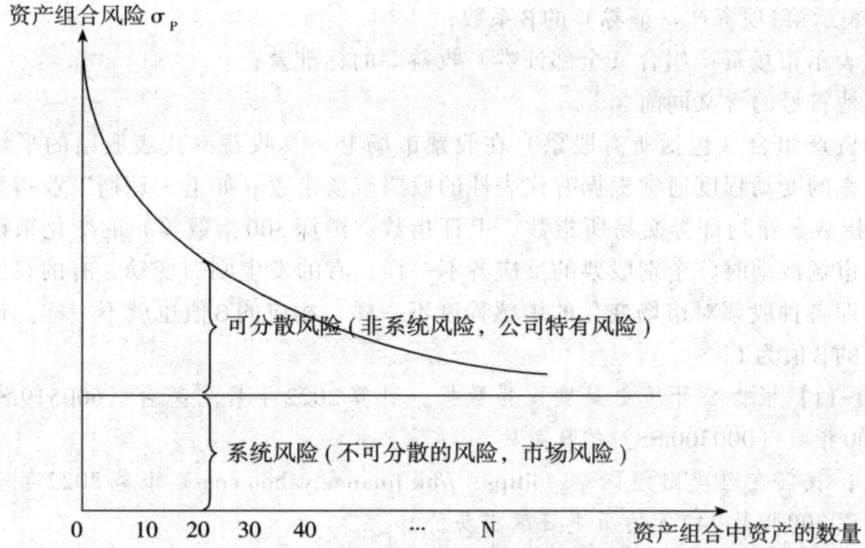

图5-8 资产组合与风险分散关系图

第四节 资本资产定价模型

资本资产定价模型（capital asset pricing model，CAPM）是由1990年获得诺贝尔经济学奖的美国经济学家夏普（Sharpe）在1964年首先提出的，它是一种描述风险与收益之间关系的模型。资本资产定价模型的贡献之一是用β系数衡量系统风险，因此，也可以说是基于组合理论的风险与收益关系模型。

一、系统风险的衡量——β系数

通过上面的分析可知，资产组合可以分散隐含在单项资产中的风险，从而降低资产组合总体的风险。但是，影响市场上所有资产的系统风险（市场风险）却是无法通过资产组合分散的。因此，投资者因承担风险而期望得到的补偿也应该是对系统风险进行的补偿，而不能期望市场对非系统风险（可分散风险）进行补偿。

系统风险的衡量采用贝塔系数（beta coefficient，符号为β）。β系数是一个统计学概念，通常用来说明一个统计指标随着另外一个统计指标变动的敏感程度。财务管理上用β系数来衡量系统风险，是指单个资产（证券）的收益率随着市场组合的收益率波动（系统风险）而波动的程度。它揭示了资产（证券）收益率相对于市场投资组合收益率变动的敏感程度。

某一资产（证券）对系统风险的反应，取决于这项资产（证券）收益率的标准差及与市场资产组合（市场上全部证券）收益率的相关程度。其计算公式为：

$$\beta_i = \frac{\sigma_i}{\sigma_m}\rho_{i,m} = \frac{\sigma_{i,m}}{\sigma_m^2}$$

式中：β_i表示第i项资产（证券）的β系数；

σ_m表示市场资产组合（全部证券）收益率的标准差；

其他符号的含义同前。

市场资产组合（包括所有股票）在股票市场上，其收益率代表股票的平均收益水平，收益率的变动程度通常根据有代表性的股票市场指数（如道·琼斯工业指数、标准普尔500指数、纽约证券交易所指数、上证指数、沪深300指数等）的变化来衡量。当整个股票市场波动时，个别股票的反应各不一样，有的发生剧烈变动，有的只发生较小的变动，即各种股票对市场变化的敏感程度不一样，相应的β值也就不一样。市场平均风险股票的β值为1。

【例5-11】根据公开历史日度交易数据，计算2022年贵州茅台（600519.SS）相对于沪深300指数（000300.SS）的β系数。

首先，我们在雅虎财经网站（https：//hk.finance.yahoo.com）下载2022年全年贵州茅台和沪深300指数242天的历史日度交易价格。

得到初始数据后，我们可以用Microsoft Excel的函数功能计算β系数。

（1）首先利用Excel函数分别计算出沪深300和贵州茅台日度收益率，即“（当日收盘价-前日收盘价）/前日收盘价”。

（2）计算沪深300指数每日收益率的方差，Excel公式为“=VAR.P（沪深300指数每日收益率数据）= 0.000165177”。

（3）计算沪深300指数（000300.SS）与贵州茅台（600519.SS）每日收益率的协方差，Excel公式为“=COVARIANCE.P（沪深300指数每日收益率数据，贵州茅台每日收益率数据）= 0.000180332”。

（4）计算Beta= 协方差/方差=1.091751143。

贵州茅台β系数Excel计算见表5-6。

表5-6 **贵州茅台β系数Excel计算**

Date	沪深300股价	沪深300收益率	贵州茅台股价	贵州茅台收益率	沪深300方差	协方差	Beta
2022/1/4	4 917.7700		2 051.2300		0.00016518	0.00018	1.091751
2022/1/5	4 868.1201	−0.0101	2 024.0000	−0.0133			
2022/1/6	4 818.2300	−0.0102	1 982.2200	−0.0206			
2022/1/7	4 822.3701	0.0009	1 942.0000	−0.0203			
2022/1/10	4 844.0498	0.0045	1 966.0000	0.0124			
2022/1/11	4 797.7700	−0.0096	1 940.5500	−0.0129			
2022/1/12	4 845.5801	0.0100	1 967.0000	0.0136			
2022/1/13	4 765.9199	−0.0164	1 877.3900	−0.0456			
2022/1/14	4 726.7300	−0.0082	1 867.0000	−0.0055			
…	…	…	…	…			
2022/12/19	3 893.2200	−0.0154	1 773.0000	−0.0078			

续表

Date	沪深300股价	沪深300收益率	贵州茅台股价	贵州茅台收益率	沪深300方差	协方差	Beta
2022/12/20	3 829.0200	−0.0165	1 715.0000	−0.0327			
2022/12/21	3 830.5400	0.0004	1 739.0000	0.0140			
2022/12/22	3 836.0300	0.0014	1 768.0000	0.0167			
2022/12/23	3 828.2200	−0.0020	1 771.0000	0.0017			
2022/12/26	3 843.4900	0.0040	1 742.0601	−0.0163			
2022/12/27	3 887.8501	0.0115	1 733.0000	−0.0052			
2022/12/28	3 871.2600	−0.0043	1 733.0000	0.0000			
2022/12/29	3 856.7000	−0.0038	1 719.0000	−0.0081			
2022/12/30	3 871.6299	0.0039	1 727.0000	0.0047			

β系数是用来衡量系统风险的恰当指标，我们可得出下述结论：

（1）如果$\beta_i=1$，表示i资产的预期收益率与市场资产组合收益率相同，其风险与市场资产组合风险也一致。

（2）如果$\beta_i>1$，表示i资产的预期收益率变动幅度高于市场资产组合收益率变动幅度，其风险高于市场资产组合风险。

（3）如果$\beta_i<1$，表示i资产的预期收益率变动幅度低于市场资产组合收益率变动幅度，其风险低于市场资产组合风险。

表5-7列出了我国部分上市公司2016—2018年的β系数。

表5-7　　我国部分上市公司2016—2018年的β系数

公司＼年份	2016	2017	2018
山东钢铁	1.836	1.164	1.223
福建高速	1.543	0.971	0.745
中国联通	−1.614	−1.775	0.848
同仁堂	2.663	0.238	0.674
三峡水利	−2.587	−0.802	0.775
天坛生物	−0.982	−0.705	0.209
上海建工	1.640	−0.617	0.725
雅戈尔	0.940	−0.750	0.836
浙江医药	−0.119	0.727	1.587
中昌数据	0.286	0.032	0.345

数据来源：根据CSMAR整理。

从表5-7的数据可以看出，山东钢铁三年的β系数都大于1，说明其风险高于市场组合风险；中国联通、三峡水利、天坛生物、雅戈尔、中昌数据三年的β系数都小于1，说明其风险低于市场组合风险；其他公司有些年份β系数大于1而有些年份β系数小于1。

此外，表5-7数据中还有公司某些年份的β系数为负数，如中国联通、三峡水利、天坛生物和浙江医药2016年的β系数。这主要说明这些公司的收益变动与市场收益是反向的，不可以把它归属于小于1这类来分析。

β系数的一个重要特征是，资产组合的β系数是该组合中各种资产β系数的加权平均，即：

$$\beta_p = \sum_{i=1}^{n} w_i \beta_i$$

表5-8列出了我国部分行业2016—2018年的β系数。

表5-8　我国部分行业2016—2018年的β系数

行业 \ 年份	2016	2017	2018
畜牧业	−0.565	0.738	−0.265
建筑业	−0.513	0.762	−0.396
结构性金属制品业	−0.330	1.917	−0.700
烟草工业	−1.296	1.810	−0.661
医药工业	−0.643	0.940	−0.113
汽车制造业	−0.757	0.821	−0.339
水力发电业	−0.591	0.964	−0.309
港口业	−1.765	2.476	−0.848

数据来源：根据WIND整理。

行业的β系数在一定程度上代表了组合的β系数。在表5-8的数据中，有些行业（组合）三年的β系数都小于1，如畜牧业、建筑业、医药工业、汽车制造业和水力发电业，说明其风险低于市场组合风险，其他行业有些年份β系数大于1而有些年份β系数小于1。

当然，更合适的组合是投资于不同行业的公司，这样才能分散行业风险。

【例5-12】小林2018年投资股票，40%的钱投了山东钢铁，25%的钱投了上海建工，35%的钱投了中昌数据，则该组合的β系数为：

$$\beta = 40\% \times 1.223 + 25\% \times 0.725 + 35\% \times 0.345 = 0.7912$$

二、资本资产定价模型

风险与收益的基本关系可以表述为：必要收益率=无风险收益率+风险溢酬。同时，资产组合理论认为：非系统风险可以通过资产组合分散，理性的投资者面临的主要是系统风险，即市场风险。所以，系统风险越大，β系数越大，投资者要求的必要收益率就越大；反之，风险越小，β系数越小，投资者要求的必要收益率就越小。如果资本市场是有效且均衡的，则意味着投资者所要求的必要收益率等于预期收益率。

资本资产定价模型认为，投资者对单项资产投资所要求的收益率应等于市场对无风险投资所要求的收益率加上该资产的风险溢酬。其计算公式为：

$$R_i = R_f + \beta_i(R_M - R_f)$$

式中：R_i表示投资i资产所要求的收益率；

R_f表示无风险收益率；

R_M表示市场资产组合的收益率；

（R_M-R_f）表示市场的平均风险溢酬；

β_i表示i资产的β系数。

资本资产定价模型同样适用于有效的资产组合。其计算公式为：

$$R_P = R_f + \beta_p(R_M - R_f)$$

式中：R_P表示资产组合所要求的收益率；

β_P表示资产组合的β系数；

其他符号的含义同前。

【例5-13】以【例5-11】的数据为例，通过资本资产定价模型求贵州茅台2022年的β系数。

除了利用Excel公式计算β系数之外，我们还可以利用Python等编程软件计算。导入原始数据，利用资本资产定价模型，通过将贵州茅台收益率对沪深300收益率进行回归，计算出的回归系数即为β系数。相关Python指令如下：

（1）导入原始数据

```
data=pd.read_excel（'D：/Beta_sample.xls'）
```

（2）计算出沪深300和贵州茅台日度收益率

```
data=data.div（data.shift（1））-1
```

（3）使用回归模型计算β系数

```
import statsmodels.api as sm
model1 = sm.OLS（data［'600519.SS'］，sm.add_constant（data［'000300.SS'］））
result = model1.fit（）
result.summary（）
print（result.summary（））
```

输出回归系数coef=1.0918即为β系数。

【例5-14】2017年同仁堂的β系数为0.238，市场资产组合收益率（所有股票平均收益率）为9.9%，无风险收益率为1.5%，则该股票的必要收益率为：

$$R = 1.5\% + 0.238 \times (9.9\% - 1.5\%) \approx 3.5\%$$

【例5-15】以【例5-12】的数据为例，2018年市场资产组合收益率（所有股票平均收益率）为-21.5%，无风险收益率为1.5%，则该组合的必要收益率为：

$$R = 1.5\% + 0.7912 \times (-21.5\% - 1.5\%) \approx -16.7\%$$

资本资产定价模型在图形上表示，可以通过【例5-16】来说明。

【例5-16】假设无风险收益率为6%，市场资产组合收益率为10%，某资产组合的β

值为0.5，则该组合的必要收益率是多少？当β值为1或β值为2时，该组合的必要收益率又分别是多少？

当β=0.5时：

$R_p = 6\% + 0.5 \times (10\% - 6\%) = 8\%$

当β=1时：

$R_p = 6\% + 1 \times (10\% - 6\%) = 10\%$

当β=2时：

$R_p = 6\% + 2 \times (10\% - 6\%) = 14\%$

【例5-16】利用资本资产定价模型计算的结果可以用图5-9来表示。

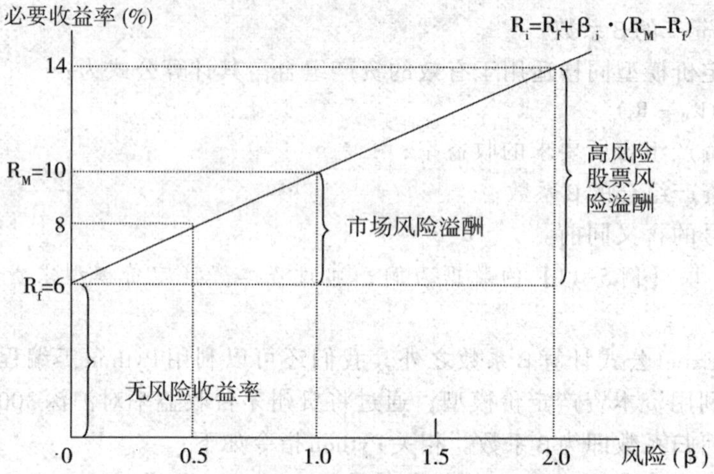

图5-9　资本资产定价模型（证券市场线）

可见，资本资产定价模型在图形上表现为一条直线，这条直线被称为证券市场线（security market line，SML）。它是揭示一种资产或资产组合的必要收益率与系统风险（β系数）之间关系的直线。其中，R_f为纵截距，表示无风险收益率，斜率为（R_M-R_f），表示单位风险的价格，资产或资产组合的必要收益率与β系数（β值）线性相关。当β值增大时，投资者对资产或资产组合所要求的收益率也会提高。

财务管理中的商业伦理　　　　硅谷银行爆雷始末

硅谷银行诞生于1983年，当时美国科技创新企业在获得贷款和金融支持方面正面临困难，一些银行家看到了其中的机会，便共同创立了硅谷银行。硅谷银行专注于提供创新性的金融产品和服务，如风险投资、资金管理、支付和结算、国际银行等，因此获得了大量来自硅谷地区的创业公司和风险投资公司客户。

2020年3月，美联储开启无限量QE，把基准利率降到0左右，在流动性泛滥的背景下，美国科技公司大量回购和融资，与高科技相关的VC投资也变得非常热门。美国的PE/VC市场快速扩张。在这种情况下，硅谷银行的核心储户——科技公司与科技公司的投资机构们手头开始充斥大量现金，硅谷银行也因此获得大量存款。其存款规模从2019年的617.6亿美元跃升至2021年底的1 892亿美元。

手握大量现金的硅谷银行选择了相对稳定的投资产品，主要购买了投资抵押贷款支持证券（MBS）和美国国债。硅谷银行的财报显示，2020年中至2021年末，硅谷银行增持了120亿美元的美国国债和约800亿美元的MBS，其中包含不少中长期国债。从投资角度考虑，这么配置没有问题，但对于一家以贷款为主营业务的商业银行而言，这样的选择在面临快速加息时会遭遇极大的风险。由于频繁加息会使债券市场资金流入存款，造成债券下跌，同时市场投资意愿也将降低。而硅谷银行客户多来自科技行业，投资意愿降低将减少科技创业公司的现金流，此时的硅谷银行就会面临支付利息上涨而投资收益下降的窘境。到这一步这些还只是账面亏损，一旦这些科技创业公司开始大量兑取之前的存款，手中握着中长期国债与MBS的硅谷银行为了满足兑付需求，只能被迫在亏损时将手中的国债与MBS出售，账面亏损也就变成了实际亏损。

2022年3月，美联储启动了力度空前的加息周期，为硅谷银行的扩张故事画上了休止符。随着加息周期的到来，存款的成本变高，低成本揽储成为过去式；同时，债券价值走低，硅谷银行持有的大量证券资产开始缩水。而加息也使得这些科技新贵们开始需求流动资金。

经过一年亏本的资产变卖，2023年2月底，国际评级机构穆迪公司致电硅谷银行，发出了硅谷银行财务状况堪忧其债券可能被下调至垃圾级的警告。3月8日，硅谷银行母公司——硅谷银行金融集团突然宣布：低价出售价值210亿美元的可变现资产（亏损18亿美元），发行可转债筹借150亿美元资金，以及紧急发售新股筹资22.5亿美元。硅谷银行现金危机的事情开始被公之于众。

硅谷的科技公司们对此大部分表现恐慌，3月9日，硅谷银行的客户提现要求高达420亿美元，相当于硅谷银行总存款的四分之一。到了当天晚间，硅谷银行的现金结余已经变成了负10亿美元，根本无法满足其在美联储的应付款项。这意味着硅谷银行已无法运营。

3月10日，恐慌蔓延，硅谷银行股价暴跌68%，此前高达267美元的股票跌至不到35美元。硅谷银行在公告出售债券48小时后，不得不宣告破产。美国联邦存款保险公司发表声明称，美国加州金融保护和创新部当日宣布关闭硅谷银行，联邦存款保险公司则被任命为破产管理人。

资料来源：石青川．硅谷银行爆雷始末［J］．中国经济周刊，2023（6）．

重要术语

风险（risk）

市场风险（market-related risk）

不可分散风险（non-diversifiable risk）

系统风险（systematic risk）

公司特有风险（firm-specific risk）

可分散风险（diversifiable risk）

非系统风险（unsystematic risk）
收益率（rate of return）
预期收益率（expected rate of return）
方差（variance）
标准差（standard deviation）
离散系数（coefficient of variation）
风险溢酬（risk premium）
必要收益率（required rate of return）
资产组合（portfolio）
协方差（covariance）
相关系数（correlation coefficient）
贝塔系数（beta coefficient）
资本资产定价模型（capital asset pricing model，CAPM）
证券市场线（security market line，SML）

本章小结

本章介绍了收益与风险的概念和计算。本章第一节简要介绍了风险的含义、特征与分类。第二节介绍了单项资产的收益与风险的定义和计算。计算单项资产的收益与风险应首先确定概率分布，其次计算资产的期望报酬率 $\bar{X}=E(X_i)=\sum_{t=1}^{n}X_iP_i$，然后计算标准差 $\sigma=\sqrt{\sum_{t=1}^{n}\left(X_i-\bar{X}\right)^2\cdot P_i}$，最后计算离散系数 $CV=\frac{\sigma}{\bar{X}}$。

本章第三节介绍了资产组合的收益与风险，资产组合的收益为各单项资产预期收益率的加权平均数 $\bar{R}_p=\sum_{i=1}^{n}w_i\bar{R}_i$，资产组合的风险 $\sigma_p=\sqrt{\sum_{j=1}^{m}\sum_{k=1}^{m}w_jw_k\sigma_{jk}}$。投资者通过对不同种类的资产进行组合，即使得组合中各资产之间的相关系数小于1，可以达到分散化投资降低投资组合中的非系统风险。

本章第四节介绍了资本资产定价模型，它描述了风险与收益之间的关系。资本资产定价模型的公式为 $R_i=R_f+\beta_i(R_M-R_f)$，即资产的收益率应等于无风险收益率加上该资产的风险溢酬。其中β系数衡量系统风险，它揭示了资产收益率相对于市场投资组合收益率变动的敏感程度。

复习与思考

1.什么是系统风险？什么是非系统风险？

2. 什么是离散系数？它的作用是什么？

3. 市场上某股票可能的投资收益率见表5-9，求这只股票的收益率和标准差。

表5-9　　某股票可能的投资收益率

经济状况	概率	收益率
繁荣	20%	21%
正常	70%	13%
衰退	10%	-9%

4. 市场上三只股票的收益率、标准差和协方差见表5-10。如果一个投资组合投资30%的A股票、40%的B股票、30%的C股票，求该投资组合的期望收益和标准差。

表5-10　　三只股票的收益率、标准差和协方差

股票	期望收益	标准差	协方差		
			A	B	C
A	1.08%	6.23%	0.3880%	0.1613%	0.2243%
B	1.32%	6.34%	0.1613%	0.4021%	0.2399%
C	1.75%	9.73%	0.2243%	0.2399%	0.9463%

5. 某公司的贝塔系数是1.38。如果无风险利率为4%，市场期望收益率为12%，求该公司的期望报酬率。

二维码5-1 复习与思考参考答案

拓展阅读

二维码5-2 套利定价模型

二维码5-3 Fama-French三因子模型

第六章　证券估价

学习目标

1. 了解债券和股票的基本内容；
2. 认识证券估价的基本原理；
3. 掌握债券估价的基本方法；
4. 理解收益率和时间对债券估价的影响。

教学重点与难点

教学重点：

债券估价基本方法和股票估价基本方法。

教学难点：

收益率和时间对债券估价的影响。

引例：奈雪的茶上市首日即破发，上市两年市值蒸发200亿港元

作为“新式茶饮第一股”，奈雪的茶于2021年6月30日正式在中国香港上市。

与一级市场大受追捧的局面不同，上市后的奈雪仿佛被二级资本市场抛弃：与超额认购430倍的火热相反，上市首日，奈雪收盘跌幅就达13.54%，第二个交易日继续下跌2.69%。上市短短两天，奈雪总市值蒸发53.85亿港元。不少打新投资者表示“中一签倒亏一年的奶茶钱”。

奈雪的茶创立于2015年，总部位于广东深圳。公司的客群定位在20~35岁的年轻女性，创新打造了“茶饮＋软欧包”的形式。奈雪的茶由彭心、赵林夫妇共同创建，隶属于深圳市品道餐饮管理有限公司。

截至2023年8月28日，奈雪的茶上市两年多后，股价跌至4.60港元，仅为招股价的23.23%，市值蒸发近200亿港元。据其2022年年报，奈雪营收为42.92亿元，同比下降0.1%；经调整净亏损约4.61亿元，同比扩大217.93%。2022年，奈雪的门店经营利润为4.70亿元，同比下降20.6%；门店经营利润率为11.8%，同比下降约2.7%。2022年新增门店超200家，均为租金和人工成本更低的Pro店，但仍处于持续亏损的状态。

2021—2022年，奈雪的亏损率由3.4%上升到10.7%。

纵观新茶饮赛道，奈雪以价格高昂闻名。财报显示，对比2021年同期，奈雪的客单价从43.5元下降到了36.7元，下降了15.6%。另一方面，高价并未带来高利润。在营收快速增长的同时，奈雪处于持续亏损的状态。2019—2022年，四年内累计亏损超6亿元。

虽然售价达到平均每杯34.3元，但其中成本占比高达74.8%。奈雪的茶最大的三项支出分别为原材料、人工和折旧租金，分别占2022年收入比重的33.0%、31.7%和10.1%。奈雪的茶的毛利也处于下滑趋势。2019—2022年毛利率分别为63.40%、62.10%、67.40%和67.01%。而据国信证券测算，同样定价30+的喜茶毛利率能达到65%~70%。可见，奈雪的茶的盈利能力并不具备竞争力。

此外，奈雪的茶目前还面临较大的现金流压力。截至2022年12月，奈雪的茶账面上的流动资产约为13亿元，但流动负资产高达21亿元。

最初剑指“奶茶界的星巴克”，奈雪的茶离目标已越来越远。当Z世代的消费观念飞速更新，定位高端并不等同于竞争力，反而可能让资金周转更慢、风险更大。

资料来源：艺馨，禄存. 奈雪上市两年，市值蒸发200亿港元［EB/OL］.［2023-07-17］. https://baijiahao.baidu.com/s?id=1771633715289746008&wfr=spider&for=pc.

不妨带着下面几个问题去阅读本章：为什么奈雪的茶的股票在资本市场中没能获得很好的估价？证券估价与企业价值存在着怎样的联系？公司股票的价格是如何确定的？

财务管理原则的运用

原则一：风险-收益权衡——除非可以预期得到额外的收益，否则人们就不会去承担额外的风险。

原则二：货币时间价值——今天收到的一元钱比将来收到的一元钱更值钱。

原则三：决定一切的是现金流量，而非会计盈余。

原则六：有效资本市场——市场反应是迅速的，定价是正确的。

第一节　证券估价的基本原理

证券估价是对证券的价值进行合理的评定，是货币时间价值、风险与收益观念的重要应用领域之一。

一、价值的概念与区别

价值具有不同的概念，而不同概念的价值又有其特定的应用范围。主要的价值概念包括持续经营价值、清算价值、账面价值、市场价值、内在价值（理论价值）等。

(一) 持续经营价值和清算价值

持续经营价值（going-concern value）是指公司作为一个持续运营的组织出售时所能获得的货币值。清算价值（liquidation value）是指一项或一组资产从正在运营的公司中分离出来单独出售所能获得的货币值，是与持续经营价值相对的概念。

通常情况下，持续经营价值与清算价值是不相等的。本章所讨论的证券估价假设公司是持续经营的，能够为投资者提供正现金流，否则，证券价值就主要由公司清算价值决定了。

(二) 账面价值与市场价值

账面价值（book value）是指资产的入账价值。总资产的账面价值就是资产负债表上所列示的各项资产的数值之和，而公司的账面价值则是资产负债表上列示的总资产数值减去负债和优先股数值后的差额。市场价值（market value）是指在市场上交易的价格，是市场上买卖双方进行竞价后产生的双方都能接受的价格。一项资产的市场价值是该项资产或类似资产在公开市场上交易时的价格，但对于一家公司而言，其市场价值是持续经营价值与清算价值两者之间的较大者。

在现行的会计模式下，资产按历史成本入账，即账面价值是以历史成本为基础的，因此，与一项资产或一家公司的市场价值关系不大。一般情况下，账面价值不等于市场价值。

(三) 市场价值与内在价值

内在价值（intrinsic value）是资产所能带来的未来现金流量的现值，是考虑了未来收益的数量、时间和风险等因素后估算的价值，是一种经济价值。

如果市场是有效的、信息是完全披露的，市场价值与内在价值应该是相等的。当一项资产的市场价值与内在价值不相等时，投资者的套利行为将促使其市场价值向内在价值回归。

本章所讨论的证券估价，其估算的"价值"指的就是内在价值。估算出证券的内在价值后，根据内在价值与市场价值的关系，如果证券内在价值高于市场价值，则可以判断证券被低估了，反之则是被高估了。

二、证券估价的基本原理

证券的内在价值就是证券预期未来现金流量的现值。也就是说，所有与证券有关的预期现金流量都要根据投资者要求的收益率（必要收益率）折算为现值。这是证券估价的基本原理。由此，证券的估价需要考虑两个因素的影响：一是证券的特征，即证券预期现金流量的大小与持续时间、预期未来现金流量的风险；二是投资者进行投资所要求的收益率，即能够补偿风险的收益率。

证券估价考虑的因素及其原理如图6-1所示。

可见，证券估价的主要过程如下：

第一，对证券的特征进行评估，包括评估证券预期能产生的现金流量额、持续的时间及风险大小。

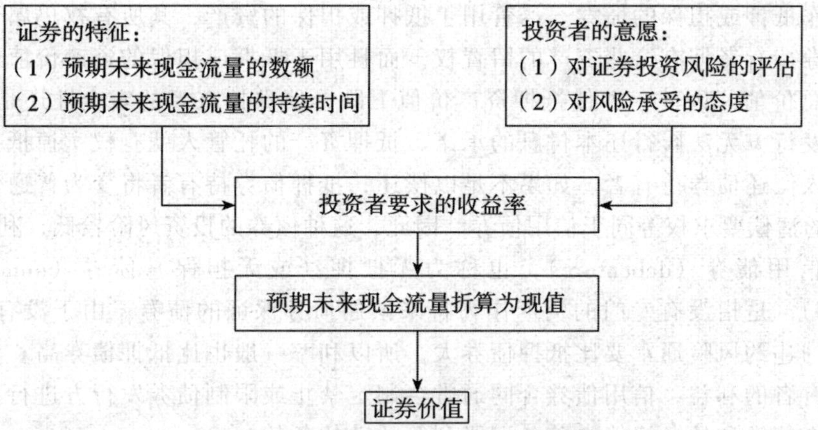

图6-1　证券估价考虑的因素及其原理

第二，根据投资者对证券未来现金流量风险的预期和对风险的态度，估算投资者要求的收益率。

第三，把证券预期未来的现金流量按照投资者要求的收益率折算为现值，从而得出证券的内在价值。

三、证券估价的基本模型

根据上述证券估价的基本原理，证券的价值就是预期现金流量根据投资者要求的收益率折算的现值，所以，证券估价的基本模型可以用数学公式表示为：

$$V = \sum_{t=1}^{n} \frac{CF_t}{(1+R)^t}$$

式中：V表示证券的内在价值；

CF_t表示t时间得到的现金流量；

R表示投资者要求的收益率；

n表示现金流量持续的时间。

这个基本模型体现了上述证券估价的三个步骤，是证券估价的基础。本章下述的债券估价和股票估价都是以此为基础的。

第二节　债券估价

一、债券的基础知识

（一）债券的种类

债券（bond）是指债务人依照法定程序发行的、承诺按约定利率和日期向债券持有者支付利息，并在特定日期偿还本金的有价证券。债券有多种类型，主要有抵押（或担保）债券、信用债券、零息或低息债券等。

（1）抵押债券（mortgage bond）或担保债券（secured bond）是指有不动产或其他专

门的资产作抵押或担保的债券。尽管用于抵押或担保的资产，其所有权仍属于债券发行方，但债券持有者拥有这些资产的留置权，而且用于抵押或担保的资产价值通常要大于债券发行总价值。因此，即使抵押资产价值下跌，债券持有者的安全性还是比较高的。一旦债券发行方无法履行还本付息的承诺，抵押资产的托管人就有权卖掉抵押资产，将所得净收入偿还债券持有者。如果不足以偿还，抵押债券持有者将变为普通债权人，未偿还部分的清偿要求权等同于信用债券。因此，这种债券的投资风险较低，利率也较低。

（2）信用债券（debenture），也称为无抵押（或无担保）债券（unmortage/unsecured bond），是指没有专门的资产作为将来偿还债务保证的债券。由于没有抵押资产，这种债券的违约风险通常要比抵押债券大，所以利率一般也比抵押债券高。为了保护信用债券持有者的利益，信用债券合同通常会制定禁止或限制债券发行方进行其他资产抵押、发行新债券和债务清偿之前分配股利等活动的条款。

（3）零息或低息债券（zero and very low coupon bond）是指票面利率极低，甚至利息为零的债券。这种债券的发行方每年只需要支付极少的利息甚至无须支付利息。它通常按低于面值的价格发行，债券持有者的收益主要来自发行价格与偿还价格（面值）之间的差额。

此外，债券还可分为政府发行的债券和企业发行的债券。前者称为国库券，后者称为公司债券。公司债券的投资风险通常比国库券的高，所以其利率也比国库券的利率高。

（二）债券的基本要素

债券作为一种有价证券，尽管其种类繁多，但应包含一些基本的要素。

（1）债券的面值。债券的面值是指债券的票面价值（par value），是债券发行方对债券持有者在债券到期日或发行期间分期偿还的本金数额，也是向债券持有者按期支付利息的计算依据。债券的面值包括债券的币种和票面金额。债券面值的币种可用本国货币，也可用外币。这取决于发行者的需要和债券的种类。

（2）债券的票面利率。票面利率（coupon interest rate）也称为名义利率，是指债券年利息与债券面值的比率，债券发行方每年向债券持有者应付的利息等于面值乘以票面利率。债券票面利率一般是固定不变的，利息可以分期支付，也可以到期一次支付。除此之外，也有浮动利率债券和零息债券。

（3）债券期限。债券期限（maturity）是指从发行债券日起到偿还债券本息日止的时间。债券通常都有一个特定的期限。当然，随着时间的推移，发行后债券的有效期限逐年递减。

（4）债券契约。债券契约（indenture）是指债券发行方和代表债券持有者的债券信托人之间所签订的具有法律效力的协议。债券契约包括关于债券的所有重要事项，如债券种类、债券发行公司和债券持有者的权利、债券信托人的责任等，其中大多数是保护债权人的条款，如限制举债、要求设立偿债基金、规定股利发放的最高限额等。

二、债券的评级

公司债的发行通常要由信用评级机构进行信用评级，信用评级机构对债券发行人和所发行债券如期足额还本付息的能力和意愿进行专业的、综合的评估，再通过简单的评级符号对其违约风险和投资损失的严重程度进行划分，以大体揭示企业的资信和债券的信用风险。评级的存在有效地降低了投资者信息搜寻、基础分析工作的成本。

债券的信用等级对债务融资利率具有直接的影响。一般说来，信用等级高的债券，能够以较低的利率发行，发行企业能以低成本筹措资金；信用等级低的债券，风险较大，发行企业只能以较高的利率融资。

国际上著名的三大评级机构分别是标准普尔、穆迪和惠誉。我国现在也有不少评级机构。

（一）国际信用评级的等级

国际评级的信用等级通常分三等或四等二十一或二十二级。标准普尔和穆迪评级的信用等级比较见表6-1。

表6-1　标准普尔和穆迪评级的信用等级比较表

标准普尔等级符号	穆迪等级符号	等级/投资建议
AAA	Aaa	优等/投资
AA+	Aa1	高级/投资
AA	Aa2	
AA-	Aa3	
A+	A1	中上级/投资
A	A2	
A-	A3	
BBB+	Baa1	中下级/谨慎投资
BBB	Baa2	
BBB-	Baa3	
BB+	Ba1	投机级
BB	Ba2	
BB-	Ba3	
B+	B1	缺少理想投资的品质/不建议投资
B	B2	
B-	B3	
CCC+	Caa1	劣质级/违约可能性大，不建议投资
CCC	Caa2	
CCC-	Caa3	
CC	Ca	高度投机级/经常违约，不建议投资
C		
D	C	最低级/不建议投资

（二）我国信用评级的等级

我国的债券信用评级包括主体评级和债项评级。主体评级是对发债企业本身做整体信用评估，通常包括考察企业的经营管理素质、财务结构、偿债能力、经营能力、经营效益、发展前景等各个方面。债项评级是对某一主体发行的具体某只债券进行信用风险评估。

我国信用评估和划定等级的工作开始于20世纪80年代，一般只把信用划分为三等九级（从AAA到C），通常也会用+和-进行微调，表示信用质量略高或略低于本等级。我国信用等级符号及其含义见表6-2。

表6-2　我国信用等级符号及其含义表

等级符号	债项等级含义	主体等级含义
AAA	信用质量极高，信用风险极低	受评主体偿还债务的能力极强，基本不受不利经济环境影响，违约风险极低
AA	信用质量很高，信用风险很低	受评主体偿还债务的能力很强，受不利经济环境的影响较小，违约风险很低
A	信用质量较高，信用风险较低	受评主体偿还债务的能力较强，较易受不利经济环境的影响，违约风险较低
BBB	具有中等信用质量，信用风险一般	受评主体偿还债务的能力一般，受不利经济环境影响较大，违约风险一般
BB	信用质量较低，投机成分较大，信用风险较高	受评主体偿还债务的能力较弱，受不利经济环境影响很大，有较高违约风险
B	信用质量低，投机性强，信用风险高	受评主体偿还债务的能力较大地依赖于良好的经济环境，违约风险很高
CCC	信用质量很低，投机性很强，信用风险很高	受评主体偿还债务的能力极度依赖于良好的经济环境，违约风险极高
CC	信用质量极低，投机性极强，信用风险极高	受评主体在破产或重组时可获得的保护较小，基本不能保证偿还债务
C	信用质量最低，通常会发生违约	受评主体不能偿还债务

因为同一企业发行不同债券的条款（权利和义务）可能存在不同，如债券的优先偿付顺序、不同笔次融资的抵质押物情况或增信情况等，所以，主体评级可以看成是企业对其各类债务综合偿付能力的判断，而债项评级是针对具体某一笔债务安全性的判断。

主体评级和债项评级都会随着债务人经营情况和偿债能力的变化而调整。表6-3是我国部分公司2021—2023年发行债券的评级表。

表6-3　　　　我国部分公司2021—2023年发行债券评级表

发行人	首次评级					跟踪评级			
	主体评级		债项评级		评级时间	主体评级		债项评级	评级时间
	级别	展望	评级类别	级别		级别	展望	级别	
广东东菱凯琴集团有限公司	AA	稳定	2023年3亿元公司债	AA	2023.03	AA	稳定	AA	2023.07
深圳市燃气集团股份有限公司	AAA	稳定	2023年30亿元公司债	AAA	2023.02	AAA	稳定	AAA	2023.08
江苏纽泰格科技集团股份有限公司	A	稳定	2023年3.5亿元公司债	A	2023.01	A	稳定	A	2023.08
北方联合电力有限责任公司	AAA	稳定	2022年13亿元公司债	AAA	2022.07	AAA	稳定	AAA	2023.07
四川省港航投资集团有限责任公司	AAA	稳定	2022年10亿元公司债	AAA	2022.07	AAA	稳定	AAA	2023.07
福建石油化工集团有限责任公司	AAA	稳定	2022年10亿元公司债	AAA	2022.07	AA+	稳定	AAA	2023.07
北京居然之家投资控股集团有限公司	AA+	稳定	2022年5.5亿元公司债	AA+	2022.06	AA+	稳定	AA+	2023.07
东莞实业投资控股集团有限公司	AA+	稳定	2021年10亿元公司债	AA+	2021.08	AA+	稳定	AA+	2023.07
中德联合集团有限公司	AA	稳定	2021年2.5亿元公司债	AA	2021.03	AA	稳定	AA	2023.07
中国电力国际发展有限公司	AAA	稳定	2021年20亿元公司债	AAA	2021.03	AAA	稳定	AAA	2023.07

资料来源：中诚信国际信用评级有限责任公司官网（http：//www.ccxi.com.cn）。

值得注意的是，即使是信用等级最高的公司或债券，也并不表示就一定不会违约，只是其违约的概率相对比较小。债券评级是投资决策的辅助工具，投资时仍需要对债券做进一步分析和判断。

（三）国家主权信用评级

除了公司发行的公司债券外，还有国家发行的债券。我国发行的是国库券。国家发行的债券同样需要信用评级，这种评级就是国家主权信用评级。

国家主权信用评级（sovereign rating），是指评级机构依照一定的程序和方法对主权机构（通常是主权国家）的政治、经济和信用等级进行评定，并用一定的符号来表示评级结果。信用评级机构进行的国家主权信用评级实质就是对中央政府作为债务人履行偿债责任的信用意愿与信用能力的一种判断。

国家主权信用评级内容很广，除了要对一个国家的国内生产总值增长趋势、对外贸易、国际收支情况、外汇储备、外债总量及结构、财政收支、政策实施等影响国家偿债能力的因素进行分析外，还要对金融体制改革、企业改革、社会保障体制改革所造成的财政负担进行分析，最后进行评级。国家主权信用通常也划分为三等九级（从AAA到C）。

三、债券的估价模型

根据债券的特征，债券的未来现金流量主要包括两部分：一是按约定利率（票面利率）和本金（面值）计算的利息；二是到期或分期偿还的本金（面值）。因此，债券的内在价值就是未来利息和面值按投资者要求的收益率折算的现值。

因为债券的利息和面值有分期和到期支付两种方式，还有零息债券，它们的现金流量时间不同，所以具体现值的计算方式也有区别。

（一）典型债券的估价模型

典型债券，是指票面利率固定、每年年末计算并支付利息、到期偿还本金的债券。这种债券价值的计算公式为：

$$V_b=\frac{I_1}{(1+R_b)^1}+\frac{I_2}{(1+R_b)^2}+\cdots+\frac{I_n}{(1+R_b)^n}+\frac{M}{(1+R_b)^n}$$

$$=\sum_{t=1}^{n}\frac{I_t}{(1+R_b)^t}+\frac{M}{(1+R_b)^n}$$

$$=I\cdot(P/A,\ R_b,\ n)+M\cdot(P/F,\ R_b,\ n)$$

式中：V_b表示债券的价值（现值）；

M表示面值（到期偿还的本金，n年后的终值）；

$I_1=I_2=\cdots=I_n$=面值×票面利率，即M·i，表示每年计算支付的利息；

R_b表示投资者要求的收益率，即折现率。

折现率反映了投资者持有债券最低可接受的收益率，同时也反映了投资的机会成本。

【例6-1】某公司2023年1月1日发行面值为1 000元、票面年利率为12%、5年期的债券。假设市场上同等风险投资的必要收益率为10%，则2023年1月1日该债券的价值为：

$$V_b=\frac{1\,000\times12\%}{(1+10\%)^1}+\frac{1\,000\times12\%}{(1+10\%)^2}+\frac{1\,000\times12\%}{(1+10\%)^3}+\frac{1\,000\times12\%}{(1+10\%)^4}+\frac{1\,000\times12\%}{(1+10\%)^5}+\frac{1\,000}{(1+10\%)^5}$$

$$=1\,075.80(\text{元})$$

或

$$=1\,000\times12\%\times(P/A,\ 10\%,\ 5)+1\,000\times(P/F,\ 10\%,\ 5)$$

$$=120\times3.7908+1\,000\times0.6209$$

$$=1\,075.80(\text{元})$$

债券估价也可以利用Excel计算。

第一种方法，利用货币时间价值一章介绍的年金现值和复利现值Excel的计算方法，分别计算利息现值和本金现值，然后求和。

第二种方法，利用Excel计算NPV（净现值）的方法。

选择NPV计算，是因为Excel计算NPV的结果只是经营后未来现金净流量的现值，而没有减去投资现值，符合债券估价的特点——未来纯现金流入量（或纯流出量）的现值。

计算步骤如下：

(1) 打开Excel工作表输入计算债券面值、票面利率、折现率→将鼠标点击B3（答案显示位置）→选择菜单下的f_x→在选择类别中选择“数学与三角函数”→在选择函数下拉菜单中选择“PRODUCT”→确定。利用Excel计算NPV（净现值）步骤1如图6-2所示。

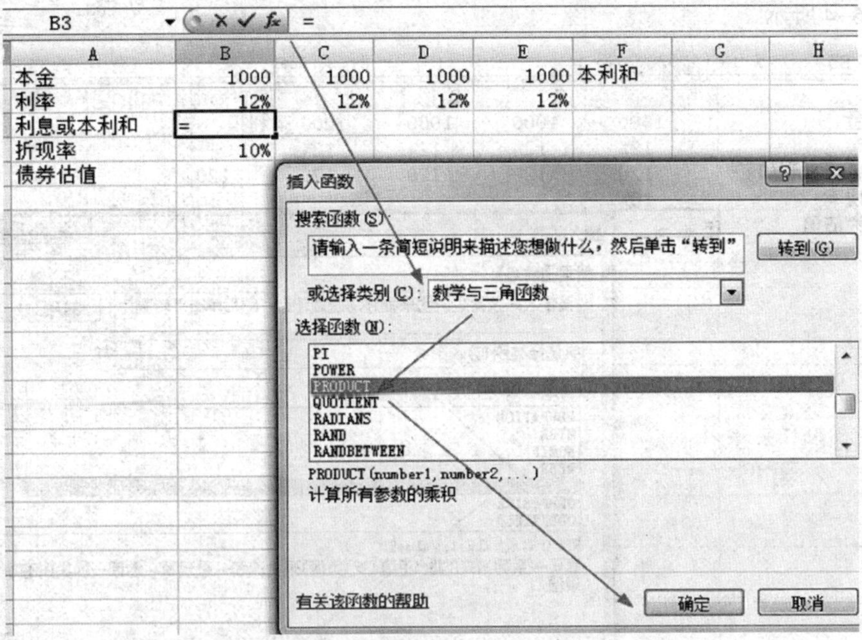

图6-2　利用Excel计算NPV（净现值）步骤1

（2）对话框输入部分自动显示B1:B2及计算结果120→确定→将右下角的“填充柄”右拉到E3计算出利息。

注意，利息只算到第4年，是因为第5年还有本金，单独在其他单元格输入本金，Excel默认为其他年份而不是第5年，所以F3直接输入1 120（本金1 000+利息120）。利用Excel计算NPV（净现值）步骤2如图6-3所示。

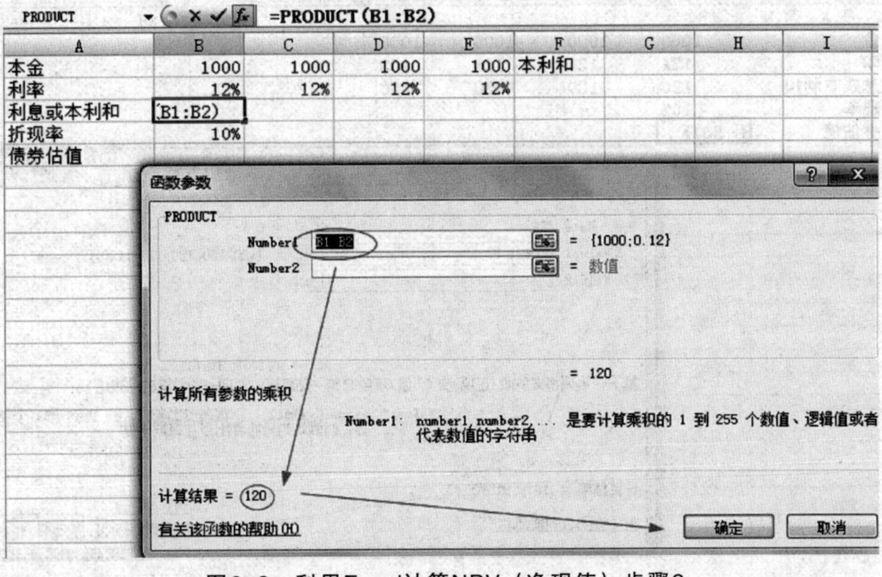

图6-3　利用Excel计算NPV（净现值）步骤2

（3）将鼠标点击B5（答案显示的位置）→选择菜单下的f_x→在选择类别中选择“财务”→在选择函数下拉菜单中选择“NPV”→确定。利用Excel计算NPV（净现值）步骤3如图6-4所示。

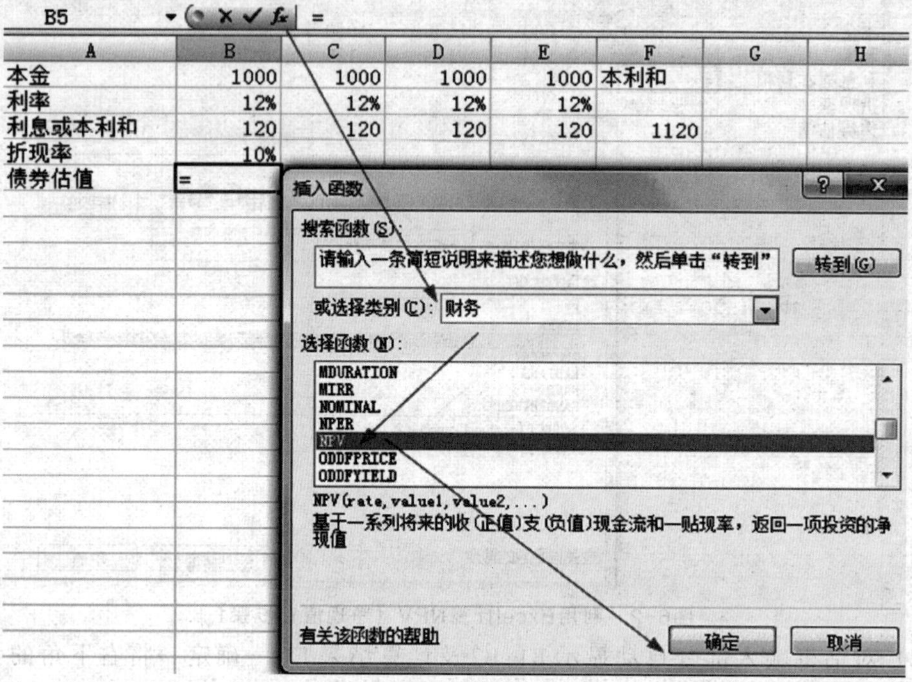

图6-4　利用Excel计算NPV（净现值）步骤3

（4）在对话框中Rate输入B4，Value1输入（B3:F3）→确定。利用Excel计算NPV（净现值）步骤4如图6-5所示。

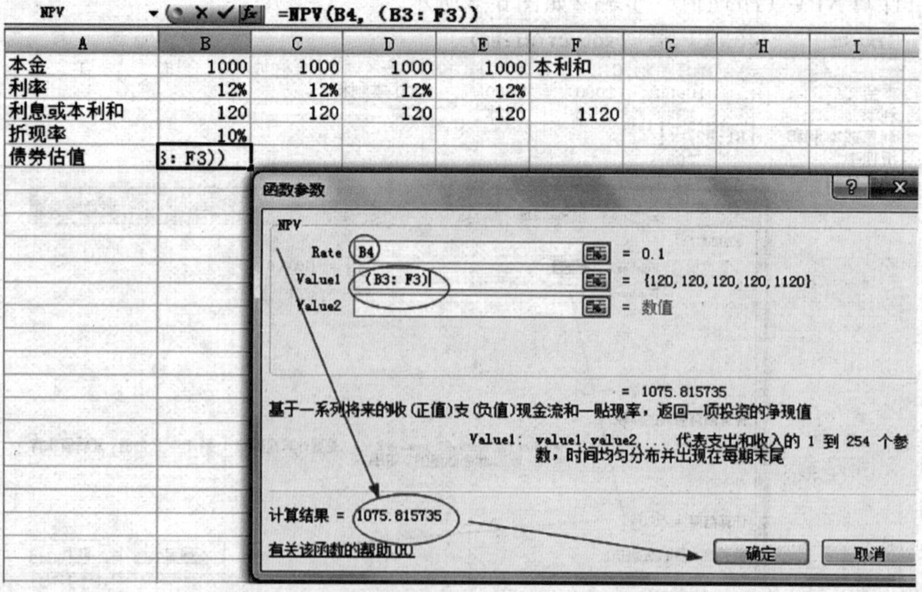

图6-5　利用Excel计算NPV（净现值）步骤4

（5）最后计算结果显示在选定的单元格里。利用Excel计算NPV（净现值）步骤5如图6-6所示。

	A	B	C	D	E	F
1	本金	1000	1000	1000	1000	本利和
2	利率	12%	12%	12%	12%	
3	利息或本利和	120	120	120	120	1120
4	折现率	10%				
5	债券估值	¥1,075.82				

图6-6　利用Excel计算NPV（净现值）步骤5

（二）到期一次还本付息债券的估价模型

到期一次还本付息债券是指在债券存续期间不支付利息，利息和本金都是债券到期时才支付。这种债券未来现金流量的时点只有一个，就是第n期期末，但到期支付的利息因计息方法的不同，其现金流量数额也不同。

1.债券利息单利计算

这种形式的债券是我国国库券常用的方式，其到期支付的利息=面值×票面利率×期限。这种债券价值的计算公式为：

$$V_b = \frac{M \cdot (1 + i \cdot n)}{(1 + R_b)^n}$$

$$= M \cdot (1 + i \cdot n) \cdot (P/F,\ R_b,\ n)$$

式中：符号含义与上面典型债券估价公式中的符号含义相同。

【例6-2】假设2023年2月1日发行的国库券面值为1 000元、票面利率为4%、期限为3年，利息以单利计算。投资者要求的收益率为4%，则国库券2023年2月1日的价值为：

$$V_b = \frac{1\,000 \times (1 + 4\% \times 3)}{(1 + 4\%)^3} \approx 995.68（元）$$

或

$$= 1\,000 \times (1 + 4\% \times 3) \times (P/F,\ 4\%,\ 3)$$

$$= 1\,120 \times 0.8890$$

$$= 995.68（元）$$

2.债券利息复利计算

在这种形式下：

债券到期支付的利息=面值×［（1+票面利率）^{期限}−1］

到期支付的本利和=面值×（1+票面利率）^{期限}

所以，其价值的计算公式为：

$$V_b = \frac{M \cdot (1 + i)^n}{(1 + R_b)^n}$$

$$= M \cdot (1 + i)^n \cdot (P/F,\ R_b,\ n)$$

式中：符号含义与上面典型债券估价公式中的符号含义相同。

【例 6-3】如果【例 6-2】中的国库券每年计息、到期支付，其他条件不变，则国库券的价值为：

$$V_b = \frac{1\,000 \times (1 + 4\%)^3}{(1 + 4\%)^3} = 1\,000\ (元)$$

（三）零息债券的估价模型

零息债券是指票面利率为零、到期偿还本金的债券。这种债券通常按折价，即低于面值的价格发行。债券未来的现金流量只有面值，流量的时点也只有一个，就是第n期期末，所以，其价值的计算公式为：

$$V_b = \frac{M}{(1 + R_b)^n} = M \cdot (P/F,\ R_b,\ n)$$

式中：符号含义与上面典型债券估价公式中的符号含义相同。

【例 6-4】某公司2023年3月1日发行面值为1 000元、期限为5年、零票面利率的债券。假设投资者要求的收益率为10%，则2023年3月1日该债券的价值为：

$$V_b = \frac{1\,000}{(1 + 10\%)^5} \approx 620.90\ (元)$$

或 $= 1\,000 \times (P/F,\ 10\%,\ 5) = 1\,000 \times 0.6209 = 620.90\ (元)$

四、影响债券估价的相关因素分析

从上述债券的估价模型可知，影响债券价值的因素主要有投资者要求的收益率、债券到期时间和未来现金流量期限结构等。下面以典型债券的估价模型为例，讨论这些因素与债券价值的关系。

（一）债券价值与投资者要求的收益率

债券价值与投资者要求的收益率呈反方向变动。当投资者要求的收益率下降时，债券价值上升，反之，则债券价值下降。

【例 6-5】仍以【例 6-1】的资料为例，但假设投资者要求的收益率为12%，则2023年1月1日该债券的价值为：

$$V_b = \frac{1\,000 \times 12\%}{(1 + 12\%)^1} + \frac{1\,000 \times 12\%}{(1 + 12\%)^2} + \frac{1\,000 \times 12\%}{(1 + 12\%)^3} + \frac{1\,000 \times 12\%}{(1 + 12\%)^4} + \frac{1\,000 \times 12\%}{(1 + 12\%)^5} + \frac{1\,000}{(1 + 12\%)^5}$$

$$=1\,000\ (元)$$

或

$$= 1\,000 \times 12\% \times (P/A,\ 12\%,\ 5) + 1\,000 \times (P/F,\ 12\%,\ 5)$$

$$= 120 \times 3.6048 + 1\,000 \times 0.5674$$

$$\approx 1000\ (元)$$

可见，与【例 6-1】相比，投资者要求的收益率从10%上升到12%，债券价值却从1 075.80元下降到1 000元。当投资者要求的收益率与票面利率相等时，债券价值也刚好与面值相等。

【例 6-6】仍以【例 6-1】的资料为例，但假设投资者要求的收益率为8%，则2023年1月1日该债券的价值为：

$$V_b=\frac{1\,000\times12\%}{(1+8\%)^1}+\frac{1\,000\times12\%}{(1+8\%)^2}+\frac{1\,000\times12\%}{(1+8\%)^3}+\frac{1\,000\times12\%}{(1+8\%)^4}+\frac{1\,000\times12\%}{(1+8\%)^5}+\frac{1\,000}{(1+8\%)^5}$$

=1 159.72（元）

或

= 1 000 × 12% ×（P/A，8%，5）+ 1 000 ×（P/F，8%，5）

= 120 × 3.9927 + 1 000 × 0.6806

≈ 1 159.72（元）

可见，与【例6-1】相比，投资者要求的收益率从10%下降到8%，债券价值却从1 075.80元上升到1 159.72元。【例6-1】和【例6-6】中投资者要求的收益率分别为10%和8%，都低于12%的票面利率，所以，债券价值均高于债券面值。

如果投资者要求的收益率高于票面利率，结果又会如何？

【例6-7】仍以【例6-1】的资料为例，但假设投资者要求的收益率为15%，则2023年1月1日该债券的价值为：

$$V_b=\frac{1\,000\times12\%}{(1+15\%)^1}+\frac{1\,000\times12\%}{(1+15\%)^2}+\frac{1\,000\times12\%}{(1+15\%)^3}+\frac{1\,000\times12\%}{(1+15\%)^4}+\frac{1\,000\times12\%}{(1+15\%)^5}+\frac{1\,000}{(1+15\%)^5}$$

≈899.46（元）

或

= 1 000 × 12% ×（P/A，15%，5）+ 1 000 ×（P/F，15%，5）

= 120 × 3.3522 + 1 000 × 0.4972

≈ 899.46（元）

可见，当投资者要求的收益率高于票面利率时，债券价值低于债券面值。

【例6-1】、【例6-5】和【例6-7】的结果可以用图6-7来表示。

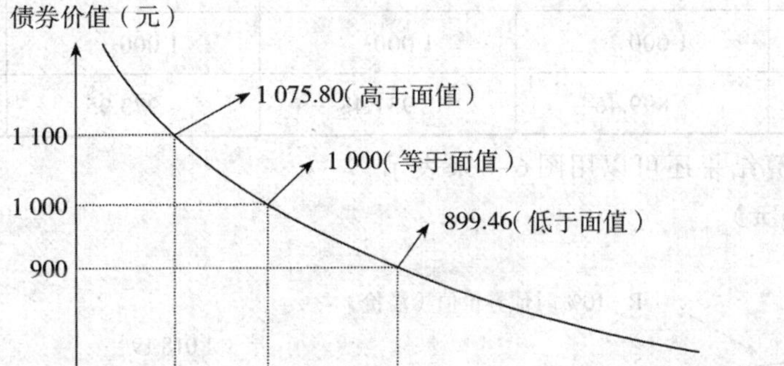

图6-7　债券价值与必要收益率关系图

通过上述分析，可以得出如下结论：

（1）当投资者要求的收益率等于票面利率时，债券价值等于面值。债券按与面值相等的价格发行，称为平价发行。

（2）当投资者要求的收益率低于票面利率时，债券价值高于面值。债券按高于面值的价格发行，称为溢价发行（premium bond）。

（3）当投资者要求的收益率高于票面利率时，债券价值低于面值。债券按低于面值的价格发行，称为折价发行（discount bond）。

(4) 债券价值与投资者要求的收益率呈反方向变动。

(二) 债券价值与到期时间

债券的到期时间是指当前日至债券到期日之间的时间间隔。债券价值不仅受投资者要求收益率的影响，而且还受到期时间的影响。在投资者要求的收益率不变的情况下，债券价值随到期时间的缩短逐渐向债券面值回归。

【例6-8】仍以【例6-1】的资料为例，但债券已过了1年，即到期时间为4年，则2024年1月1日该债券的价值为：

$$V_b = \frac{1\,000 \times 12\%}{(1+10\%)^1} + \frac{1\,000 \times 12\%}{(1+10\%)^2} + \frac{1\,000 \times 12\%}{(1+10\%)^3} + \frac{1\,000 \times 12\%}{(1+10\%)^4} + \frac{1\,000}{(1+10\%)^4}$$

$$\approx 1\,063.39\text{（元）}$$

或

$$= 1\,000 \times 12\% \times (P/A,\ 10\%,\ 4) + 1\,000 \times (P/F,\ 10\%,\ 4)$$

$$= 120 \times 3.1699 + 1\,000 \times 0.6830$$

$$\approx 1\,063.39\text{（元）}$$

同理，分别计算当投资者要求的收益率为10%、12%、15%时，到期时间为5年、3年、1年和到期日时的债券价值，结果见表6-4。

表6-4　**不同到期时间债券价值计算结果表**　金额单位：元

必要收益率	债券价值			
	5年	3年	1年	0年
10%	1 075.80	1 049.73	1 018.19	1 000
12%	1 000	1 000	1 000	1 000
15%	899.46	931.48	973.95	1 000

表6-4的计算结果还可以用图6-8来表示。

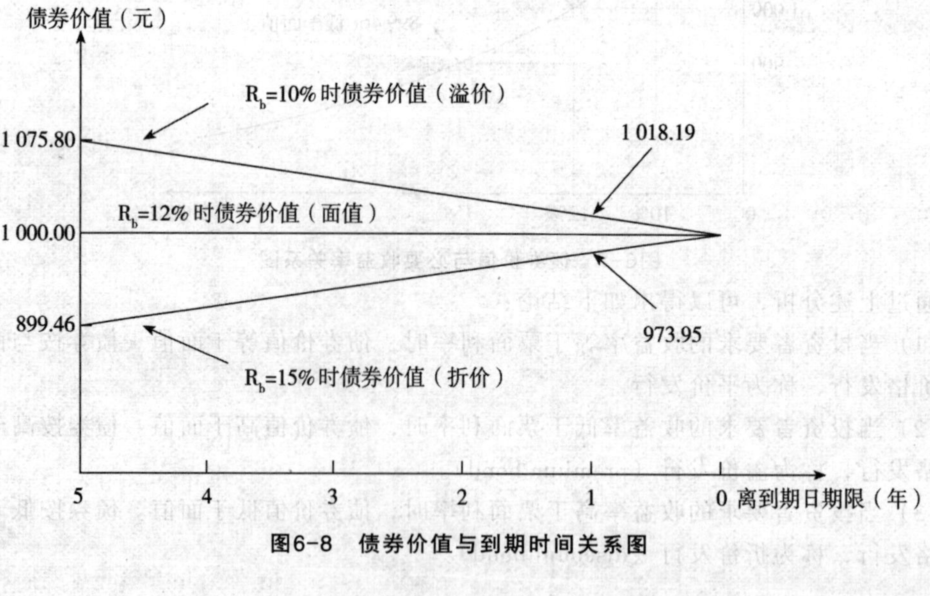

图6-8　债券价值与到期时间关系图

从表6-4和图6-8中可以得出如下结论：

（1）随着债券到期日的接近，溢价债券的价值将下降，从到期时间5年的1 075.80元降到到期日时的面值1 000元。

（2）随着债券到期日的接近，折价债券的价值将上升，从到期时间5年的899.46元上升到到期日时的面值1 000元。

（三）债券价值与现金流量期限结构

债券现金流量期限结构是指收到（或支付）利息和本金收回（或偿还）的时间。在投资者要求的收益率、到期时间相同的情况下，现金流量期限结构不同，债券价值也不同。

【例6-9】仍以【例6-1】的数据为基础进行比较，假设发行的除了A债券，还有B债券，B债券与A债券的区别是每半年付息一次，其他条件均与A债券相同。计算2023年1月1日B债券的价值。

$$B债券每半年支付的利息 = 1\,000 \times 12\% \div 2 = 60（元）$$

一共支付10期（5×2），即复利期数为10，投资者要求的收益率每半年为5%（10%÷2），即折现率为5%。

$$V_b = \frac{60}{(1+5\%)^1} + \frac{60}{(1+5\%)^2} + \cdots + \frac{60}{(1+5\%)^{10}} + \frac{1\,000}{(1+5\%)^{10}}$$

$$\approx 1\,077.20（元）$$

或

$$= 1\,000 \times 12\% \div 2 \times (P/A,\ 10\% \div 2,\ 5 \times 2) + 1\,000 \times (P/F,\ 10\% \div 2,\ 5 \times 2)$$

$$= 60 \times (P/A,\ 5\%,\ 10) + 1\,000 \times (P/F,\ 5\%,\ 10)$$

$$= 60 \times 7.7217 + 1\,000 \times 0.6139$$

$$\approx 1\,077.20（元）$$

可见，每半年付息一次债券的价值大于一年付息一次债券的价值。必须注意的是，这是溢价的情况；如果是折价的情况，结果相反。

通过上述分析，可以得出如下结论：

（1）当投资者要求的收益率低于票面利率时，债券付息期越短，债券价值越高；反之亦然。

（2）当投资者要求的收益率高于票面利率时，债券付息期越短，债券价值越低；反之亦然。

（四）债券期限与投资者要求的收益率

债券价值与投资者要求的收益率呈反方向变动。当必要收益率变动幅度相同时，不同期限债券价值的变动幅度却不一样，也就是敏感程度不相同。

【例6-10】仍以【例6-1】的数据为基础比较，假设它为A债券，另外还有C债券和D债券，C债券的期限为1年，D债券的期限为10年，其他条件与A债券相同。

当投资者要求的收益率变动时，A、C、D债券价值的计算结果见表6-5。

从表6-5的计算结果中可以看出：

当投资者要求的收益率为12%，即等于票面利率时，3种债券的价值均为1 000元，

表6-5　　必要收益率变动时不同期限债券价值计算表　　金额单位：元

投资者要求的收益率	债券价值		
	10年期	5年期	1年期
8%	1 268.41	1 159.72	1 037.04
10%	1 122.85	1 075.8	1 018.18
12%	1 000	1 000	1 000
15%	849.46	899.46	937.91
20%	664.6	760.77	933.33

等于面值。当投资者要求的收益率下降到8%时，10年期债券价值从1 000元上升到1 268.41元，上升了26.84%，而1年期债券价值仅上升了3.70%。当投资者要求的收益率上升到20%时，10年期债券价值下降了33.54%，而1年期债券价值仅下降了6.67%，5年期债券价值仅下降了23.92%。

由此，可以得出如下结论：

（1）短期债券价值对投资者要求的收益率变动反应不敏感。

（2）债券期限越长，债券价值对投资者要求的收益率变动反应越灵敏。

五、债券的期望收益率

从理论上讲，每个投资者对每一种债券要求的收益率都是不相同的。投资者最关心的是当前债券市场价格所揭示的收益率。因此，可以说，当前债券市场价格反映了投资者共同接受的期望收益率。

用当前债券的市场价格（P_0）替代债券估价（V_b），代入债券估价模型，计算出来的R_b就是市场对该债券的期望收益率（以$\overline{R}_b$表示）。期望收益率实际上是投资者持有债券至到期时的收益率，也称为到期收益率（yield to maturity，YTM）。

债券期望收益率或债券到期收益率的计算实际上是根据债券估价的公式，在已知现值，即当前债券市场价格（P_0）的情况下，求折现率$\overline{R}_b$。下面以典型债券估价模型为例来讨论，与到期一次偿还本息、零息债券的原理相同。债券当前市场价格与期望收益率的关系式为：

$$P_0 = \sum_{t=1}^{n} \frac{I_t}{(1+\overline{R}_b)^t} + \frac{M}{(1+\overline{R}_b)^n} = I_t \cdot (P/A,\ \overline{R}_b,\ n) + M \cdot (P/F,\ \overline{R}_b,\ n)$$

【例6-11】某公司面值为1 000元、票面年利率为12%的债券，当前价格为1 049.73元，还有3年到期。该债券的期望收益率是多少？

$$1\,049.73 = \sum_{t=1}^{3} \frac{1\,000 \times 12\%}{(1+\overline{R}_b)^t} + \frac{1\,000}{(1+\overline{R}_b)^3} = 1\,000 \times 12\% \times (P/A,\ \overline{R}_b,\ 3) + 1\,000 \times (P/F,\ \overline{R}_b,\ 3)$$

测试：

设$\overline{R}_b$=10%，则：

$$\sum_{t=1}^{3} \frac{1\,000 \times 12\%}{(1+10\%)^t} + \frac{1\,000}{(1+10\%)^3} = 1\,049.73$$

或

$$120 \times (P/A,\ 10\%,\ 3) + 1\,000 \times (P/F,\ 10\%,\ 3) = 120 \times 2.4869 + 1\,000 \times 0.7513 = 1\,049.73$$

用10%测试计算的现值刚好等于当前市价，所以10%就是该债券的期望收益率。

但是，用测试的收益率计算得到的现值与当前债券市场价格有时不相等，就需要进行多次测试，同时可能还要用“插值法”计算（见第4章）。当然，也可以利用Microsoft Excel的函数功能计算。

利用Excel计算IRR（内含报酬率）的方法，其计算步骤如下：

（1）打开Excel工作表输入当前价格、债券面值、票面利率→将鼠标点击C3（答案显示位置）→选择菜单下的f_x→在选择类别中选择“数学与三角函数”→在选择函数下拉菜单中选择“PRODUCT”→确定。利用Excel计算IRR步骤1如图6-9所示。

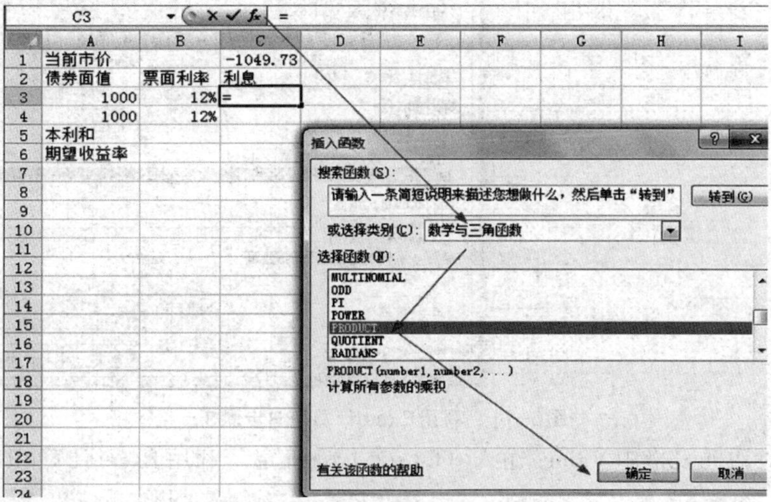

图6-9 利用Excel计算IRR步骤1

（2）对话框输入部分自动显示A3:B3及计算结果120→确定→将右下角的“填充柄”下拉到B4计算出利息。

注意，利息只算到第2年，是因为第3年还有本金，单独在其他单元格输入本金，Excel默认为其他年份而不是第3年，所以C5直接输入1 120（本金1 000+利息120）。利用Excel计算IRR步骤2如图6-10所示。

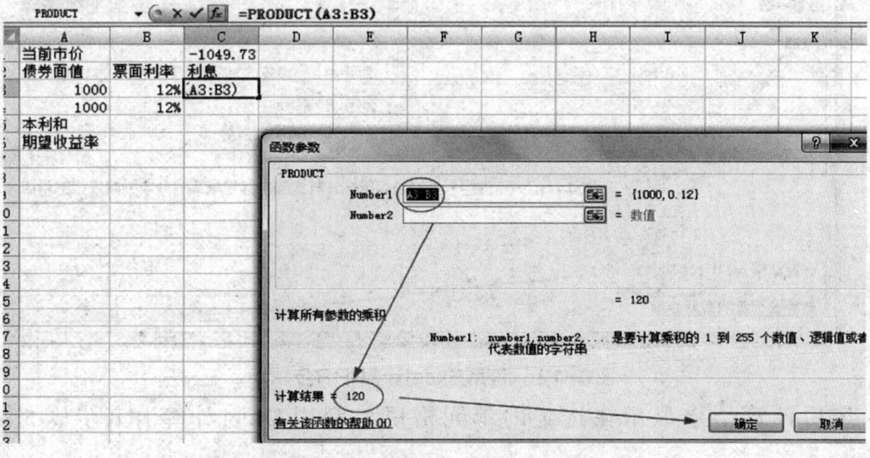

图6-10 利用Excel计算IRR步骤2

（3）将鼠标点击C6（答案显示的位置）→选择菜单下的f_x→在选择类别中选择“财务”→在选择函数下拉菜单中选择“IRR”→确定。利用Excel计算IRR步骤3如图6-11所示。

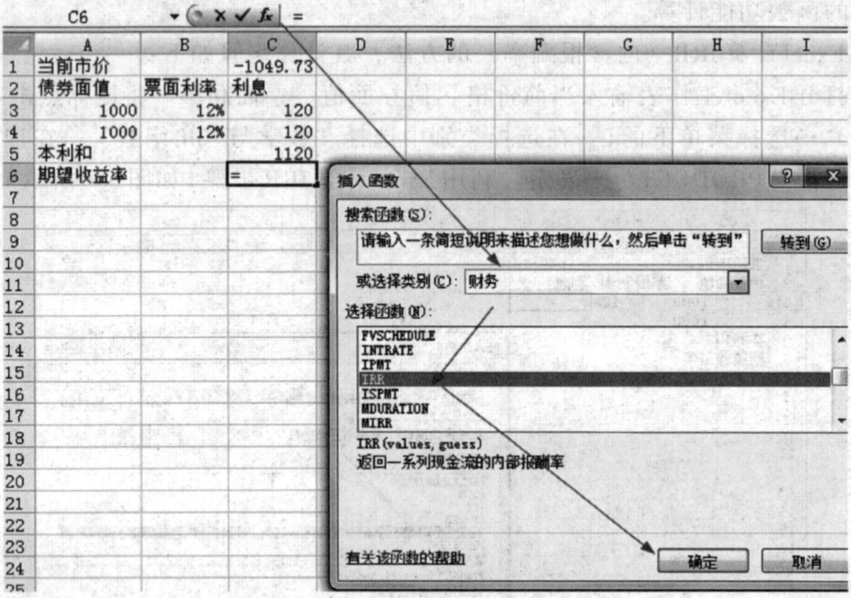

图6-11　利用Excel计算IRR步骤3

（4）在对话框表格中Values输入（C1:C5）→确定。利用Excel计算IRR步骤4如图6-12所示。

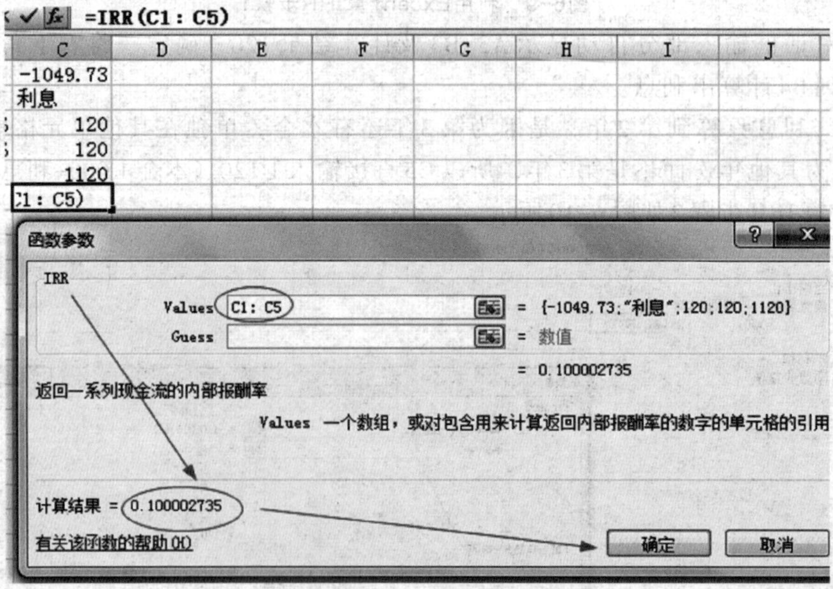

图6-12　利用Excel计算IRR步骤4

（5）最后计算结果显示在选定的单元格里。利用Excel计算IRR步骤5如图6-13所示。

E6

	A	B	C
1	当前市价		-1049.73
2	债券面值	票面利率	利息
3	1000	12%	120
4	1000	12%	120
5	本利和		1120
6	期望收益率		10%

图6-13　利用Excel计算IRR步骤5

第三节　股票估价

一、股票的基础知识

（一）股票的种类

股票（stock）是股份有限公司为筹集自有资本而发行的有价证券，是公司签发的证明股东所持股份并借以取得股利的凭证，它代表了股东对股份制公司的所有权。

按股东的权利和义务，股票分为普通股股票和优先股股票。

（1）普通股股票（common stock）是股份有限公司依法发行的，代表着股东享有平等的权利、义务，不加特别限制的股票。普通股股票是最基本的股票，具备股票的最一般特征，股东享有经营管理权、收益分享权、优先认股权和剩余资产分配权。

（2）优先股股票（preferred stock）是股份有限公司发行的，与普通股股票不同的特种股票。优先股股票持有者在股利分配和财产分配上比普通股股票持有者具有优先的权利。法律上，优先股股票持有者同样是公司的股东。但是，优先股股东的管理权限是有严格限制的，通常，其没有表决权。

（二）股票的基本要素

尽管股票有不同的种类，但都应包含一些基本的要素。

（1）股票的票面价值。票面价值也称为面额或面值，是指公司发行的股票上所标明的金额。股票的面值通常由公司创始人或发起人按自己的意愿确定，与股票当前市场价格无关。但是，优先股股票的票面价值非常重要，是优先股计算股利的基础。

（2）股票的股利。股利（dividend）是股份公司将其税后利润的一部分分给股东的投资收益。普通股股票通常没有约定的股利率，其股利率随着公司的盈利情况及股利政策等而变动；优先股股票一般在发行时就有约定的股利率，而且多数是固定的股利率。

（3）股票的到期日。股票一般都没有约定的到期日。只要公司是持续经营的，公司的股票期限就趋于无穷长，但有些优先股股票在发行时订立了赎回条款。

二、优先股估价

优先股的未来现金流量包括两部分：一是每年的股利；二是公司破产或清算时分得的现金。从理论上讲，优先股价值是未来股利和破产或清算时分得的现金按投资者要求的收益率折算的现值。在持续经营的假设下，公司破产或清算时分得的现金的现值几乎为零，因此，实际上，优先股价值是未来股利按投资者要求的收益率折算的现值。其一般估价公式为：

$$P_{ps} = \frac{D_1}{(1+R_{ps})^1} + \frac{D_2}{(1+R_{ps})^2} + \cdots + \frac{D_\infty}{(1+R_{ps})^\infty} + \frac{FV_{ps}}{(1+R_{ps})^\infty}$$

$$= \sum_{t=1}^{\infty} \frac{D_t}{(1+R_{ps})^t} + \frac{FV_{ps}}{(1+R_{ps})^\infty}$$

式中：P_{ps}表示优先股价值；

D_t表示t时间预期的优先股股利；

R_{ps}表示优先股投资者要求的收益率；

FV_{ps}表示破产或清算时优先股分得的现金。

根据优先股股利固定和没有特定到期日的特征，可知$D_1 = D_2 = \cdots = D_\infty$，$\frac{FV_{ps}}{(1+R_{ps})^\infty} \rightarrow 0$。因此，优先股估价的计算公式可以简化为：

$$P_{ps} = \frac{D}{R_{ps}}$$

优先股未来的股利可以视为永续固定现金流量。这实际上是永续年金的现值计算。

【例6-12】某公司优先股预期每年股利为每股1.8元。假设投资者要求的收益率为12%，则该优先股的价值为：

$$P_{ps} = \frac{1.8}{12\%} = 15 \text{（元）}$$

三、普通股估价

普通股的未来现金流量与优先股相似，也包括两部分：一是每年的股利；二是公司破产或清算时分得的现金。从理论上讲，普通股价值是未来股利和破产或清算时分得的现金按投资者要求的收益率折算的现值。在持续经营的假设下，公司破产或清算时分得的现金的现值几乎为零。因此，实际上，普通股价值是未来股利按投资者要求的收益率折算的现值。其一般估价公式为：

$$P_{cs} = \frac{D_1}{(1+R_{cs})^1} + \frac{D_2}{(1+R_{cs})^2} + \cdots + \frac{D_\infty}{(1+R_{cs})^\infty} + \frac{FV_{cs}}{(1+R_{cs})^\infty}$$

$$= \sum_{t=1}^{\infty} \frac{D_t}{(1+R_{cs})^t} + \frac{FV_{cs}}{(1+R_{cs})^\infty}$$

式中：P_{cs}表示普通股价值；

D_t表示t时间预期的普通股股利；

R_{cs}表示普通股投资者要求的收益率，可以根据资本资产定价模型确定；

FV_{cs}表示破产或清算时普通股分得的现金。

普通股与优先股一样，也没有特定的到期日，所以也有$\frac{FV_{cs}}{(1+R_{cs})^{\infty}} \to 0$，由此得出普通股估价的基本公式为：

$$P_{cs} = \frac{D_1}{(1+R_{cs})^1} + \frac{D_2}{(1+R_{cs})^2} + \cdots + \frac{D_{\infty}}{(1+R_{cs})^{\infty}} = \sum_{t=1}^{\infty} \frac{D_t}{(1+R_{cs})^t}$$

但是，普通股与优先股的现金流量特征不同，普通股股利不一定是固定的，可能会随着公司盈利的增长而增长，所以，普通股估价模型因股利不同而不同。

（一）零增长股利的股票估价模型

零增长股利的股票是指公司股利预期增长率为零，即股利保持某一水平固定不变的股票，故也称为固定股利的股票，可表示为$D_1 = D_2 = \cdots = D_{\infty}$。这种普通股未来的股利可以视为永续固定现金流量。与优先股估价类似，零增长股利的计算实际上是永续年金的现值计算问题。其估价计算公式为：

$$P_{cs} = \frac{D}{R_{cs}}$$

【例6-13】某公司普通股股票预计每年发放的股利为3元/股，假设该股票的β值为1.125，无风险收益率为6%，市场组合期望收益率为14%，则该普通股股票的价值为多少？

投资者要求的收益率 = 6% + 1.125 ×（14% − 6%）= 15%

该普通股股票的价值 = $\frac{3}{15\%}$ = 20（元）

（二）固定股利增长率的股票估价模型

固定股利增长率的股票是指公司的股利每年以一个固定不变的比例增长的股票。假设股利年增长率为g，则各期股利的关系是：

$$D_1 = D_0 \cdot (1+g)$$

$$D_2 = D_1 \cdot (1+g) = D_0 \cdot (1+g)^2$$

$$D_3 = D_2 \cdot (1+g) = D_0 \cdot (1+g)^3$$

以此类推：

$$D_{\infty} = D_0 \cdot (1+g)^{\infty}$$

因此，这种股票估价的计算公式为：

$$P_{cs} = \frac{D_0(1+g)^1}{(1+R_{cs})^1} + \frac{D_0(1+g)^2}{(1+R_{cs})^2} + \frac{D_0(1+g)^3}{(1+R_{cs})^3} + \cdots + \frac{D_0(1+g)^{\infty}}{(1+R_{cs})^{\infty}} = \sum_{t=1}^{\infty} \frac{D_0(1+g)^t}{(1+R_{cs})^t}$$

这是等比系列求和计算公式，可以简化为：

$$P_{cs} = \frac{D_1}{R_{cs} - g} \cdot \left[1 - \left(\frac{1+g}{1+R_{cs}}\right)^n\right]$$

当$n \to \infty$，$R_{cs} > g$，$0 < \frac{1+g}{1+R_{cs}} < 1$，$\left(\frac{1+g}{1+R_{cs}}\right)^n \to 0$计算公式可进一步简化为：

$$P_{cs}=\frac{D_1}{R_{cs}-g}=\frac{D_0(1+g)}{R_{cs}-g}$$

【例6-14】某公司普通股刚发放了上一年的股利，每股2元，预期股利年增长率为5%。假设投资者要求的收益率为15%，计算该普通股的价值。

刚发放了上一年的股利，每股2元，即 $D_0=2$，则：

$$D_1=2\times(1+5\%)=2.1\text{（元）}$$

$$P_{cs}=\frac{2.1}{15\%-5\%}=21\text{（元）}$$

（三）股票估价分段模型

公司在其生命周期的不同时期会有不同的发展速度，股利政策在不同时期也经常发生变化，因此，股利也会变动。常见的如股利在一段时间高速增长，在另一段时间可能固定比例增长或零增长，这样，普通股估价就需要分段计算，其计算公式为：

$$P_{cs}=\sum_{t=1}^{n}\frac{D_0(1+g_1)^t}{(1+R_{cs})^t}+\sum_{t=n+1}^{\infty}\frac{D_n(1+g_2)^{t-n}}{(1+R_{cs})^{t-n}}\cdot\frac{1}{(1+R_{cs})^n}$$

式中：g_1表示第1阶段的股利年增长率；

g_2表示第2阶段的股利年增长率；

n表示第1阶段的时间；

D_n表示第1阶段最后1期的股利；

其他符号含义与上面相同。

在$\sum_{t=1}^{n}\frac{D_0(1+g_1)^t}{(1+R_{cs})^t}+\sum_{t=n+1}^{\infty}\frac{D_n(1+g_2)^{t-n}}{(1+R_{cs})^{t-n}}\cdot\frac{1}{(1+R_{cs})^n}$中，如果$g_2$为零，即第2阶段的股利是零增长股利（或称固定股利），则其属于永续年金形式，普通股股票估价计算公式则为：

$$P_{cs}=\sum_{t=1}^{n}\frac{D_0(1+g_1)^t}{(1+R_{cs})^t}+\frac{D_{n+1}}{R_{cs}}\cdot\frac{1}{(1+R_{cs})^n}$$

【例6-15】某公司是一个高速发展的公司，预计未来3年股利年增长率为10%，之后固定股利为每年2.7元/股。公司刚发放了上一年的普通股股利，每股2元。假设投资者要求的收益率是15%，计算该普通股的价值。

$$D_1=2\times(1+10\%)=2.2\text{（元）}$$

$$D_2=2\times(1+10\%)^2=2.42\text{（元）}$$

$$D_3=2\times(1+10\%)^3=2.662\text{（元）}$$

$$P_{cs}=\frac{2.2}{(1+15\%)^1}+\frac{2.42}{(1+15\%)^2}+\frac{2.662}{(1+15\%)^3}+\frac{2.7}{15\%}\times\frac{1}{(1+15\%)^3}\approx17.33\text{（元）}$$

四、市盈率估价法

市盈率估价法就是用公司预计的净利润（EAT）或每股收益（EPS）乘以公司股票的市盈率（P/E）来估计普通股股票的总价值或每股价值的方法。在实践中，这一方法常常被广泛地运用于上市公司普通股股票的估价。

在没有发行优先股的情况下，普通股股票的估值公式为：

普通股股票总值=净利润×市盈率

普通股股票每股价值=每股收益×市盈率

【例6-16】2019年7月光大证券对科创板南微医学（688029）IPO的股票估值[①]。

（1）盈利预测

南微医学是国内内镜诊疗耗材领域的龙头企业。该公司2018年实现收入9.22亿元，归母公司的净利润为1.93亿元，分别同比增长44%和90%；2013—2018年收入和归母公司的净利润复合年均增长率分别高达40%和50%；2018年每股收益1.45元。保守估计，2018年全国内镜诊疗耗材市场规模达34亿元。如果达到2009年美国的普及水平，全国内镜诊疗耗材市场规模将达到100亿元以上。该公司的盈利预测见表6-6。

表6-6　　南微医学盈利预测表

项目 \ 年份	2019年		2020年		2021年	
	本年数	同比增长	本年数	同比增长	本年数	同比增长
收入	12.3亿元	33%	16.1亿元	31%	20.9亿元	30%
归母公司的净利润	2.70亿元	40%	3.51亿元	30%	4.46亿元	27%
每股收益	2.03元/股		2.64元/股		3.35元/股	

数据来源：东方财富网（http：//data.eastmoney.com）。

（2）估计市盈率

以经营同类高值耗材的4家上市公司作为可比公司，这4家公司所处行业均稳健增长。可比公司2019年平均市盈率为40倍。详细数据见表6-7。

表6-7　　可比公司市盈率

公司名称	市盈率			
	2018年	2019年预计	2020年预计	2021年预计
大博医疗	40	32	26	20
开立医疗	41	32	25	19
健帆生物	66	48	36	28
欧普康视	65	48	36	27
可比公司平均	53	40	31	24

数据来源：WIND数据库。

（3）股票估价

考虑到南微医学所在的内镜诊疗行业正在快速发展，确定南微医学2019年市盈率为35~45倍，对应股价为71~91元（2.03×35~2.03×45）。

① 数据来源：东方财富网（http：//data.eastmoney.com）。

（4）确定发行价格

该股票发行采用战略配售、网下询价配售及网上发行相结合方式进行。发行人与主承销商根据初步询价的结果，综合考虑发行人基本面、所处行业、市场情况、可比公司估值水平、募集资金需求等因素，协商确定发行价格为52.45元/股。

有多家券商发布对南微医学的估值。其中，西南证券估计南微医学的市盈率为26~40倍，股价区间落在55.4~85.2元；东海证券估计南微医学的市盈率区间位于24~30倍，股价区间位于51.25~64.06元；国盛证券、东莞证券则分别估计其市盈率为30~35倍和22.37~40.71倍，股价区间分别在64.12~74.81元与47.42~86.31元。

五、股票的期望收益率

正如计算债券的期望收益率一样，用当前股票的市场价格替代股票的内在价值，代入股票估价模型，计算出来的折现率就是市场对该股票的期望收益率。它反映了投资者共同接受的期望收益率。

（一）优先股股票的期望收益率

将当前优先股的市场价格（P_0）替代优先股股票估价（P_{ps}）所计算出来的折现率（R_{ps}）就是市场对该股票的期望收益率（$\bar{R}_{ps}$）。

优先股股票期望收益率的计算实际上是根据优先股股票估价的公式，在已知现值，即当前优先股市场价格（P_0）的情况下，求折现率$\bar{R}_{ps}$。优先股股票市场价格与期望收益率的关系式为：

$$P_0 = \frac{D}{\bar{R}_{ps}}$$

由此推出优先股股票期望收益率的计算公式为：

$$\bar{R}_{ps} = \frac{D}{P_0} \times 100\%$$

【例6-17】某公司优先股股票的当前市价为15元，预计每年发放的股利为1.8元/股，则该优先股股票的预期收益率为：

$$\bar{R}_{ps} = \frac{1.8}{15} \times 100\% = 12\%$$

（二）普通股股票的期望收益率

与优先股同理，将当前普通股股票的市场价格（P_0）替代普通股股票估价（P_{cs}）所计算出来的折现率（R_{cs}）就是市场对该股票的期望收益率（$\bar{R}_{cs}$）。

普通股股票期望收益率的计算实际上是根据普通股股票估价的公式，在已知现值，即当前普通股市场价格（P_0）的情况下，求折现率$\bar{R}_{cs}$。普通股股票由于股利不同而有不同的估价模型，所以，期望收益率的计算公式也就不一样了。

（1）零增长股利的股票，其当前市价与期望收益率的关系式为：

$$P_0 = \frac{D}{\bar{R}_{cs}}$$

由此推出普通股股票期望收益率的计算公式为：

$$\bar{R}_{cs}=\frac{D}{P_0}\times 100\%$$

这与优先股的计算方法相同。

（2）固定股利增长率的股票，其当前市价与期望收益率的关系式为：

$$P_0=\frac{D_1}{\bar{R}_{cs}-g}=\frac{D_0(1+g)}{\bar{R}_{cs}-g}$$

由此推出普通股股票期望收益率的计算公式为：

$$\bar{R}_{cs}=\frac{D_1}{P_0}\times 100\%+g=\frac{D_0(1+g)}{P_0}\times 100\%+g$$

这就是著名的戈登模型。

【例6-18】某公司普通股股票刚发放了上一年的股利，每股2元，预计股利年增长率为5%，当前市价为21元，则该股票的期望收益率为：

$$\bar{R}_{cs}=\frac{2\times(1+5\%)}{21}\times 100\%+5\%=15\%$$

（3）分段估价的股票，其当前市价与期望收益率的关系式为：

$$P_0=\sum_{t=1}^{n}\frac{D_0(1+g_1)^t}{(1+\bar{R}_{cs})^t}+\sum_{t=n+1}^{\infty}\frac{D_n(1+g_2)^{t-n}}{(1+\bar{R}_{cs})^{t-n}}\cdot\frac{1}{(1+\bar{R}_{cs})^n}$$

这时求折现率 $\bar{R}_{cs}$ 就需要采用多次测试法和插值方法，也可以利用Excel的函数功能计算。

财务管理中的商业伦理　　次贷危机的罪魁祸首去哪儿了？

十几年前次贷危机在美国发生，初起之时，人们以为那只是房地产的局部危机，但想不到引发了2008年燎原大火的美国总体金融危机，成为震撼全球的金融海啸。

房屋次贷造成的直接损失其实并不很大（据美联储最初的估计大约只是0.1万亿美元）。但是，引发金融海啸的一项重要金融产品——金融衍生品，总额却达到400万亿至530万亿美元（美国2007年的GDP总值还不到14万亿美元）。为什么区区的0.1万亿美元会“发展”成400万亿至530万亿美元呢？

这是因为一连串的高风险“玩火”行为，主要有四类：次贷原创者、次贷证券化者、证券风险评估者、风险对冲者。

①次贷原创者是第一个祸首，他们把大量次贷借给信用差、风险高的人，为了引诱人来借次贷，耍了种种误导性的花招，造成巨大的违约风险。当借款人大量违约之后，次贷原创者是第一个陷入危机的。

②次贷证券化者是第二个祸首。它们汇聚了分散的次贷，给这些“次品”进行证券化打包，玩“偷梁换柱”的把戏，让次等贷款变成优等债券，而且用了30倍左右的杠杆，制造出大于次贷30倍的债券，使这些有毒资产膨胀泛滥。

③证券风险评估者是第三个祸首。通过他们的“专业”评级，那些原本风险很大的次等债券却被贴上优等的标签。

④风险对冲者是第四个祸首，是他们把次贷最终变成了“原子弹”。

风险对冲者是保险公司，次贷证券化者向它们买风险保险，以便在次贷证券出现违约时能够得到赔偿。由于太多的证券出现了违约，这些保险公司无力赔偿，也要陷入破产。风险对冲保险是一种创新的金融衍生品，于20世纪90年代迅猛发展起来。当时是去管制风靡的时代，衍生品完全不受管制，发行的数额、使用的杠杆都是不透明的。一位勇敢的英雄是美国商品期货交易委员会1997至1999年的主席布鲁克斯蕾·邦，她当时意识到新发展起来的金融衍生品存在问题，要求国会批准让商品期货交易委员会来监管，但遭到国会的拒绝。1999年，国会通过法案禁止商品期货交易委员会监管金融衍生品，布鲁克斯蕾·邦不得不辞职。金融危机后的2009年，布鲁克斯蕾·邦获得了“勇者剪影奖”，表彰她指出金融衍生品问题的勇气。

次贷危机的罪魁祸首是否受到了应有的惩罚呢？从公司的层面看，很多祸首受到了各种惩罚。有的公司破产了，有的公司被政府接管，更多的被罚款。从个人的层面看，受到惩罚的极少，只有极少几个人被罚款、被禁止担任金融公司的高管。

资料来源：尹伊文．次贷危机的罪魁祸首去哪儿了［EB/OL］．［2017-09-07］．http：//www.infzm.com/contents/128740？source=202&source_1=128739.

重要术语

持续经营价值（going-concern value）
清算价值（liquidation value）
账面价值（book value）
市场价值（market value）
内在价值（intrinsic value）
债券（bond）
抵押债券（mortgage bond）
担保债券（secured bond）
信用债券（debenture）
无抵押（或无担保）债券（unmortage/unsecured bond）
零息或低息债券（zero and very low coupon bond）
票面价值（par value）
票面利率（coupon interest rate）
债券期限（maturity）
债券契约（indenture）
国家主权信用评级（sovereign rating）
溢价发行（premium bond）
折价发行（discount bond）
到期收益率（yield to maturity，YTM）

股票（stock）
普通股股票（common stock）
优先股股票（preferred stock）
股利（dividend）

本章小结

本章介绍了证券估值的原理和方法。第一节介绍了证券估值的基本原理，即证券价值就是证券预期未来现金流量的现值。第二节介绍了债券和债券估值，债券的基本要素包括面值、票面利率、期限与契约。债券估值的原理是将债券利息和本金折现值累加，$V_b = \sum_{t=1}^{n} \frac{I_t}{(1 + R_b)^t} + \frac{M}{(1 + R_b)^n}$。

本章第三节介绍了股票和股票估值，股票分为普通股和优先股，优先股为固定股利，优先股估值实际上就是永续年金的现值计算，$P_{ps} = \frac{D}{R_{ps}}$。普通股估值因股利不同而不同，零增长股利模型的估值公式为 $P_{cs} = \frac{D}{R_{cs}}$，固定股利增长率的股票估值公式 $P_{cs} = \frac{D_1}{R_{cs} - g} = \frac{D_0(1 + g)}{R_{cs} - g}$，两阶段股利模型估值公式 $P_{cs} = \sum_{t=1}^{n} \frac{D_0(1 + g_1)^t}{(1 + R_{cs})^t} + \sum_{t=n+1}^{\infty} \frac{D_n(1 + g_2)^{t-n}}{(1 + R_{cs})^{t-n}} \cdot \frac{1}{(1 + R_{cs})^n}$。

复习与思考

1. 债券估值的原理是什么？如何对不同类型的债券进行估值？
2. 普通股估值的原理是什么？如何对不同股利政策的股票进行估值？
3. 假设某债券面值是100元，票面利率是10%，5年后到期，投资者要求的收益率为10%，那么该债券的价值是多少？如果要求收益率从10%提高到12%，那么该债券的价值又是多少？
4. 假设某公司刚刚支付了每股0.50元的股利。该公司预计将每年增加2%的股利。假设要求回报率为15%，那么该股票的价格应该是多少？
5. 假设某公司预计今后3年预期股利将以每年25%的速度增长，其后增长率下降到每年7%。假设要求收益率为11%，而且公司当前支付每股2.25元的股利，求当前的股票价格。

二维码6-1　复习与思考参考答案

拓展阅读

二维码6-2 垃圾债券

二维码6-3 A股全面实行股票发行注册制正式实施

第七章　投资决策（上）

学习目标

1. 了解投资的基本知识；
2. 认识资本预算的概念和程序；
3. 掌握资本预算中现金流量估算的方法。

教学重点与难点

教学重点：

资本预算评价方法。

教学难点：

现金流量估算、内含报酬率法。

引例：谷歌开发AI模型Gemini

谷歌在2023年5月的全球开发者大会上公布了他们正在开发的一款名为Gemini的大型语言模型。与OpenAI的GPT-4相似，Gemini具备理解和生成对话文本的能力，同时还能像Midjourney一样生成图像。为了赶超竞争对手OpenAI等，谷歌母公司Alphabet的首席执行官桑达尔·皮查伊（Sundar Pichai）采取了合并旗下两个不同文化的人工智能团队的举措。

谷歌正在开发的Gemini是一项重要的机器学习模型，由数百人参与开发。该模型在谷歌的YouTube视频转录大型语料库中进行了训练，但也可以集成视频和音频数据，使其具备多模态能力。许多研究人员认为这是人工智能的下一个前沿。例如，基于YouTube视频训练的Gemini模型可以帮助机械师根据视频诊断汽车维修问题，还可以根据用户的网站或应用程序草图生成软件代码。尽管OpenAI已经测试了类似的功能，但尚未正式推出。

利用YouTube内容还可以帮助谷歌开发更先进的文本到视频软件，根据用户的内容描述自动生成详细的视频，类似于谷歌支持的初创公司RunwayML正在开发的技术。这一发展引起了好莱坞和内容创作者的密切关注。

在项目早期，谷歌团队面临一个问题，就是选择使用谷歌Brain的软件还是DeepMind的软件，因为两个团队维护着完全独立的代码库。最终，他们决定在Gemini的早期阶段使用谷歌Brain团队的Pax软件进行预训练，而在后期阶段使用DeepMind团队开发的Core Model Strike软件。这一决定安抚了每个团队的研究人员，但也引起了一些不愿意使用不熟悉软件的人的不满。

据知情人士透露，参与Gemini项目的联合创始人塞吉·布林（Sergey Brin）一直在对这些模型进行自己的评估，并协助其训练。当团队发现Gemini模型存在潜在的攻击性内容时，布林也参与了重新培训模型的技术决策。目前，谷歌方面尚未对此作出评论。

资料来源：佚名. 赶超OpenAI有望？谷歌秋季发布AI模型Gemini，创始人亲自操刀［EB/OL］.［2023-08-16］. https：//view. inews. qq. com/k/20230816A02RE400？ No - redirect=1&web_channel=wap&openApp=false.

因而，不妨带着几个问题去阅读本章：谷歌在选择投资项目时，是如何进行分析和决策的？企业进行投资决策时应该考虑哪些因素？如何对投资项目进行评估？

财务管理原则的运用

原则一：货币时间价值——今天收到的一元钱比将来收到的一元钱更值钱。

原则二：决定一切的是现金流量，而非会计盈余。

原则三：增加的现金流量——只有变量才有意义。

原则四：竞争市场的诅咒——为何难以找到一个异常有利可图的项目？

投资是企业创造价值的源泉。长期投资项目的投资额大、风险高、影响时间长，并对企业长期获利能力有决定性的影响。长期投资决策在企业财务管理中具有重要地位。本章所讨论的主要是对企业长期投资进行分析决策的过程，也称为资本预算。

第一节　投资概述

一、投资的概念与特征

投资，是指特定经济主体（包括国家、企业和个人）为了在未来可预见的时期内获得收益或使资金增值，在一定时机向一定领域的标的物投放足够数额的资金或实物等货币等价物的经济行为。从特定企业的角度看，投资就是企业为获取收益而向一定对象投放资金的经济行为。

投资的概念有广义和狭义之分。广义的投资包括企业内部资金的投放和使用，以及对外投出资金；狭义的投资仅指对外投出资金。

从财务的角度讲，投资具有以下特征：

（1）财力上的预付性。投资是在实际经营活动进行之前发生的，具有预付款的性质。这种预付款只有在投资形成生产经营能力或投资实际运转后才能收回。

（2）时间上的选择性。投资并不是随时进行的，只有在客观上存在投资的条件，即有投资的可能和必要时，投资时机才真正到来。

（3）空间上的流动性。在投资的过程中，大到跨国投资，小到企业间投资，投出的资金会在空间上流动，投出的资金转化成的实物和证券等也会产生形态上的流动。

（4）目标上的收益性。尽管各个具体的投资在目的上不尽相同，但是这些投资的最终目标和长远目标都是为了取得投资收益。

（5）收益上的不确定性。尽管投资都是为了获取收益，但收益只是在未来才能获得的，最终收益是多少事先难以确定。

（6）回收上的时限性。由于货币时间价值的存在，投资不仅要收回，而且要及时收回。

（7）效果上的综合性。企业能否把财务资源投放到收益高、回收快、风险小的项目上去，对企业的生存和发展是十分重要的。企业进行投资是取得利润的基本前提、是发展生产和经营的必要手段，也是降低风险的重要途径。

二、投资的种类

为了加强投资管理，提高投资效益，必须分清投资的性质，对投资进行科学的分类。根据不同的分类标准，企业投资可分为不同的种类。

1.直接投资和间接投资

按投资与企业生产经营的关系，投资可分为直接投资和间接投资。直接投资是指把资金投放于生产经营性资产以获取利润的投资。在非金融企业中，直接投资所占比重很大。间接投资又称证券投资，是指把资金投放于证券等金融资产，以取得股利或利息收入等的投资。随着我国金融市场的完善和多渠道筹资的形成，企业间接投资将越来越广泛。

2.长期投资与短期投资

按投资回收时间的长短，投资可分为短期投资和长期投资。短期投资又称流动资产投资，主要指对现金、应收账款、存货、短期有价证券等的投资，长期有价证券如能随时变现亦可用于短期投资。长期投资则是指1年以上才能收回的投资，主要指对厂房、机器设备等固定资产的投资，也包括对无形资产和长期有价证券的投资。由于长期投资中固定资产占的比重最大，所以，长期投资有时专指固定资产投资。

3.对内投资和对外投资

根据投资方向的不同，投资可分为对内投资和对外投资。对内投资是指把资金投放在企业内部，购置各种生产经营用资产的投资。对外投资是指以现金、实物、无形资产等方式，或者以购买股票、债券等有价证券方式向其他单位的投资。对内投资都是直接投资，对外投资主要是间接投资，也可以是直接投资。随着企业横向经济联合的开展，对外投资越来越重要。

4.初始投资和后续投资

根据投资在再生产过程中的作用，投资可分为初始投资和后续投资。初始投资是在建立新企业时所进行的各种投资。它的特点是投入的资金形成企业的原始投资，为企业的生产、经营创造必要的条件。后续投资是指为巩固和发展企业再生产所进行的各种投资，主要包括为维持企业简单再生产所进行的更新性投资、为实现扩大再生产所进行的追加性投资、为调整生产经营方向所进行的转移性投资等。

5.独立投资、互斥投资和互补投资

按投资项目之间的相互关系，投资可以分为独立投资、互斥投资和互补投资。

独立投资（independent investment）也称非相关投资，是不会因其他投资的采纳或放弃而受到影响的投资。例如，购置机器和建造厂房是各自独立投资的项目，它们之间存在相互依赖关系，但不能相互取代。此时，只要独立投资项目本身可行，即可以接受。对于评价独立项目在经济上是否可行，主要是判别该项目是否能达到经济可行的最低（基准）标准，不涉及项目之间的比较选优问题。只要资金总量没有限制，项目又在经济上可行，那么多个独立投资项目就可以同时进行，而不会产生矛盾。

互斥投资（mutually exclusive investment）也称互不相容投资，是指采纳或放弃某一项投资就会显著地影响其他投资，或者其他投资的采纳或放弃会使某一项投资受到显著的影响。例如，如果某公司正在考虑投资于两个计算机系统中的一个，那么选择其中一个系统就意味着放弃另外一个系统。因此，互斥投资有取必有舍，不能并存。在对互斥投资项目进行具体评价时，要研究替代项目各自的经济合理性，更为重要的是通过对项目经济效益的比较，解决选优问题。

互补投资（supplementary investment）是指可同时进行、相互配套的投资，如港口和码头、油田和油管都属互相补充的投资。

这种投资分类与投资决策密切相关——对于独立投资无须考虑其他投资的影响，对于互斥投资必须在多种投资方案中做出选择，对于互补投资必须考虑各种投资方案的相互配套。就这三种投资类型的风险、收益来说，独立投资的风险、收益是独立的，互斥投资的风险、收益不仅是独立的，还取决于投资项目的正确选择，互补投资的风险、收益与各配套项目是否能有效互相补充相联系。

三、投资原则

在确立投资原则时，均要考虑安全性、流动性和收益性。安全性是指投资活动能够保全资金、保证收益和避免投资风险的程度。安全性的高低往往与投资风险成反比。企业要追求安全性较高的投资，就要以放弃一定的收益为代价。流动性是指在资产不发生损失的情况下，投资能够在短时间内变换成现金的能力。收益性是指投资活动带来经营收益、股息和利息等收入能力的大小。投资收益的大小往往与投资风险的高低有密切的联系。一般情况是风险越高，投资者要求取得的报酬也越高。

从根本上看，这三个原则之间都有一致的地方：安全性高，就保障了一定的收益性；收益性和安全性高的，也易于随时变现，这就带来了很高的流动性。但是，同一种资产是不会兼备高收益性、高安全性和高流动性的，这样就会遇到三个原则要求相互矛盾的情况。例如，企业扩大流动资产投资的比重，会有利于提高安全性和流动性，但会减少盈利；同样，企业进行大量长期投资，盈利会增加，但流动性与安全性会明显下降。这就要在收益性、安全性和流动性之间寻求一种动态平衡，即在保证资产安全性和流动性的前提下，追求最大限度的盈利。由此可见，流动性是安全性的前提，安全性是盈利性的基础，盈利性是安全性与流动性的最终目标。

第二节 资本预算的概念、特点和程序

一、资本预算的概念

资本预算（capital budgeting）是指对能给企业带来满意的现金流和收益率的投资项目进行评估、比较和筛选时所采用的方法和步骤。资本预算是一种必要的管理工具，在企业财务管理过程中占有非常重要的地位。它所涉及的项目通常要支出大量资金，对企业会产生较长时间的影响。一项资本预算决策的正确，将会使企业在竞争中处于优势地位，增加企业的价值；而一项资本预算决策的失误，则会给企业带来重大损失，影响企业的财务状况和现金流量，甚至造成企业破产清算。所以，企业必须十分重视资本预算决策的制定与实施。为此，企业必须综合考虑资金的时间价值、投资的风险报酬、资金的资本成本以及现金流量等问题，并采取适当的指标来评价投资项目的预期效益。

二、资本预算的特点

（1）影响时间长。长期投资项目发挥作用的时间比较长，投入的资金需要几年、十几年，甚至几十年才能收回。因此，长期投资对企业今后长期的经济效益，甚至对企业的命运具有决定性的影响。

（2）投资数额大。企业投资所需资金数额多少不等，但就企业内部长期投资而言，所需资金一般较多。因此，长期投资对企业的现金流量和财务状况有很大的影响。

（3）发生频率低。与短期投资相比，长期投资的发生不太频繁，特别是大规模的长期投资。这就使财务人员有比较充足的时间对长期投资进行可行性研究。

（4）变现能力差。长期投资项目一旦完成，要想改变是相当困难的，不是无法实现，就是代价太大。这是因为，厂房和机器设备等固定资产以及其他长期资产的变现能力较差，用途也不易改变。

鉴于长期投资的上述特点，企业在进行长期投资之前应首先对投资项目进行分析评价，从经济效益的角度分析投资项目的可行性，以便做出合理的决策。

三、资本预算的一般程序

资本预算涉及的主要是企业的内部长期投资决策。资本预算本身所固有的特点，在很大程度上决定了资本预算的一般程序。作为企业重要决策组成部分的资本预算，其制定与实施需要经过一个组织化的过程。资本预算必须包括项目投资的各个阶段，即事前决策、事中实施和事后监督与评价。

资本预算的一般程序包括：

1.寻找并确定投资机会

在企业中，各个部门、各个级别的管理人员都会提出相应的资本性支出建议。例如，新产品开发建议通常是由营销部门提出的，而固定资产更新建议通常是由生产部门提出的。无论是哪个部门提出的投资建议，都需要高效的管理信息系统，以保证相关信息的传递，而且，各种投资建议都必须与企业的战略相一致，以避免对那些与公司战略相矛盾的投资项目进行不必要的分析。例如，处于竞争环境中的高科技企业可能不会愿意降低研究与开发支出，以实现短期内的高利润。

2.估测各个投资项目的收益、成本和风险

企业在确定了投资机会可行之后，下一步就是分析、估测各个投资机会的成本与收益，并考虑与此相关的风险，为选择投资项目提供财务数据。企业必须充分认识到，准确地估测投资项目的成本与收益是非常费时的过程，而且可能是资本预算决策过程中最困难的一个部分，因为所有的估测都是建立在假设的基础之上的，可能与现实有很大的出入。

3.选择投资项目

在获取各个投资项目的收益、成本和风险资料之后，企业就可以选用一定的财务评价指标，对各个投资项目的风险与报酬做出评估，从而选择最有利的投资项目。这里，选择投资项目的基本原则仍然是使投资项目的投资报酬率大于或等于企业资金的边际资本成本。

在选择投资项目的过程中，还会存在一个组织结构上的问题，即谁有权做出最后的决策。通常，企业中有多个管理层次对各种投资方案进行筛选。对于一个源于生产领域的方案，最后决策的管理层可能是部门主管、主管生产的副总经理或董事会。投资方案最终由哪一个管理层次批准主要取决于投资成本。支出的资本越多，需要筛选的次数就越多，批准项目的管理层次就越高。在不同的公司，投资项目筛选的程序也不尽相同，最终应用的程序还是取决于具体的情况。

估测投资项目的收益与风险和选择投资项目，是资本预算决策过程中最主要的两个步骤，也是本章介绍的重点。

4.制订资本预算计划

企业在选定投资项目以后，就要以文本的方式，将最终决策变成可实行的投资计划（或资本预算）。

制订资本预算计划时通常需要说明的内容包括：

（1）投资的必要性及对企业经营的影响；

（2）投资项目的技术可行性评价；

（3）项目投资的各个阶段及所经历的时间；

（4）各个阶段投资的金额估计；

（5）各个阶段投资金额筹集的方式和渠道以及资本成本的测算；

（6）投资项目的收益估计；

（7）投资项目的财务可行性评价。

5.实施项目投资

项目投资的实施，首先是要筹集资金。企业应当根据资本预算（投资计划）中制订的筹资方案，及时、足额地筹集资金，以顺利实施投资项目。

6.进行项目监测

对投资项目进行监测，可以评价企业在选择投资方案过程中，对各种投资机会的收益、成本与风险的估测是否准确，是否要根据现实情况对投资计划加以修订和调整。例如，在筹资过程中，如果资本市场发生剧烈变化，使得资金筹集困难或资本成本大幅度上升，从而使原先有利可图的投资方案变得无利可图，乃至亏损，那么，企业就有必要调整投资计划。在项目建设过程中，如果产品市场发生重大变化，原来预计的收益会大幅度减少，企业也必须考虑如何修订投资计划。

7.实施事后审计

资本预算的事后审计是对投资项目的最终结果与预测结果进行比较。要实施有效的事后审计，通常需要一定的时间，如2~3年。有些企业之所以难以开展适时的事后审计，主要有两个方面的原因：①缺乏实施审计的责任团体和有效程序。②缺乏以实际结果为基础的信息。这主要是信息系统设计的问题。有些企业的管理信息系统可以提供事后审计所需要的信息，但不少企业做不到。事后审计的重要性在于它可以对投资方案确定阶段所采取的政策做出必要的修订，并提供能够更加准确估计投资方案的收益、成本和风险的步骤。

第三节 现金流量的估算

在资本预算决策中，评价项目盈利的财务指标不再是利润，而是现金流量。估计投资项目的预期现金流量是资本预算的首要环节，实际上它也是分析投资方案时最重要、最困难的一个步骤。

一、现金流量的概念

现金流量（cash flow）是指投资项目从筹划、设计、施工、投产直至报废（或转让）的整个期间各年现金流入量与现金流出量的总称。这里的“现金”是广义的现金，它不仅包括货币资金，还包括投资项目涉及的非货币资源的变现价值。例如，一个投资项目需要使用原有的厂房、机器设备和材料等，则相关的现金流量是指它们的变现价值，而不是其账面成本。现金流量包括现金流出量、现金流入量和现金净流量。

1.现金流出量

现金流出量（cash outflow）是指投资项目在整个投资和回收过程中所发生的各项现金支出。其主要包括以下三个部分：

（1）固定资产投资支出。固定资产作为企业的一种劳动手段，其所需投资往往是投资项目（尤其是资本密集型项目）最重要的一项现金流出。固定资产投资是反映项目按拟定规模和内容进行建设所需的费用，包括建筑工程费、设备购置费、安装工程费、工程建设其他费用和预备费用（包括基本预备费，即不可预见费和涨价预备费）。

（2）垫支流动资金支出。长期投资项目除了会在筹建阶段发生大量的固定资产投资支出外，通常还需要在投产后将一部分资金垫支在现金、应收账款和存货等流动资产上。这些资金一经投入，便在整个投资期限里围绕着企业的生产经营活动进行周而复始的循环，直至项目终结时才退出收回，并转作他用。

（3）固定资产维护保养支出。这是指在固定资产的整个使用期限内，为保持生产能力发生的各种费用。

2.现金流入量

现金流入量（cash inflow）是指投资项目在整个投资和回收过程中所发生的各项现金收入。其主要包括以下三个部分：

（1）营业现金流入。它是指项目投产后每年实现的全部销售收入或业务收入，扣除有关的付现成本后的余额。它是投资项目最主要的现金流入，可按下述公式计算：

营业现金流入=销售收入-付现成本

付现成本是指需要每年支付现金的销售成本，包括产品制造成本和各项期间费用，是项目投产后最主要的现金流出。由于销售成本中不需要每年支付现金的主要是折旧费，所以付现成本可以用销售成本减折旧来估计。其计算公式为：

付现成本=销售成本-折旧

从每年现金流动的结果来看，增加的现金流入主要来自两个部分：一是利润带来的货币增值；二是以货币形式收回的折旧。

营业现金流入=销售收入-付现成本
=销售收入-（销售成本-折旧）
=利润+折旧

如果考虑所得税，则上式中的利润应为税后利润。

（2）固定资产报废时的残值回收。它是指投资项目终了时所收回的固定资产清理净值，通常是一次性收入。

（3）回收的流动资金。特定投资项目终了时，垫支在流动资产上的流动资金便可收回，因而构成企业在当年的一项重要的现金流入。

3.现金净流量

现金净流量（net cash flow）是指一定时期某投资项目现金流入量与流出量的差额。根据上述现金流入量和流出量的计算，某项目整个投资期现金净流量的计算公式可列示如下：

现金净流量=现金流入量-现金流出量

$$=\text{各年利润总额}+\text{各年折旧合计}-\text{固定资产投资支出}-\text{垫付流动资金支出}-\text{维护使用费支出}+\text{固定资产残值回收}+\text{流动资金回收}$$

企业长期投资的投资支出和收回的整个过程，实际上是一个现金流转的过程。

二、在资本预算中采用现金流量的原因

在会计核算中，企业按照权责发生制计量收入和费用，并以收入减去费用后得到的利润来评价企业的经济效益。利润指标全面地概括了企业在增收节支等方面的成果，但是，任何一项长期投资，在从筹建、设计、施工、正式投产到项目报废的整个周期内，除了会发生一定数额的利润或亏损外，还会引起大量的、持续不断的现金流入和流出。科学的投资决策要求用按收付实现制确定的现金流量来计算投资方案的经济效益，而不宜用利润来计算。其原因如下：

（1）投资项目的经济效益评价要求将资金的时间价值考虑在内，因而必须以实际发生的现金流入和现金流出作为评价依据。财务会计在计算利润时，遵循的是权责发生制基础，把应收未收项目或应付未付项目都算为收入或费用，因此，利润不能像按收付实现制基础计算确定的现金流量那样确切地反映投资项目的实际经济效益。

（2）财务会计在计算利润时，根据受益原则，在长期投资项目上发生的资本支出不能当作费用，因而不能纳入利润的计算，但从投资经济效益评价的角度看，这种资本支出却是投资过程中的一项重要折耗，必须与所得相比较。现金流量评价方法将长期投资项目上的资本支出当作一项现金流出，能够较为准确而全面地反映投资的所耗与所得。

（3）财务会计在计算利润时，没有明确地将投资项目投产后所能带来的税费节约额（如新增资产的折旧等可用以抵免应税收益，从而少纳所得税）考虑在内，而税费节约额恰恰是衡量投资项目经济效益的重要组成部分，因为它实际上减少了以税费形式表现的现金支出。以现金流量作为评价基础时，税费节约额要么被当作现金流出量的一个减项，要么被当作一项独立的现金流入。无论以何种方式表示，税费节约额都被明确地当作投资经济效益评价的一个重要因素。

三、现金流量的估算

在投资项目的分析过程中，最重要同时也是最困难的环节之一就是评估项目的未来现金流量。

1.确定现金流量的基本原则

在确定投资方案的现金流量时，应遵循的基本原则是：只有增量的现金流量才是与投资项目相关的现金流量。增量现金流量（incremental cash flow），是指接受或拒绝某个投资方案后，企业总现金流量因此发生的变动。只有实施某个投资项目引起的现金流入增加额，才是该项目的现金流入量；只有实施某个投资项目引起的现金流出增加额，才是该项目的现金流出量。

2.确定现金流量时应注意的几个问题

为了正确计算投资方案的增量现金流量，需要正确判断哪些支出会引起企业总现金流量的变动，哪些支出不会引起企业总现金流量的变动。在进行判断时，要注意以下几个问题：

（1）相关成本与沉没成本。相关成本（relevant cost）是指与特定决策有关的、在分析评价时必须加以考虑的成本。沉没成本（sunk cost）是指那些由过去的决策所引起

的，并已经发生的费用支出。由于沉没成本不能由现在或将来的投资决策改变，因而在进行投资决策时不必考虑它，即不应把沉没成本计入投资方案的现金流出量。

例如，某企业在2018年拟新建一个车间，经专家论证共需投资200万元，并已支付专家咨询费6万元，后因经费紧张此项目停了下来。2020年，该项目拟重新上马，在进行投资分析时，这6万元是否仍是相关成本呢？当然不是。这6万元支出已经发生，属于沉没成本，不管企业是否新建这个车间，它都无法收回，与企业未来的总现金流量无关。

如果将沉没成本纳入投资方案的总成本，则一个有利的投资方案可能因此而变得不利，一个较好的投资方案可能变成较差的方案，从而造成决策的失误。

（2）机会成本。在投资方案的选择中，如果选择了某一个投资方案作为最优方案，就必然要放弃其他方案。次优方案的可能收益称为潜在利益。这种由于放弃次优方案而丧失的潜在利益就是被选用的最优方案的机会成本（opportunity cost）。尽管机会成本并不构成实际的现金流出，但它减少了获得收益的机会，因此也是项目的相关成本。

例如，上述企业新建车间的投资方案，需要使用企业拥有的一块土地。在进行投资分析时，必须考虑这块土地的其他用途所能获得的收益，即利用该块土地建车间的机会成本。假设这块土地出售可得30万元，那么，新建车间的机会成本就是30万元。

值得注意的是，不管这块土地当时是以25万元还是40万元购得的，都应以现行市场价格作为该块土地的机会成本。机会成本不是通常所说的“成本”，它不是一种支出或费用，而是失去的收益。这种收益不是实际发生的，而是潜在的。机会成本都是针对具体方案的，离开被放弃的方案就无从计量、确定。

机会成本在决策中的意义，在于它有助于全面考虑可能采取的各种方案，以便为既定资源寻求最为有利的使用途径。

（3）对企业其他部门的影响。当采纳一个新的项目后，该项目可能对企业的其他部门造成有利或不利的影响。

例如，如果新建的车间是用来生产受市场欢迎的甲产品，据预测，甲产品投产后，每年可创造收入100万元，但公司原来生产的乙产品会因此受到影响，使其年收入由原来的200万元降到170万元。在进行投资分析时，不仅应将新车间的销售收入作为增量收入来处理，还应扣除其他部门因此而减少的销售收入，所以与新建车间相关的现金流量为70万元（100-（200-170））。

当然，也可能发生相反的情况——新产品上市后将促进其他部门的销售量增长。这主要看新项目与原有部门是竞争关系还是互补关系。诸如此类的交互影响，事实上很难准确计量，但决策者在进行投资分析时仍然要将其考虑在内。

（4）对净营运资金的影响。一般情况下，企业开办一项新业务并使销售额扩大后，一方面，对存货和应收账款等流动资产的需求量会增加，企业必须筹措新的资金，以满足这种额外需求。另一方面，作为企业扩充的结果，不仅应付账款与一些应付费用等流动负债会同时增加，而且企业对流动资金的实际需要也会降低。净营运资金的需要，是指增加的流动资产与增加的流动负债之间的差额。

当投资方案的寿命快要结束时，企业将与项目有关的存货出售，应收账款变为现金，应付账款和应付费用也随之偿付，净营运资金恢复到原有的水平。通常，在投资分析时假定开始投资时筹措的净营运资金能在项目结束时收回。

3.现金流量的估计

有关现金流量的估计，主要从以下三个方面来进行衡量：

首先，估计投资初期的现金支出。不同的投资项目具有不同的初始投资，对其估计有时比较简单，如机器设备的更新决策，其初始投资通常在投资开始时一次性发生，发生额以机器设备的市价作为依据；有时此估计也比较复杂，如企业扩建的决策，建设期一般较长，有的历时1年以上，资金分次投入，既涉及固定资产投资，又涉及流动资产投资。此时，应以有关技术管理部门的预算以及与工程承建单位的合同等作为投资初期现金支出估计的依据。

其次，估计营业现金流量。营业现金流量的估计最为关键，同时也最为复杂，它包括对项目寿命期、相关销售收入以及相关的付现成本的估算等，需要企业有关部门的参与。例如，销售部门负责预测售价和销量，涉及产品价格弹性、广告效果、竞争者动向等；生产和成本部门负责估计制造成本，涉及原材料采购价格、生产工艺安排、产品成本等；财会部门则为销售和生产等部门的预测建立共同的基本假设条件，如物价水平、折现率、可供资源的限制条件等，并协调参与预测工作的各部门人员，使之能相互衔接与配合，防止预测者因个人偏好或部门利益而高估或低估收入和成本。

最后，估计投资结束时的现金流量。投资结束时现金流量的内容较少，数额也不大，对整个现金流量的分析影响较小，对其预期也相对比较简单，通常只需要根据财会部门的净残值率及对项目相关的垫支流动资金预算、相关机会成本的价值等进行估计即可。

四、现金流量估算举例

现金流量的估算方法有两种：一是总量分析法，即对投资项目所涉及的所有现金流量如实计算，一般用于扩大收入投资项目现金流量的估计；二是差量分析法，即计算各类现金流量的差额，一般用于降低成本投资项目现金流量的估计，以简化决策分析工作。

现举两个例子分别介绍这两种方法的应用。

【例7-1】A公司是一家钢铁企业，拟进入前景良好的汽车制造业。现找到一个投资项目：利用B公司的技术生产汽车零件，并将零件出售给B公司。预计该项目需固定资产投资750万元，可以持续5年。财会部门估计每年的付现成本为760万元。固定资产折旧采用年限平均法，折旧年限为5年，税法规定的净残值为50万元。营销部门估计各年销售量均为40 000件，B公司可以接受250元/件的价格。生产部门估计需要250万元的净营运资金投资。假设所得税税率为40%，最终报废残值为60万元。估计项目相关增量现金流量。

第一步，预测项目的初始现金流出量。

项目的初始现金流出量=新资产的成本+营运资金=750+250=1 000（万元）

第二步，计算期间增量现金净流量。

年折旧=（750-50）÷5=140（万元）

年营业现金净流量=税后利润+折旧

=（1 000-760-140）×（1-40%）+140

=200（万元）

第三步，计算终结增量现金净流量。

未考虑项目结束时的增量现金流量为200万元。

终结增量现金净流量 = 未考虑项目结束时的增量现金流量 + 收回垫付的营运资金 + 新资产的最后净值 + 与新资产的出售或处理相关的税收

= 200 + 250 + 60-（60-50）×40%=506（万元）

第四步，将项目有关的全部现金流量编制为现金流量表（见表7-1），即可估算项目预期的增量现金净流量。

表7-1　　投资项目的现金流量表　　单位：万元

项目 \ 年序	0	1	2	3	4	5
一、初始现金流量						
1.固定资产投资	-750					
2.垫支流动资产	-250					
二、营业现金流量		200	200	200	200	200
三、终结现金流量						
1.营运资金回收						250
2.固定资产残值						60
3.残值净收入纳税						-4
合　计	-1 000	200	200	200	200	506

【例7-2】某企业拟用一台新机器替换一台旧机器，以降低每年的生产成本。旧机器原值为100 000元，已使用5年，估计还可使用5年，已提折旧50 000元，使用期满后无残值。若现在出售旧机器，可得价款25 000元。新机器的购置成本为120 000元，估计可使用5年，期满有残值10 000元。使用新机器后，企业销售收入不变，但每年付现成本可下降30 000元。假设所得税税率为25%。要求用差量分析法估计该方案的现金流量。

本例是在继续使用旧机器和出售旧机器并购置新机器两者之间进行选择。这两个方案的销售收入和设备寿命相同，不必为每个方案分别计算现金流量，可以只计算两个方案之间的现金流量差量。

第一步，计算初始投资现金流量差量。

初始投资差量=-120 000+25 000=-95 000（元）

第二步，计算营业现金流量差量。

折旧差量=（120 000−10 000）÷5−（100 000−50 000−0）÷5

=22 000−10 000=12 000（元）

营业现金流量差量的计算如下：

付现成本差量（1）=−30 000元

折旧差量（2）=+12 000元

税前利润差量（3）=0−（1）−（2）=+18 000（元）

所得税差量（4）=（3）×25%=+4 500（元）

税后利润差量（5）=（3）−（4）=+13 500（元）

营业现金流量差量（6）=（5）+（2）=+25 500（元）

第三步，计算终结现金流量差量。

终结现金流量差量=10 000−0=10 000（元）

第四步，将计算结果归集为差量现金流量表（见表7−2）。

表7−2 投资项目的差量现金流量表 单位：元

年序 项目	0	1	2	3	4	5
初始投资差量	−95 000					
营业现金流量差量		25 500	25 500	25 500	25 500	25 500
终结现金流量差量						10 000
现金流量差量合计	−95 000	25 500	25 500	25 500	25 500	35 500

第四节 资本预算评价方法

本节将阐述主要的资本预算评价方法。这些方法都是建立在“风险或不确定性对决策者而言并不重要”这样一个基本假设之上的。也就是说，假定现金流量是确定的，即可以准确地知道未来现金收支金额及发生的具体时间。

企业对投资项目的经济评价，主要是通过一系列经济评价指标来进行的。投资项目的主要经济评价指标，按其是否考虑了货币时间价值因素，可分为非贴现指标和贴现指标两大类。与此相对应，投资项目的主要经济评价方法也分为非贴现的分析评价方法和贴现的分析评价方法两大类。

一、非贴现的分析评价方法

非贴现的分析评价方法是指在评价投资项目的经济效益时，不考虑货币时间价值因素，直接按投资项目形成的现金流量进行计算的方法。这些方法在选择方案时起辅助作用，包括回收期法和平均报酬率法。

（一）回收期法

1.计算原理

回收期（payback period，PP），即投资返本年限，是指项目从建设开始之日起，到用项目每年所获得的净收益抵偿全部投资所需要的时间，通常以年来表示。它是反映项目投资回收能力的重要指标。其计算公式为：

$$静态投资回收期=累计净现金流量出现正值的年份数-1+\frac{上年累计净现金流量的绝对值}{当年净现金流量}$$

在确定投资回收期时，以现金净流量即净收益加年折旧额作为偿还金额。从上述公式可以看出，当累计现金净流量为0时，投资予以回收。

【例7-3】假设某企业有甲、乙两个投资方案，投资额均为200 000元，固定资产均可使用5年，采用年限平均法计提折旧，投产后投资方案的现金流量表见表7-3。

表7-3 投资方案的现金流量表 单位：元

年序	甲方案				
	现金流出	现金流入		现金净流量	累计净现金流量
		利润	折旧		
0	200 000			-200 000	-200 000
1		30 000	40 000	70 000	-130 000
2		30 000	40 000	70 000	-60 000
3		30 000	40 000	70 000	10 000
4		30 000	40 000	70 000	80 000
5		30 000	40 000	70 000	150 000
合计	200 000	150 000	200 000	150 000	—
年序	乙方案				
	现金流出	现金流入		现金净流量	累计净现金流量
		利润	折旧		
0	200 000			-200 000	-200 000
1		-4 000	40 000	36 000	-164 000
2		24 000	40 000	64 000	-100 000
3		28 000	40 000	68 000	-32 000
4		30 000	40 000	70 000	38 000
5		40 000	40 000	80 000	118 000
合计	200 000	118 000	200 000	118 000	—

依据上述资料，计算静态投资回收期并加以评价。

甲方案投资回收期=3-1+60 000÷70 000=2.86（年）

乙方案投资回收期=4-1+32 000÷70 000=3.46（年）

计算结果表明，甲方案的投资回收期较短，优于乙方案。

当有关方案各年现金净流量相等时，可以采用简化的方法计算投资回收期。其计算公式为：

投资回收期=原始投资额÷每年现金净流量

【例 7-4】依据【例 7-3】中甲方案的资料，计算其静态投资回收期。

静态投资回收期=200 000÷70 000=2.86（年）

2.择优原则

对于独立方案，只要将项目评价求出的投资回收期与预先确定的基准投资回收期比较：若求得的投资回收期小于或等于基准投资回收期，方案可行；若求得的投资回收期大于基准投资回收期，方案不可行。对于互斥的投资方案，其择优过程分两步进行：第一步，将计算的投资回收期与基准投资回收期比较。若计算的投资回收期小于或等于基准投资回收期，方案可行；若计算的投资回收期大于基准投资回收期，方案不可行。第二步，在各可行方案中，选择投资回收期最短的方案。

3.对回收期法的评价

回收期法的概念容易理解，计算也比较方便，易于被实际工作者接受。回收期法的主要缺点如下：一是没有考虑货币时间价值；二是没有考虑回收期满后的现金流量情况，不能完全反映投资的盈利程度。所以，投资回收期一般也只适用于对几个备选方案的初步评价，不宜据此做出决策。在实际工作中，它通常与净现值法、内部收益率法等贴现的分析评价方法结合起来加以应用。

（二）平均报酬率法

1.计算原理

平均报酬率（average rate of return）一般是指项目达到设计生产能力后年平均净收益额与项目总投资的比率。其计算公式为：

平均报酬率=年平均净收益÷项目总投资×100%

该指标反映单位投资额1年能给企业创造的净收益。一般而言，平均报酬率越高，说明投资效益越好，反之，则说明投资效益越差。

【例 7-5】依据【例 7-3】的资料，试用平均报酬率法评价甲、乙两个方案。

甲方案的平均报酬率=30 000÷200 000×100%=15%

乙方案的平均报酬率=（118 000÷5）÷200 000×100%=11.8%

计算结果表明，甲方案的平均报酬率高出乙方案3.2%，故以甲方案为优。

2.择优原则

对于独立方案，只要将计算的平均报酬率与预先确定的基准投资报酬率进行比较：若计算的平均报酬率大于或等于基准投资报酬率，方案可行；若计算的平均报酬率小于基准投资报酬率，方案不可行。对于互斥投资方案，首先将各个方案所计算的平均报酬率与预先确定的基准投资报酬率进行比较，选出可行方案，然后在各可行方案中，选择投资报酬率最高者。

3.对平均报酬率法的评价

平均报酬率法的主要优点是简单、明了、易于理解和掌握，以净收益作为计算基础，因而所需资料易于收集。其主要缺点是没有考虑货币时间价值，忽略了现金流动的时间分布，以净收益为计算基础，而不是以现金流量为计算基础，难以正确地反映投资项目的真实效益。

二、贴现的分析评价方法

贴现的分析评价方法是指对投资项目所形成的现金流量考虑货币时间价值因素而进行计算的方法，包括净现值法、获利指数法和内含报酬率法。

（一）净现值法

1.计算原理

净现值（net present value，NPV）是按企业要求达到的贴现率将各年的现金净流量折现到零年的现值之和。其计算公式为：

$$NPV=\sum_{t=0}^{n}\frac{CIF_t}{(1+i)^t}-\sum_{t=0}^{n}\frac{COF_t}{(1+i)^t}$$

式中：i表示预定的贴现率；

n表示投资涉及的年限；

CIF_t表示第t年的现金流入量；

COF_t表示第t年的现金流出量。

上式中预定的贴现率如何确定是使用净现值法的关键。一种办法是根据资本成本来确定，另一种办法是根据企业要求的最低资金利润率来确定。

2.择优原则

净现值指标是反映投资项目在整个寿命期内总的获利能力的动态评价指标，利用该指标对投资方案进行决策时，应遵循如下原则：对于独立方案，若净现值大于或等于零，可以考虑接受方案；若净现值小于零，则方案不能接受。对于互斥方案，在比较多个方案时，如果没有资金方面的限制，应以净现值最大者为最优。

【例7-6】依据【例7-3】的有关资料，假设贴现率为10%，计算甲、乙两个方案的净现值，并评价每个方案的可行性和最优性。

甲方案的净现值=70 000×（P/A，10%，5）−200 000

=70 000×3.7908−200 000

=65 356（元）

$$乙方案的净现值=\frac{36\,000}{(1+10\%)^1}+\frac{64\,000}{(1+10\%)^2}+\frac{68\,000}{(1+10\%)^3}+\frac{70\,000}{(1+10\%)^4}+\frac{80\,000}{(1+10\%)^5}-200\,000$$

=34 188（元）

计算结果表明，两个方案的净现值都大于零，说明两个投资方案的报酬率都大于贴现率，均在10%以上，都是可行方案。两个方案中，甲方案的净现值更大，为最优方案。

3.对净现值法的评价

净现值法的优点是考虑了货币时间价值因素，可以较好地反映各投资方案的经济效果。净现值法的缺点如下：一方面，净现值指标是一个绝对额，没有揭示投资方案的实际报酬率，无法反映不同规模投资方案的影响；另一方面，净现值指标不适用于比较投资期限不同的互斥方案。

（二）获利指数法

1.计算原理

获利指数法使用获利指数作为评价方案的指标。获利指数（profitability index，PI）是未来现金流入量现值与现金流出量现值的比率。其计算公式为：

$$PI = \frac{\sum_{t=0}^{n}\frac{CIF_t}{(1+r)^t}}{\sum_{t=0}^{n}\frac{COF_t}{(1+r)^t}}$$

2.择优原则

获利指数大于或等于1，说明方案的收益率大于或等于预定的贴现率，方案可以接受；反之，获利指数小于1，说明方案的收益率小于预定的贴现率，方案不可接受。

【例7-7】依据【例7-3】的资料，计算获利指数。

甲方案的获利指数=265 356÷200 000=1.33

乙方案的获利指数=234 188÷200 000=1.17

可见，甲方案和乙方案的获利指数都大于1，都可以接受。两个方案中，甲方案的获利指数更大，为最优方案。

3.对获利指数法的评价

获利指数法的优点是考虑了货币时间价值因素，能够真实地反映投资项目的收益水平。获利指数是用相对数表示的，反映了投资的效率，有利于规模不同的投资方案之间的比较。获利指数法的缺点与净现值法一样，即没有揭示投资方案的实际报酬率。

（三）内含报酬率法

1.计算原理

内含报酬率（internal rate of return，IRR），也称内部收益率，是指使得投资项目的净现值为零的贴现率。内含报酬率反映了项目真实的报酬率，其表达式为：

$$\sum_{t=0}^{n}\frac{CIF_t}{(1+r)^t} - \sum_{t=0}^{n}\frac{COF_t}{(1+r)^t} = 0$$

式中：r表示内含报酬率；

其他字母含义与净现值计算公式相同。

内含报酬率的计算较为复杂，根据投资方案有关现金流量的发生情况，一般有两种计算方法：

第一种方法，当投资后各年的现金净流量相等时，可以利用计算年金现值的方法求出内含报酬率。

【例 7-8】依据【例 7-3】的资料，计算甲方案的内含报酬率。

甲方案未来各期现金净流量均为 70 000 元，可视同年金，原始投资额为 200 000 元，可视同年金现值，效用期为 5 年，则年金利率（即内含报酬率）计算如下：

70 000×年金现值系数=200 000

年金现值系数=200 000÷70 000=2.8571

查年金现值系数表，期数为 5，与年金现值系数 2.8571 相邻近的贴现率有：

贴现率　　　　　　年金现值系数

$$\left.\begin{array}{l}\left.\begin{array}{l}20\%\\ r\end{array}\right\}X\\ 24\%\end{array}\right\}4\% \quad \left.\begin{array}{l}\left.\begin{array}{l}2.9906\\ 2.8571\end{array}\right\}0.1335\\ 2.7454\end{array}\right\}0.2452$$

$$\frac{r-20\%}{24\%-20\%}=\frac{2.8571-2.9906}{2.7454-2.9906}$$

r=22.18%

第二种方法，当项目计算期内各年的现金净流量不相等时，可采用逐次测试法来确定内含报酬率。

相关步骤是，先估计一个贴现率，用它来计算方案的净现值。接下来，净现值为正数，说明方案本身的内含报酬率超过估计的贴现率，应提高贴现率后进一步测试；净现值为负数，说明方案本身的内含报酬率低于估计的贴现率，应降低贴现率后进一步测试。经过多次测试，可依据两个相邻的贴现率，用内插法计算出近似的内含报酬率。其计算公式为：

$$IRR=r_1+(r_2-r_1)\cdot\frac{|NPV_1|}{|NPV_1|+|NPV_2|}$$

式中：r_1表示净现值为正数的较低贴现率；

r_2表示净现值为负数的较高贴现率；

$|NPV_1|$表示以 r_1 折现的净现值的绝对值；

$|NPV_2|$表示以 r_2 折现的净现值的绝对值。

【例 7-9】依据【例 7-3】的资料，计算乙方案的内含报酬率。

由于乙方案投资后各期的现金净流量不相等，所以，采用逐次测试法计算内含报酬率。逐次测试过程见表 7-4。

表 7-4　　**内含报酬率的逐次测试过程**　　金额单位：元

年序	现金净流量	第一次测试（15%）		第二次测试（16%）	
		折现系数	现值	折现系数	现值
0	-200 000				
1	36 000	0.870	31 320	0.862	31 032
2	64 000	0.756	48 384	0.743	47 552
3	68 000	0.658	44 744	0.641	43 588
4	70 000	0.572	40 040	0.552	38 640
5	80 000	0.497	39 760	0.476	38 080
净现值			4 248		-1 108

$$乙方案的内含报酬率 = 15\% + 1\% \times \frac{4\,248}{4\,248 + 1\,108} = 15.79\%$$

在实际工作中，大多数投资项目的每期现金净流量是不相等的，因此，逐次测试法更具有普遍意义，但计算较复杂，不便于人工计算，需要借助专用计算器或计算机。

2. 择优原则

对于独立方案，应将投资方案的内含报酬率与部门或行业的基准收益率比较。当内含报酬率大于或等于基准收益率时，方案可行，否则，方案不可行。对于互斥方案，应首先将各投资方案与部门或行业的基准收益率比较，选择内含报酬率大于或等于基准收益率的可行方案，然后在各可行方案中，选取内含报酬率最大的投资方案。

3. 对内含报酬率法的评价

内含报酬率法的优点如下：内含报酬率反映了项目以每年的净收益归还全部投资以后，所能获得的最大收益率，可以作为项目能够接受的资本成本的上限，有助于筹资决策和投资决策。另外，内含报酬率克服了比较基础不一（如初始投资额或经济寿命期不同）时评价不同方案的困难。所以，内含报酬率是投资效益评价的主要指标。内含报酬率指标的缺点主要表现在以下方面：内含报酬率隐含了以内含报酬率作为再投资报酬率的假设，这一般与实际情况不符；此外，当投资支出和投资收入交叉发生时，可能出现多个内含报酬率，也可能无解，会给决策带来困难，甚至得出错误结论。

内含报酬率法和获利指数法有相似之处，都是根据相对比率来评价方案，而不像净现值法那样使用绝对数来评价方案。在评价方案时要注意，比率高的方案绝对数不一定大，反之也一样。内含报酬率法和获利指数法也存在区别，在计算内含报酬率时不必事先选择贴现率，根据内含报酬率就可以排定独立投资的优先次序，只是最后需要一个切合实际的资本成本或最低报酬率来判断方案是否可行。获利指数法需要一个合适的贴现率，以便将现金流量折算为现值，贴现率的高低将会影响方案的优先次序。

财务管理中的商业伦理　　　　这是一个好项目

奥利弗·格林是赛博公司的财务经理助理。公司生产PC网络通信驱动软件。奥利弗3年前从学校毕业后就加入了这家公司。他的主要任务就是评估资本预算项目并向董事会做出投资建议。奥利弗很喜欢他的工作。他觉得这个工作非常有挑战性，当然，报酬也颇丰。

上个星期，奥利弗开始对一个计划在年内进行的项目进行评估，其中一个计划就是收购NetWare Product公司。这是一个生产网卡电路板的公司。PC间相互连接时需要用到这种产品。赛博公司打包出售网卡及软件，其所售产品目前由另外一个制造商供应。赛博公司CEO纳丁·威尔逊认为自己生产网卡可以降低成本，提高利润空间。

在进入威尔逊女士的办公室前，奥利弗几乎还没有来得及浏览方案。会晤很短且有针对性。威尔逊女士告诉他，要把NetWare Product的数字弄得好看点，因为我们想收购这个公司，同时，她还给了奥利弗两年前独立审计人对NetWare Product公司的评价报告。因此，威尔逊女士示意奥利弗想办法反驳这份报告。

跟威尔逊女士的会晤给奥利弗带来的麻烦可不少。奥利弗的直觉告诉他，事情有些不对，但他还没有时间详细看这份计划——他的评估到目前为止还很粗糙，远远不够做出是否接受该资本项目的决定。因此，他觉得做出最终投资建议前需要更多的信息。

奥利弗花了一天的时间看威尔逊女士的这份计划报告，并试图收集更多的相关信息。这份报告中有一些关于NetWare公司经营的背景材料，但缺乏关键的财务数据，进一步调查也没有什么新发现。奥利弗发现NetWare公司的股权比较集中，是一些经常向一所当地大学捐款非常庞大的商业集团，而该大学恰好是威尔逊女士的母校。另外，据奥利弗的秘书说，有谣传威尔逊女士和NetWare的老板是非常好的老校友，而且她可能拥有NetWare的股份。

一天早晨，威尔逊女士打电话给奥利弗并重申了她关于该收购计划的意见。这次语气有所不同："我们的确想收购NetWare公司，有些人可能并不相信这是一桩好买卖。公司花那么大的代价雇你，相信你应该知道怎么把数字弄得好看点。"奥利弗预感，如果他不做出正确的决策的话，很可能保不住自己的饭碗。现在压力更大了。他应该怎么办？如果你是他的话会怎么做？如果你得知威尔逊女士最近出售了很多其持有的赛博公司的股票，你的答案是否会有所改变呢？

资料来源：贝斯利，布里格姆．财务管理精要［M］．陈国欣，等译．14版．北京：北京大学出版社，2010.

重要术语

独立投资（independent investment）
互斥投资（mutually exclusive investment）
互补投资（supplementary investment）
资本预算（capital budgeting）
现金流量（cash flow）
现金流出量（cash outflow）
现金流入量（cash inflow）
现金净流量（net cash flow）
增量现金流量（incremental cash flow）
相关成本（relevant cost）
沉没成本（sunk cost）
机会成本（opportunity cost）
回收期（payback period，PP）
平均报酬率（average rate of return）

净现值（net present value，NPV）
获利指数（profitability index，PI）
内含报酬率（internal rate of return，IRR）

本章小结

本章在资本预算概述的基础上，重点讨论了资本预算中的现金流量估算和资本预算评价方法。

第一节介绍了投资的概念、特征、原则。从特定企业的角度看，投资是企业为获取收益而向一定对象投放资金的经济行为。投资具有财力预付性、时间选择性、空间流动性、目标收益性、收益不确定性、回收时限性、效果综合性的特征。在确立投资原则时，要同时考虑投资的安全性、流动性和收益性。

第二节介绍了资本预算的概念、特点和程序。资本预算是指对能给企业带来满意的现金流和收益率的投资项目进行评估、比较和筛选时所采用的方法和步骤。资本预算具有影响时间长、投资数额大、发生频率低、变现能力差四个特征。资本预算包括寻找并确定投资机会，估测各个投资项目的收益、成本和风险，选择投资项目，制订资本预算计划四个一般程序。

第三节介绍了现金流量的估算，包括现金流量的概念、在资本预算中采用现金流量的原因、现金流量的估算及举例。现金流量包括现金流入量、现金流出量、现金净流量。之所以采用现金流量估算，是因为其考虑了货币时间价值、准确反映了投入产出比、纳入了节税因素。在现金流量的估算过程中，我们需要了解估算的基本原则和应该注意的几个问题，在此基础上估计投资初期现金流出、投资营业现金流量、投资结束现金流量。

第四节介绍了在现金流量估算的基础上的资本预算评价方法，包括非贴现的分析评价方法、贴现的分析评价方法。非贴现的分析评价方法是不考虑货币时间价值的方法，主要包括投资回收期法、平均报酬率法。贴现的分析评价方法是考虑货币时间价值的方法，主要包括净现值法、获利指数法、内含报酬率法。不同的方法有不同的评优原则和优劣表现。我们应该将它们结合起来以更综合、更全面地评价投资项目。

复习与思考

1.什么是现金流量？

2.论述企业现金流量的内容。

3.在资本预算中为什么使用现金流量而不是利润？

4.净现值法是什么？如何利用净现值法进行资本预算评价？

5.什么是内含报酬率法？内含报酬率有哪些优缺点？

6.H财务经理正在考虑两个资本支出项目。但是，她只有承担其中一个项目的钱，因此必须在这两个项目之间做出选择。项目的贴现率为12%。这两个项目的现金流全年均匀。这两个项目的税后现金流见表7-5：

表7-5 两个项目的税后现金流 单位：元

	项目A	项目B
初始成本	-50 000	-100 000
第1年	30 000	55 000
第2年	30 000	55 000
第3年	30 000	55 000

请问：

（1）每个项目的回收期是多少？基于回收期法，哪个项目更胜一筹？

（2）每个项目的IRR是多少？基于IRR方法，哪个项目更胜一筹？

（3）H应该选择哪个项目？解释你的理由。

7.在过去的五年里，B公司从其运营中积累了大量现金，现在正寻求扩大业务的投资机会。该公司正在考虑几种选择，并要求您从战略角度评估它认为最有意义的项目。然而，只有当该项目也具有经济意义时，该公司才会对该项目进行投资。为了帮助您进行分析，管理层为您提供了以下信息：

该项目的风险与公司正在进行的运营活动风险相同，需要150万元的初始投资。由于该设备的估计使用寿命为四年，B公司决定采用四年的规划期限，之后它打算重新评估投资。该项目还需要在第1年年底额外投入35万元的净营运资金。

在评估了预期收入和成本后，B公司管理层为该项目编制了以下形式利润表（见表7-6）：

表7-6 利润表 单位：元

	第1年	第2年	第3年	第4年
收入	1 000 000	1 100 000	1 200 000	1 250 000
出售商品的成本	650 000	750 000	800 000	850 000
折旧	200 000	200 000	200 000	200 000
税前营业收入	150 000	150 000	200 000	200 000

在项目结束时，初始投资资产残值为70万元。该公司的所得税税率为28%，资本成本为11%。

请问：使用净现值方法（NPV）计算，B公司是否应该投资该项目？

二维码7-1 复习与思考参考答案

拓展阅读

二维码7-2 关于进一步完善政策环境加大力度支持民间投资发展的意见

二维码7-3 元宇宙产业创新发展三年行动计划（2023—2025年）

第八章　投资决策（下）

学习目标

1. 掌握资源有限的投资决策；
2. 掌握项目寿命不等的投资决策；
3. 掌握决策树的应用。

教学重点与难点

教学重点：

NPV在投资决策中的运用。

教学难点：

决策树方法。

引例：《原神》出圈——米哈游“追求极致”背后的艰难

《原神》是一款开放世界冒险RPG游戏，在2020年9月底全球范围内多平台同步上线，并在首日就达到全球1 000万下载量。游戏的开发公司米哈游是一家来自上海的本土游戏公司，成立于2011年，起源于上海交通大学的大学生创业孵化器。米哈游从创立之初就以科技公司的定位为目标，创始人的“技术宅拯救世界”使命深深植根于公司的文化和产品基因中。

截至2022年11月，《原神》在全球的用户数量已经过亿，为全球超过200个国家和地区提供游戏下载服务，并在44个国家/地区的畅销榜上排名第一。令人称赞的是，《原神》在2021年入选了商务部国家文化出口重点项目。这对中国本土游戏公司来说是一项不容易的成就。

很长一段时间以来，中国的游戏企业一直在努力迎头赶上国外的大厂。到目前为止，引入海外游戏公司的爆款游戏和代理日韩欧美研发的游戏仍然是中国本土游戏公司最重要的商业模式之一。然而，《原神》在全球范围内的成功，从上海走向全球，或许代表着中国游戏公司正在追赶“引进来”到“走出去”的道路上。

研发投入是一个不可忽视的话题。米哈游在《原神》的开发上投入了超过1亿美元，并且每年还需要花费2亿美元进行持续开发。在Reddit等国外知名游戏社区上，有玩家计算出《原神》正在成为研发成本最高的游戏。《原神》拥有一支上千人的技术团队，自2017年立项以来的五年时间里，米哈游每年都要支付上亿元级别的人才留存成本。如果考虑其他与人事相关的隐性福利，这个数字可能还会更高。

除了人才投入外，米哈游自成立以来一直注重研发。经过多年的发展，他们积累了许多移动游戏技术，如“PostFX”、“AnimeFX”、“3D动画分层上色技术”和“基于s-expr的数据驱动逻辑技术”等核心技术。这些技术使得米哈游的产品在画面渲染、数据处理速度和系统架构设计方面能够达到预期效果。

公开资料显示，米哈游拥有超过200项相关专利信息，涉及动画生成方法、图像融合处理方法等。这些专利信息持续更新在企业搜索平台上，如天眼查的“米哈游的知识产权”栏目。在《原神》精美的画面背后，是数以千计顶尖技术人才持续的付出和投入。

作为一家成立了10年、仅接受过一笔天使轮融资的本土创业公司，米哈游对技术和研发的投入可以说是“孤注一掷”。然而，正是这次对技术投入的大胆决策，让《原神》在当今取得了如此高的地位。

资料来源：二月.《原神》成为现象级产品出圈：“追求极致”背后的艰难.[EB/OL].[2022-11-21]. https://mp.weixin.qq.com/s/0teEJIsA1z4bcDk1bn_xuA.

因而，不妨带着几个问题去阅读本章：米哈游在选择投资项目时，是如何进行分析和决策的？企业进行投资决策时应该考虑哪些因素？如何对投资项目进行评估？

财务管理原则的运用

原则二：货币时间价值——今天收到的一元钱比将来收到的一元钱更值钱。

原则三：决定一切的是现金流量，而非会计盈余。

原则四：增加的现金流量——只有变量才有意义。

原则五：竞争市场的诅咒——为何难以找到一个异常有利可图的项目？

企业通过投资来创造价值，而长期投资项目则是投资额大、风险高、影响时间长，并对企业长期获利能力产生决定性影响的项目。因此，长期投资决策在企业财务管理中具有重要的地位。本章主要讨论的是如何运用资本预算方法来进行长期投资决策。

第一节　资源有限的投资决策

在前面的章节中，我们介绍的投资决策方法没有考虑公司资源的约束，即我们认为执行项目所需的资源都具备。在本节中，我们将探讨在企业资源有限的情况下，如何进行投资决策。

在某些情况下，不同的投资机会需要不同数量的特定资源。如果资源的供应是固定的，那么你就不能承担所有可能的项目，简单地选择具有最高NPV的项目可能并不是最佳决策。

我们通常假设您将能够为拥有的所有正NPV的项目提供资金。在现实中，管理人员在预算约束下工作，这限制了他们在给定时期内可以投资的资金量。这样的约束将迫使管理者在所有正NPV的项目中进行取舍，以使公司总NPV最大化，同时保持总投资量在预算范围内。例如，假设您正在考虑表8-1中的三个项目，并且您的预算为2亿元。表8-1给出了每个项目的NPV和每个项目所需的初始投资。项目A的NPV最高，但它用光了整个预算。项目B和项目C都可以承担（它们一起使用整个预算），它们的NPV之和超过项目A的NPV；因此，您应该同时发起这两个项目。它们的NPV加在一起为1.45亿元，而A项目仅为1亿元。

表8-1 **三个项目的基本** 金额单位：亿元

项目	NPV	初始投资额	PI
A	1	2	1.5
B	0.75	1.2	1.625
C	0.7	0.8	1.875

上一章我们学过获利指数。获利指数衡量的是“物有所值”，也就是单位资源消耗的净现值所创造的价值。计算出获利指数后，我们可以根据它对项目进行排名。从指数最高的项目开始，我们往下移排名，取所有项目，直到资源消耗殆尽。在表8-1中，最后一列的比率为获利指数。注意获利指数规则是如何正确选择项目B和项目C的。

注意，有限的资源可以是投入的资金，也可以是其他受限的资源，因此，我们给出更一般的获利指数计算公式：

$$PI = \frac{NPV}{\text{消耗的资源}}$$

【例8-1】一家大型网络公司的某部门已经完成了一份开发新型家庭网络路由器的项目提案。该项目的预期NPV为1 770万元。该项目将需要50名软件工程师。公司现有190名工程师，短期内无法再招聘到合格的工程师。因此，路由器项目必须与以下其他项目竞争这些工程师。各项目净现值及需要的工程师人数见表8-2。

表8-2 **各项目净现值及需要的工程师人数** 金额单位：万元

项目	NPV	工程师人数（人）
路由器项目	1 770	50
A项目	2 270	47
B项目	810	44
C项目	1 400	40
D项目	1 150	61
E项目	2 060	58
F项目	1 290	32
总和	10 750	332

公司应该选择哪些项目进行投资？

我们的目标是最大化190名工程师（最多）所能创造的总NPV。我们可以先确定每个项目的获利指数。在这个例子中，由于工程师是企业有限的资源，因此使用工程师人数作为分母。然后，可以根据这个指数对项目进行排序，见表8-3。

表8-3 项目按获利指数排序 金额单位：万元

项目	NPV	工程师人数（人）	PI	累计工程师人数（人）
A项目	2 270	47	48.3	47
F项目	1 290	32	40.3	79
E项目	2 060	58	35.5	137
路由器项目	1 770	50	35.4	187
C项目	1 400	40	35.0	
D项目	1 150	61	18.9	
B项目	810	44	18.4	

如表8-3所示，我们按照获利指数降序将资源分配给各个项目。最后一列显示的是每个项目资源的累计使用情况，直到资源用完为止。为了在190名工程师的约束下最大化NPV，公司应该选择列表上的前四个项目。

根据PI（单位各工程师的NPV）对项目进行排名，可以找到公司能够创造的最大价值。在本例中，公司有190名工程师，在不使用更多的工程师的情况下，没有其他项目组合能创造更多的价值。这个排名也准确地展示了工程约束的成本——这个资源约束迫使公司放弃了三个其他有价值的项目（C、D和B），它们的NPV总额为3 360万元。

第二节 项目寿命不等的投资决策

上一章的例子涉及不同投资方案的取舍。这些投资方案的寿命一般都是相同的，但是有时候企业要取舍的投资方案可能寿命不等。例如，公司必须在两台寿命不等的机器之间做出选择。两台机器都可以做同样的工作，但它们的运行成本不同，使用寿命也不同。NPV法则建议选择成本现值较低的机器。然而，这种选择可能是错误的，因为成本较低的机器可能需要更早更换。为消除项目寿命不等因素的影响，可采用等效年金法，即确定等效年金，使其净现值等于项目现金流总的净现值，通过这种方法消除寿命不同的影响，直接比较不同项目的等效年成本来进行决策。

【例8-2】公司必须在两个机器之间做出选择。机器A的成本比机器B低，但寿命没有机器B长。机器A的售价为50万元，使用年限是3年，在这3年的每一年结束时都要支付12万元的维护费用。机器B的价格是60万元，使用年限是4年，在这4年的每一年结束时都要支付10万元的维护费用。假设无论用什么机器，每年的收入是相同的，所以它们在分析中可以被忽略。两台机器的现金流出情况见表8-4：

表8-4 **两台机器的现金流出情况** 金额单位：万元

机器	年份				
	0	1	2	3	4
A	50	12	12	12	
B	60	10	10	10	10

为了更好地理解这个决策，我们来计算两台机器的成本现值。假设贴现率为10%：

机器A的现金流出现值=50+12×（P/A，10%，3）=79.843（万元）

机器B的现金流出现值=60+10×（P/A，10%，4）=91.699（万元）

机器B的现金流出现值更高。如果简单地认为机器B比机器A成本高则不一定正确。我们要注意，机器B的寿命更长，所以也许它每年的成本实际上更低。

在比较两台机器时，计算每台机器的等效年金，可以调整使用寿命的差异。这种方法是以年为基础计算成本的。

前面的等式表明，支付（50万元，12万元，12万元，12万元）相当于在日期0时一次性支付79.843万元。现在，我们希望将日期0的79.843万元的单次支付等同于三年年金。使用前几章的技巧，我们有：

79.843=A×（P/A，10%，3）

这里的A就是我们要确定的等效年金。利用前几章的知识，我们可以确定机器A的等效年金为32.105（78.943÷2.4869）。机器A的等效年金见表8-5。

表8-5 **机器A的等效年金** 金额单位：万元

机器A	日期			
	0	1	2	3
现金流出	50	12	12	12
等效年成本		32.105	32.105	32.105

同样，我们可以计算机器B的等效年金，利用以下等式：

91.699 =A×（P/A，10%，4）

我们可以确定机器B的等效年金是28.928（91.699÷3.1699）。机器B的等效年金见表8-6。

表8-6 **机器B的等效年金** 金额单位：万元

机器B	日期				
	0	1	2	3	4
现金流出	60	10	10	10	10
等效年成本		28.928	28.928	28.928	28.928

比较表8-5和表8-6，我们就很容易做出决定。对比机器A的32.105万元年成本和机器B的28.928万元年成本，机器B是首选。

第三节 多期投资决策

资本预算方法主要应用在最初的投资决策上，没有明确考虑在项目生命周期中可能需要做出的未来决策和调整。事实上，大多数项目都包含多期的选择。考虑多期决策允许决策者在了解新信息后选择最具吸引力的替代方案，从而增加了投资机会的价值。在分析多期决策时，不仅在项目期初进行决策，在项目生命周期的其他时间节点也会进行决策。决策树方法是进行多期决策的有效方法。

一、项目的可能选项

1.递延选项

递延选项实际是选择投资的时间。例如，一家网络应用公司打算投资家庭网络项目，公司资金充足，可以随时启动投资。如果该公司预计组件的价格将大幅下降，即将发布的新技术将使现有组件过时，等待可能是更有价值的。此外，该公司可能只是想要更多的时间来收集有关家庭网络潜在市场的信息。与任何其他资本预算决策一样，如果延迟会增加项目的净现值，那么公司会选择延迟投资。

2.扩展选项

扩展选项是指项目投资从有限的投入开始，如果后期产品成功，再加大投入。例如上文提到的网络应用公司投资家庭网络项目，可以在全面投入使用之前，在有限的发布中测试产品。只有当家庭网络在有限的发行中取得成功时，才有可能在全球范围内扩张。公司有可能减少其前期承诺并选择仅在产品成功时才进行扩展，从而增加家庭网络产品的净现值。

3.放弃选项

放弃选项可以增加项目的价值，因为如果一个项目被证明是不成功的，那么公司可以放弃它。仍然以前文提到的网络应用公司为例。假设它的一个竞争对手开发了一项新技术，使其能够推出一种定价更低的成功竞争产品。按照这个价格，家庭网络每年将产生负现金流。那么，该公司可以选择放弃这个项目，停止生产家庭网络并出售设备。

二、决策树

决策树是决策问题的图解表示，它表示了所有可能的行动方案，并显示了每个行动方案的所有可能结果。当一个问题涉及一系列正在做出的决策，并且在决策过程中产生了几个结果时，应该使用决策树。

【例8-3】太阳能电子公司（SEC）考虑投资太阳能喷气发动机项目，SEC计划最初投资15亿元，并预计在未来5年内每年获得9亿元，NPV为15.17亿元。但在决定投资该项目前，需要进行前期的市场准备。市场部建议SEC开发一些原型机，并对发动机进行试销。一个包括生产部、市场部和工程部代表在内的企业规划组估计，这个初步阶段需要一年时间，耗资1亿元。此外，该小组认为，营销测试成功的可能性为75%。在完成市场测试后，SEC将决定是否进行全面生产，这需要投资15亿元。假设测试没有成功（25%的概率），SEC的15亿元投资将产生-36.11亿元的NPV，以第一年计算。该公司的贴现率为15%

SEC面临两个决定。SEC的决策树如图8-1所示。首先，公司必须决定是否继续进行营销测试。如果进行了测试，公司必须决定测试的结果是否能保证大规模生产。正如我们将看到的，这里的重点是，决策树以相反的顺序回答了这两个问题。所以让我们倒推一下，首先考虑如何处理测试的结果，测试结果可能是成功的，也可能是不成功的。

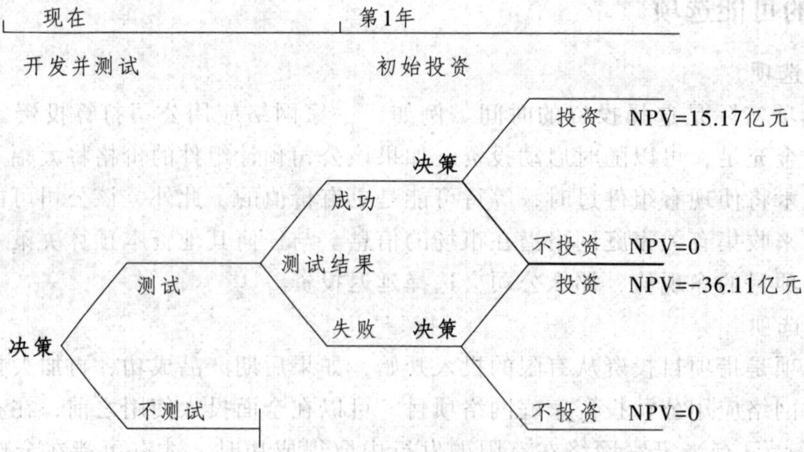

图8-1 SEC的决策树

假设测试已经成功（75%的概率），5年内每年将产生9亿元的现金流，NPV为15.17亿元。由于NPV为正，成功的市场测试将使公司选择全面生产。（请注意，NPV是在第1年计算的，即投资15亿美元的时间点。稍后我们将把这个数字折算回第0年，届时将对试销做出决定。）

假设测试没有成功（25%的概率），SEC的15亿元投资将产生-36.11亿元的NPV，以第1年计算。因为这里的NPV是负的，如果营销测试不成功，SEC将选择放弃全面生产。

现在我们知道如何处理营销测试的结果了。让我们用这些结果回溯一年。也就是说，我们现在想弄清楚SEC是否应该首先投资1亿元用于测试营销成本。

如果选择测试，在第1年年末公司的期望回报是：

$$期望回报 = 0.75 \times 15.17 + 0.25 \times 0 = 11.38\ （亿元）$$

那么选择测试这一决策在0年的NPV为：

$$NPV = -1 + \frac{11.38}{1.15} = 8.9\ （亿元）$$

因为NPV为正，公司应该选择进行测试。

财务管理中的商业伦理　　科技巨头的战略深谋与伦理挑战

埃隆·马斯克在美国内华达州成立了一家名为X.AI的人工智能公司，旨在与聊天机器人ChatGPT的开发公司OpenAI展开竞争。内华达州备案文件显示，马斯克是X.AI的唯一董事，而马斯克家族办公室主任贾里德·伯查尔则是该公司的秘书。文件还显示，马斯克在2023年3月9日就注册了这家公司。

据了解，马斯克的人工智能项目涉及大型语言模型。大型语言模型能够通过大量的数据来训练人工智能，创建较为复杂的内容和文本。目前的聊天机器人ChatGPT及谷歌的Bard都以大型语言模型为基础进行运行。推特作为社交媒体平台，拥有可以用于训练大型语言模型的海量数据。

马斯克加入AI大战，也意味着这个当前最火热的赛道，又添一员猛将。但就在不久前，他带头签署的一封联名信掀起了巨大波澜，信中呼吁全行业暂停开发训练更先进强大的AI技术，称其“对社会和人类构成潜在风险”。

其实马斯克所批判的并不是整个人工智能的技术，他批判的更多是目前以OpenAI为代表的ChatGPT等应用程序接口工具（Application Programming Interface，API）开发对人类信息无止境的攫取、对人类思维无节制的拟合以及自身发展超速失控的系统性风险。

马斯克对AI到底是什么态度？不要只听他说了什么，要看他做了什么。马斯克一方面批判ChatGPT背后的大模型过于滥用会引发人类社会发展危机，另一方面又亲自下场参与大模型的开发应用，这种反差背后体现的是技术伦理与商业利益之间的冲突。马斯克需要在这二者之间找到平衡点，思考公司的长远发展和社会责任。无论他最终做出怎样的选择，都将对公司和社会产生深远的影响。

资料来源：佚名．“双面”马斯克搞AI［EB/OL］．［2023-04-17］.https：//m.china.com.cn/appshare/doc_1_14_2473853.html.

重要术语

资源有限（limited resources）
等效年金（equivalent annual annuity）
项目寿命（project life）
递延选项（the option to delay）
扩展选项（the option to expand）
放弃选项（the option to abandon）
决策树（decision tree）

本章小结

本章讲述了资本预算实务问题。第一节介绍了资源有限情况下的投资决策方法，探讨了获利指数计算公式及其具体应用。获利指数是净现值与消耗资源的比值，代表单位资源消耗所创造的净现值。在计算获利指数后，我们可以根据获利指数对项目进行排名，从指数最高的项目开始往下移排名，取所有项目，直到资源消耗殆尽。

第二节介绍了项目寿命不等情况下的投资决策方法，探讨了等效年金法及其具体应用。等效年金法的核心是确定等效年金，以使其净现值等于项目现金流总的净现值。在计算等效年金后，我们可以消除寿命不同的影响，根据等效年金直接比较不同项目。

第三节介绍了多期投资决策方法，包括项目的可能选项、决策树。项目的可能选项具体为递延选项、扩展选项、放弃选项。我们可以根据不同的情境选择合适的选项。在一个问题会涉及多个决策、产生多个结果的情境下，我们可以采用决策树的方法，因为决策树表示了所有可能的行动方案，并显示了每个行动方案的所有可能结果。

复习与思考

1. 什么情况下使用等效年金法？
2. 当资源有限时，企业如何进行投资决策？
3. 为什么投资决策中考虑项目周期中的可能选项能够提高企业项目的净现值？
4. S公司正在考虑以下独立投资，见表8-7：

表8-7 **S公司正在考虑的投资项目** 单位：万元

项目	初始投资	净现值
A	105 000	46 632
B	50 000	2 263
C	98 000	83 387
D	60 000	974

S公司的资本成本为10%。

请问：如果S公司只有20万元可用于新投资，应该选择哪些项目？假设每个项目都是不可分割的。

二维码8-1 复习与思考参考答案

拓展阅读

二维码8-2 中国资本市场的价值

第九章　筹资决策（上）

学习目标

1. 了解筹资的基本知识；

2. 懂得比较分析债务资本筹资与权益资本筹资的区别和利弊。

教学重点与难点

教学重点：

筹资方式。

教学难点：

资产证券化、发行存托凭证。

引例：四川路桥拓展海外融资渠道，"1+2"战略信心坚定

2023年1月18日，四川路桥建设集团股份有限公司（简称"四川路桥"，证券代码：600039）发布公告称，为满足公司战略布局及海内外业务发展需求，提升公司国际化品牌和企业形象，拓展公司的国际融资渠道，公司筹划境外发行全球存托凭证（Global Depositary Receipts，GDR）并在瑞士证券交易所挂牌上市。本次发行GDR所代表的新增基础证券A股股票不超过622 633 677股，不超过本次发行前公司普通股总股本的10%，募集资金总额不超过人民币50亿元（或等值外币）。

2020年党的十九届五中全会和2021年的全国两会，审议并且通过了《中华人民共和国国民经济和社会发展第十四个五年规划和2035年远景目标纲要》，明确指出将加快新型基础设施、交通强国建设，构建现代化基础设施体系。2022年党的二十大报告再次强调，推进工业化，加快建设交通强国，优化基础设施布局、结构、功能和系统集成，构建现代化基础设施体系。四川路桥主要从事工程建设、矿业及新材料、清洁能源等产业的投资、开发、建设和运营业务。本次募集资金拟用于G7611线西昌至香格里拉（四川境）高速公路项目ZCB-3合同段施工总承包项目、铜梁至资中（四川境）高速公路资中端施工总承包项目、孟加拉国达卡至西莱特DS-7标段施工总承包项目及补充流动资金，均围绕公司主营业务开展，符合国家加快新型基础设施、交通强国建设，构建

现代化基础设施体系的产业政策。

本次发行是四川路桥响应国内资本市场政策号召、深化中欧资本市场互联互通、利用境外资本市场促进实体经济发展的重要举措。四川路桥将充分利用资本市场改革的有利时机和政策的大力支持，与境外资本市场实现直接对接，提升公司在全球的知名度，增强公司资金实力，提升多渠道融资能力；引入境外专业投资机构和产业投资者，进一步优化公司股权结构，提升公司治理透明度和规范化水平，为公司高质量发展提供坚实的治理机制保障。

从公司战略布局和规划来讲，本次四川路桥拟发行GDR，是为深化战略发展布局，推进战略目标实现。在国家"一带一路"倡议引领下，公司将继续加快国际市场布局，开展工程承包、基础设施投资建设、资源开发等业务，努力服务于共建"一带一路"国家和地区基础设施建设改善和互联互通水平提升，同时延伸产业链、生态链、服务链，打造产业生态，增强产业链关键环节控制力，着力提升科技和管理创新能力，形成以"工程建设、矿业及新材料、清洁能源"为主业的"1+2"产业闭环发展新格局。本次发行将进一步促进公司海内外业务的发展，着力加快公司的国际市场业务布局，深化公司战略布局的发展，提升公司的可持续发展能力和全球竞争力，促进公司实现"具有全球竞争力的世界一流工程综合运营商"的战略目标。

截至2023年3月末，四川路桥合并口径资产负债率为76.50%，资产负债率和债务水平相对较高，本次发行GDR募集资金可增强资本实力、优化财务结构、降低公司的偿债风险。

2023年7月6日，四川路桥召开2023年第六次临时股东大会，审议通过了《关于公司发行GDR新增境内基础股份发行方案的论证分析报告的议案》《关于公司发行GDR募集资金使用的可行性分析报告的议案》《关于公司发行GDR新增境内基础股份发行预案的议案》等议案。

资料来源：

1.四川路桥建设集团股份有限公司．四川路桥建设集团股份有限公司发行GDR募集资金使用的可行性分析报告［EB/OL］.［2023-06-21］. http://www.sse.com.cn/disclosure/listedinfo/announcement/c/new/2023-06-21/600039_20230621_JWLQ.pdf.

2.中国基金报．四川路桥：拓展海外融资渠道，"1+2"战略信心坚定［EB/OL］.［2023-01-19］. https：//www.chnfund.com/article/AR2023011915263708755829.

因此，不妨带着下面几个问题去阅读本章：四川路桥为何拟通过发行全球存托凭证筹集资金？其筹资动机和筹资渠道是什么？还可采取哪些筹资渠道和筹资方式？如何选择？

财务管理原则的运用

原则一：风险-收益权衡——除非可以预期得到额外的收益，否则人们就不会去承担额外的风险。

原则三：决定一切的是现金流量，而非会计盈余。

原则六：有效资本市场——市场反应是迅速的，定价是正确的。

原则七：代理问题——为股东工作的管理者追求自身利益最大化。

原则八：税收会影响决策。

企业要从事经营活动首先必须筹集一定数量的资金。筹集资金是企业财务管理的一项最原始和最基本的职能。在发达的金融市场上，企业所需要的资金可以从不同来源，通过不同方式来筹集。

第一节 筹资概述

企业筹集资金，是指企业根据自身生产经营、对外投资和调整资本结构的需要，经过科学的预测和决策，选用合适的筹资渠道和筹资方式，向企业的投资者及债权人筹集资金的一项财务活动。资金筹集是企业资金运动的起点，随着企业生产经营活动的不断进行，企业随时都会产生筹集资金的要求。采取各种方式筹集资金，既是保证企业生产经营活动正常进行和获取盈利的需要，也是企业财务管理的重要内容。企业进行资金筹集，首先必须了解筹资的具体动机，遵循筹资的基本原则，把握筹资渠道与筹资方式。

一、企业筹资的动机

企业筹资的基本目的，是自身的生存与发展，企业具体的筹资活动通常受特定动机的驱使。企业筹资的具体动机是多种多样的，归纳起来主要有如下四类：

（1）创业筹资动机。要创建企业就必须筹集资金，以获得创立一个企业必需的初始资本，并取得会计师事务所的验资证明，据以到市场监督管理部门办理注册登记手续，企业才能开展正常的生产经营。

（2）维持经营筹资动机。在企业持续的生产经营活动中，设备购置与更新、材料采购、成本费用的开支，都会不断产生资金需求，需要筹措和集中资金。

（3）扩张筹资动机。企业扩大生产经营规模、开发新产品、进行技术改造、对外投资、兼并收购等都需要筹集资金。

（4）偿债筹资动机。在不少情况下，企业为了偿还债务而产生筹资动机。

因此，筹集资金是企业进行生产经营的客观需要，是企业再生产活动的第一推动力。迅速、足够、有效地筹集到企业所需的资金，是财务管理的首要任务。

二、筹集资金的原则

企业为了组织筹资活动，处理好筹资过程中的财务关系，应遵循下列原则：

（1）合理性原则。筹集资金的目的就是要确保企业拥有生产经营所必需的资金。资金不足，会影响生产经营，而资金过剩，也会影响资金的使用效果。因此，企业筹集资金必须有一个合理界限，使资金的筹集量与需要量达到平衡。

（2）效益性原则。企业在筹集资金之前，必须对资金的投放项目进行认真的研究分析，预测其经济效益及偿还能力；在选择筹资渠道的时候，要进行资本成本与风险分析，综合考虑各种筹资渠道和筹资方式，研究各种资金来源的构成，求得最优的筹资组合。这样就可以以较低的资本成本筹集所需资金，提高筹资效益。

（3）合法性原则。企业的筹资活动影响着社会资金的流向和流量，涉及有关方面的经济权益，因此，企业在筹资时必须服从、遵守国家公布的有关法规，保证筹资的合法性。

（4）及时性原则。企业筹资必须根据企业投资的投放时间安排来筹划，及时地取得资金，使筹资与投资在时间上相互协调。企业一般都有资金投放时间上的要求，尤其是证券投资，其投资的时间性要求非常重要，筹资必须要与此相配合，避免筹资过早而造成投资前的资金闲置或筹资滞后而贻误投资的有利时机。

三、企业筹资的渠道和方式

企业筹资需要通过一定的筹资渠道，运用一定的筹资方式来进行。不同的筹资渠道和筹资方式各有特点和适用性，为此需要加以分析研究。

（一）企业筹资渠道

筹资渠道是指企业取得资金的来源。企业的资金来源直接受到社会经济结构和国家管理资金政策和体制的影响。一般来说，企业的筹资渠道有下列几种：

（1）国家资金。它是我国国有企业特别是国有独资企业筹集资金的重要渠道。我国国有企业的资金大多是由国家财政以直接拨款方式形成的，还有些是国家以减免各种税款的方式形成的。无论是以何种形式形成的，从产权关系上看，它们都属于国家投入的资金，产权归国家所有。

（2）银行信贷资金。它是指各银行类金融机构提供的各项贷款。银行贷款方便、灵活，适应企业的各种需要，是企业重要的资金来源。目前，我国的银行有中央银行、专业银行和商业银行，其中，与企业筹资最为密切的是商业银行。

（3）非银行金融机构资金。它主要是指各级政府及其他经济组织主办的非银行金融机构的各项贷款。非银行金融机构包括金融资产管理公司、企业集团财务公司、金融租赁公司、汽车金融公司、货币经纪公司、消费金融公司、信托投资公司、证券公司、保险公司等。这些机构的资金力量虽然不及银行，融通资金的范围也有一定的限制，但是这些机构的资金供应方式灵活、方便，有广阔的发展前景。

（4）其他企业资金。它是指企业从生产经营过程中游离出来的暂时性闲置资金，可在企业之间以各种方式调剂使用。随着横向联合和企业集团的发展，企业之间资金联合和资金融通得到了广泛而深入的发展。因此，企业间相互融资是一种具有巨大潜力的筹资渠道。

（5）民间资金。企业可以通过直接筹资的方式取得本企业内部职工或社会个人闲置的资金，如发行债券、股票等。随着股份制和证券市场的发展，它成为企业资金的又一重要来源。

（6）企业内部资金。它是指企业通过提取盈余公积和保留未分配利润而形成的资金。随着企业财权的扩大和经济效益的提高，企业内部资金将不断增加。

（7）境外资金。它是指我国境外投资者，包括港、澳、台地区和外国投资者投入的资金。

（二）企业筹资方式

企业必须通过一定的筹资方式才能从资金来源渠道取得资金。筹资方式是指企业筹集资金所采取的具体形式，体现着资金的经济属性。筹资方式和筹资渠道既有区别又有联系。它们的区别是：筹资渠道反映取得资本的客观可能性，而筹资方式解决用什么方式将客观可能性转化为现实性。它们的联系是：同一筹资渠道的资金往往可以采用不同的筹资方式取得，而同一筹资方式又往往可适用于不同的筹资渠道。

认识筹资方式的种类，了解各种筹资方式的特点及适用性，有利于选择最优的筹资结构。目前我国企业筹集资金主要有下列方式。

（1）吸收直接投资。它是指企业以协议等形式吸收政府、法人、自然人等直接投入的资金，形成企业权益资本的一种筹资方式。吸收直接投资既可以是吸收现金投资，又可以是吸收非现金投资。吸收直接投资筹资方式不以股票为媒介，适用于非股份制企业，是非股份制企业取得权益资本的基本方式。

（2）发行股票。它是股份制公司筹措自有资本的基本方式。股票是股份制公司为筹措自有资本而发行的有价证券，是持股人拥有公司股份的凭证。它代表持股人在公司中拥有的所有权。通过发行股票筹集的资金，企业可以永久性占用，属于企业自有资金。股票可分为普通股股票和优先股股票两类。发行股票筹资要以股票为媒介，仅适用于股份制公司，是股份制公司取得权益资本的基本方式。

（3）金融机构借款。它是企业负债筹资的主要来源，是企业根据借款合同向银行（以及其他金融机构）借入的款项。金融机构借款按期限分为短期借款和长期借款两类。企业可从金融机构取得中长期的投资借款、短期的生产周转借款、贴现借款和抵押借款等。

（4）商业信用。它是指商品交易中以延期付款或预收货款进行购销活动而形成的借贷关系。商业信用是企业间的直接信用行为，必须以商品交易为基础。作为企业筹资方式的商业信用主要有应付账款、应付票据和预收账款三种形式。

（5）发行债券。它是企业筹集债务资本的重要方式。债券是债务人为筹集债务资本而发行的，约定在一定期限内向债权人还本付息的有价证券。

（6）租赁。租赁，是指在一定期间内，出租人将资产的使用权让与承租人以获取对价的合同。租赁期间，资产的所有权仍属于出租人，而使用权则归承租人。

（7）留存收益。留存收益主要包括盈余公积和未分配利润。《公司法》规定企业要按税后利润的百分之十提取法定盈余公积金，经股东会或者股东大会决议，还可以从税后利润中提取任意公积金。未做分配的利润就是未分配利润。盈余公积和未分配利润成为企业内部筹资的主要方式。

第二节　债务资本筹资

企业运用各种方式筹集的资金，从性质上可以分为两类：权益资本和债务资本。正确认识这两类资本的内容和属性，有利于合理安排它们之间的比例关系。

一、债务资本的属性

债务资本（debt capital）亦称借入资本，是企业依法取得并依约运用、按期偿还的资本。企业的债务资本一般包括银行借款、应付票据、应付债券等，在财务报表上表现为负债。债务资本使用期有长有短，短的仅几个月，长的超过一年，甚至长达数十年。债务资本具有下列属性：

（1）债务资本体现企业与债权人的债务债权关系。它是企业的债务，是债权人的债权。

（2）企业的债权人有权按期索取债权本息，但无权参与企业的经营管理和利润分配，对企业的其他债务不承担责任。

（3）企业对持有的债务资本在约定的期限内享有经营权，并承担按期付息还本的义务。

由此可知，企业使用债务资本的负担较重，财务风险较大。

企业的债务资本一般是通过银行信贷资金、非银行金融机构资金、其他企业资金、民间资金和境外资金等筹资渠道，采用金融机构借款、发行债券、商业信用和租赁等筹资方式取得或形成的。下面主要介绍长期借款、发行债券、永续债券、资产证券化等债务资本筹资方式。

二、长期借款

长期借款（long-term loan）是指企业向银行或其他非银行金融机构借入的、期限在1年以上的资金，主要用于购建固定资产和满足长期资金占用的需要。

（一）长期借款的种类

长期借款的种类较多，各企业可根据自身的情况，从不同的来源取得。

（1）长期借款按提供贷款的机构，可分为政策性银行贷款、商业性银行贷款和其他金融机构贷款。

政策性银行贷款，是指执行国家政策性贷款业务的银行（通称政策性银行）提供的贷款，通常为长期贷款。我国政策性银行包括国家开发银行、中国农业发展银行、中国进出口银行。

商业性银行贷款，包括短期贷款和长期贷款。长期贷款一般具有以下特征：期限长于1年；企业与银行之间要签订借款合同，含有对借款企业的具体限制条例；有规定的借款利率，可固定，也可随基准利率的变动而变动；主要采用分期偿还方式，也可采用到期一次偿还方式。

其他金融机构贷款，其他金融机构对企业的贷款一般比商业性银行贷款的期限更长，利率较高，对借款企业的信用要求和担保的选择也比较严格。

（2）长期借款按有无抵押品作为担保，分为抵押贷款和信用贷款。

抵押贷款是指以特定的抵押品作为担保的贷款。作为贷款担保的抵押品可以是不动产、机器设备等实物资产，也可以是股票、债券等有价证券。它们必须是能够变现的资产。如果贷款到期时借款企业不能或不愿偿还贷款，银行可以取消企业对抵押品的赎回权，并有权处理抵押品。抵押贷款有利于降低银行贷款的风险，提高贷款的安全性。

信用贷款是指不以抵押品作为担保的贷款，即仅凭借款企业的信用或保证人的信用而发放的贷款。信用贷款通常仅由借款企业出具签字的文书，一般是贷给那些资信良好的企业。对于这种贷款，由于风险较高，银行通常要收取较高的利息，并往往附加一定的限制。

（二）长期借款的优缺点

长期借款与通过发行股票、债券等长期筹资方式相比，既有优点，又有缺点。

长期借款有如下优点：

（1）借款筹资速度快。企业利用长期借款筹资，一般所需时间较短，程序较简单，可以快速获得现金。通过发行股票、债券筹集长期资金，要做好发行前的各种工作，如印制证券等，发行也需要一定时间，故耗时较长，程序也比较复杂。

（2）借款成本较低。利用长期借款筹资，其利息可在所得税前列支，故可减少企业实际负担的成本。因此，比股票筹资的成本要低得多。与债券筹资相比，借款利率一般低于债券利率。此外，由于借款属于间接筹资，筹资费用也较少。

（3）借款弹性较大。在借款时，企业与银行直接商定贷款的时间、数额和利率等；在用款期限内，企业如因财务状况发生某些变化，亦可与银行再行协商，变更借款数量及还款期限等。因此，长期借款筹资对企业具有较大的灵活性。

（4）企业利用借款筹资，与债券筹资一样可以发挥财务杠杆的作用。

长期借款有如下缺点：筹资风险较高。借款通常有固定的利息负担和固定的偿付期限，故借款企业的筹资风险较高，限制条件较多。这可能会影响企业以后的筹资和投资活动。此外，利用借款筹资数量有限，一般不如股票、债券那样可以一次筹集到大笔资金。

三、发行债券

债券（bond）是债务人为筹集资金而依法发行，承诺按期向债权人支付利息和偿还本金的一种有价证券。发行债券是企业筹集债务资金的重要方式。我国非公司制企业发行的债券称为企业债券。按照《中华人民共和国公司法》和国际惯例，股份有限公司和有限责任公司发行的债券称为公司债券，习惯上又称公司债。债券代表持券人同企业之间的债权债务关系。持券人可按期取得固定利息，到期收回本金，但无权参与企业经营管理，也不参加股利分配，持券人对企业的经营盈亏不承担责任。债券可以转让、抵押和继承。公司发行债券的目的通常是为其大型投资项目筹集大笔长期资金。

企业以权益筹资方式筹集的资本尚不能满足企业发展资金需要的，或者在短期内不能满足资金紧急需要的，必须开辟新的筹资渠道。此外，由于种种原因，企业不能稳定地从金融机构长期获取必要资金来源的，如果企业经营状况良好，又有较好的发展前景，发行债券筹资不失为一种合理的选择。

债券筹资方式比较灵活。企业可以根据自身和市场的实际情况决定债券发行的面值、价格、利率、偿还期和偿还方式等。例如，在市场利率较高时，企业可以发行期限较短的债券，以筹集急需的资金；待市场利率下跌后，再发行较低利率的长期债券。

债券筹资的优点表现在：(1) 企业债券的利息费用可以享受扣减所得税的优惠；(2) 企业债券持有人除获取利息以外，不能参加企业超额利润的分配，因此，可以发挥财务杠杆的作用，使企业所有者的收益上升；(3) 债券持有人没有投票权和控制权，因此，可以保障企业所有者的控制权。

债券筹资虽然具有不少优点，但也有明显的不足。企业债券有固定的到期日和固定的利息费用，在企业经营不景气时，容易使企业陷入财务困境。此外，企业债券限制性条款较多，可能影响企业的资金使用和以后的筹资能力。

四、永续债券

永续债券（perpetual bond）是一种没有明确到期日或者期限非常长，投资者不能在一个确定的时间点得到本金，但是可以定期获取利息的债券。永续债券为混合型债券工具，介于普通优先级债务与普通股之间，兼具债务和股权两种特性，即“债券之名、权益之实”，常被称为“债券中的股票”。

永续债券与普通债券的主要区别在于：(1) 不设定债券的到期日。(2) 票面利率较高，远远高于同期国债收益率。(3) 永续债券多附加赎回条款以及票面利率调整条款。永续债券都是含权债券，含有延期选择权，发行人可以选择延长债券到期日，在发行人不选择主动赎回的情况下，永续债券可能成为无到期日的债券。每到一个续作期，发行人如果选择延期债券，则永续债券的票面利率面临重新定价。

自2013年第一只永续债券发行至今，相关永续债券品种陆续推出。在我国，永续债券并不是一个独立的券种，而是可延期或无固定偿还期限附带赎回权的各类债券。目前，我国永续债券的种类主要包括企业债、公司债、中期票据、定向工具、金融债等，在发行时分别受不同监管机构监管。

对于发行企业而言，发行永续债券的主要有利之处：(1) 由于可计入权益的特点，永续债券在一定程度上为高负债率的企业起到了降杠杆的作用，达到了企业发债主体降低资产负债率的目的。(2) 同时，虽然永续债券计入权益，但永续债券的投资者没有投票权，不稀释公司股权，减少了新旧股东之间的治理争议。

五、资产证券化

资产证券化（asset backed securitization，ABS），是指以基础资产所产生的现金流为偿付支持，通过结构化等方式进行信用增级，并在此基础上发行资产支持证券的筹资方式。基础资产，是指符合法律法规规定，权属明确，可以产生独立、可预测的现金流且可特定化的财产权利或者财产。基础资产可以是单项财产权利或者财产，也可以是多项财产权利或者财产构成的资产组合。基础资产可以是企业应收款、租赁债权、信贷资产、信托受益权等财产权利，基础设施、商业物业等不动产财产或不动产收益权，版权、专利权、商标等知识产权[①]，以及中国证监会认可的其他财产或财产权利。[②]

2021年，规范探索知识产权证券化被国务院列为改革创新举措在自贸试验区予以复制推广。2022年5月发布的《国务院办公厅关于进一步盘活存量资产扩大有效投资的意见》中指出，“积极探索通过资产证券化等市场化方式盘活存量资产”。资产证券化的发展也符合党的二十大报告所提出的“健全资本市场功能，提高直接融资比重”的要求。

ABS相较于传统筹资方式主要有以下几个优势：

（1）提高了资产的流动性和资金利用率。筹资方出售基础资产时获得了相应的对价，在不增加负债、不占用银行授信额度的情况下实现了筹资。通过发行ABS将未来可预估的稳定现金流一次性转化为现金，并用该资金投入主营业务或进行其他投资，以获取更多收益，从而提高了资产的流动性和资金的利用率。

（2）交易架构可以根据需要灵活设计。传统筹资工具（股票发行及债券发行），对于发行主体、发行规模、募集资金用途等均有诸多限制。筹资方与投资方之间的权利、义务可由各方自由约定的空间较小。而在ABS发行中，对于筹资方的上述限制较少，可以根据筹资方及投资者的不同需求灵活设计交易架构，自由约定各方权利、义务的空间较大。

（3）主体信用转化为资产信用，降低了筹资成本。传统债券筹资，债券的偿付主要依赖于发行主体的信用状况，在没有外部增信的情况下，主体信用评级等同于债项评级。如果主体信用评级不高，可能导致发行失败，而要引入外部增信则会导致发行成本增加。资产证券化以基础资产所产生的现金流为偿付支持，不依赖于发行主体的信用状况。通过结构化等方式进行信用增级后，信用等级越高，付给投资者的利息就越低，从而降低筹资成本。

第三节　权益资本筹资

一、权益资本的概念

权益资本（equity capital）亦称自有资本，是企业依法取得并长期拥有，可自主调

① 中国证监会．对十三届全国人大五次会议第5753号建议的答复［EB/OL］．［2023-02-24］．http://www.csrc.gov.cn/csrc/c101800/c7162012/content.shtml.

② 具体内容详见2014年11月19日中国证监会发布的《证券公司及基金管理公司子公司资产证券化业务管理规定》第二条、第三条。

配运用的资本。企业的权益资本由实收资本（或股本）、资本公积、盈余公积和未分配利润组成。

权益资本具有下列属性：

（1）权益资本的所有权归属于企业的所有者。企业所有者依法凭其所有权参与企业的经营管理和利润分配，并对企业的债务承担有限或无限责任。

（2）企业对权益资本依法享有经营权。在企业存续期间，企业有权调配使用权益资本。企业所有者除了依法转让其所有权外，不得以任何方式抽回其投入的资本，因而权益资本被视为企业的“永久性资本”。

（3）权益资本能降低企业财务风险。从企业筹资来看，权益资本为企业“永久性”使用，没有到期归还的压力，对于所有者分配的利润也没有“强制性”。因此权益资本能降低企业财务风险。企业权益资本是否充足，还表明了该企业有没有资金实力和竞争能力，因此，它是企业组织生产经营活动和向外举债的基础。

企业的权益资本是企业最基本的资金来源。它一般是通过国家资金、其他企业资金、民间资金、企业内部资金和境外资金等筹资渠道，采用吸收直接投资、发行股票、留存收益等筹资方式形成的。下面主要介绍发行股票、发行存托凭证筹资方式。

二、发行股票

发行股票是股份有限公司筹集资本金的基本方式。股票（stock）是股份有限公司筹集资本时签发给股东以证明其投资的一种书面产权凭证。股票可以为其发行者筹集资金，给它的持有者带来一定的收益（也具有一定的投资风险）。持有者可以通过证券市场自由转让和买卖股票。简而言之，股票具有流动性、盈利性和风险性等特征。

股份有限公司通过发行股票来筹集资本，有利于吸引社会各个层次的投资者，开拓更加广泛的资金渠道，有利于建立、健全企业自筹资金、自担风险的投资体制，有利于促进横向经济联合，有利于国家对企业投资规模的宏观控制和对社会资金流向的合理调整。

按股东权利和义务的不同，股票分为普通股股票（common stock）和优先股股票（preferred stock）。

1.普通股筹资的优缺点

普通股筹资是一种权益资本筹资，其优点主要表现在：

（1）普通股筹资没有固定的股利负担，风险小。企业有盈利并认为适合支付股利，就可以给股东支付股利；反之，企业盈利较少，或虽然有盈利，但是企业资金短缺或存在更有利的投资机会，就可以少支付甚至不支付股利。因此，普通股筹资实际上不存在偿债能力问题，自然也就没有什么偿债风险。

（2）普通股筹资没有固定的到期日，不需偿还股本。利用普通股筹集的资本是永久性资本，只有企业破产清算时才需要根据实际情况清偿，否则在公司经营期内能自行安排使用。这对保证企业最低的资金需求具有重要的意义。

（3）普通股筹资能增加企业的信誉。企业的股本及留存收益构成企业对债权人偿债的保障基础，因而普通股筹资可以提高企业的信用价值，同时，也为使用更多的债务资金提供了强有力的支持。

普通股筹资的缺点主要表现在：

（1）普通股筹资的资本成本较高。一般来说，普通股筹资的资本成本高于债务资本成本。这主要是因为股利要从税后利润中支付，而债务利息却在税前支付。此外，普通股筹资费用也较高。

（2）普通股筹资容易引起股权稀释。增发普通股会使股权分散，股价下跌，新股东坐享收益，原有股东利益受到损害。

（3）增加公司对外公布财务状况的成本。

2.优先股筹资的优缺点

利用优先股筹资有许多有利条件，其优点主要表现在：

（1）优先股没有固定的到期日，不用偿还本金，但大多数优先股又附有赎回条款，这就使得使用这种资金更有弹性。企业可以在财务状况较弱时发行，在财务状况转强时赎回，有利于结合资金需求进行筹资，同时也能控制公司的资本结构。

（2）股利的支付既固定，又有一定弹性。优先股采用固定股利，但固定股利的支付并不构成公司的法定义务。如果财务状况不佳，可暂不支付优先股股利，优先股股东也不能像债权人一样会迫使公司破产。

（3）优先股不会削弱原股东在公司的控制权。通过发行优先股筹集的资金也属于企业自有资金。

（4）优先股同样可以适当增强公司的信誉，提高公司的借款能力。

当然，优先股筹资也有自身的缺点：

（1）优先股的资本成本高于公司债券。优先股所支付的股利要从税后盈余中支付，不同于债务利息可在税前扣除。

（2）对优先股筹资制约较多，如对普通股股利支付的限制、对公司借款的限制等。

（3）优先股股利可能成为公司的财务负担。优先股需要支付固定的股利，又不能在税前扣除，所以，当盈余下降时，优先股的股利会成为一项较重的财务负担，有时不得不延期支付，影响公司的信誉。

过去，国内的同股不同权的中国企业一般仅能在境外上市，我国境内资本化的路径并不明确，在一定程度上导致一批优质企业尤其是互联网企业的流失。近年来，情况在逐渐改变，国家对同股不同权企业的上市逐步放开。2019年1月30日，科创板征求意见稿的正式出台明确同股不同权企业可在科创板上市。2019年3月1日，上交所正式发布了《上海证券交易所科创板股票上市规则》，第四章第五节规定的“表决权差异安排”，或称“同股不同权”，表明科创板同股不同权制度具有制度创新的意义。[①]

同股不同权，又称“双层股权结构”，是指资本结构中包含两类或多类不同投票权的普通股架构。同股不同权为“AB股结构”：B类股一般由管理层持有，而管理层普遍为创始股东及其团队；A类股一般为外围股东持有，此类股东看好公司前景，因此甘愿

① 2019年4月、2020年12月和2023年8月上交所多次修订《上海证券交易所股票上市规则》，“表决权差异安排”部分均未改动。

牺牲一定的表决权作为入股筹码。通常A股上市公司的股权结构为一元制，即所有股票都是同股同权、一股一票，但在发达国家市场的二元制（同股不同权）股权结构中，管理层试图以少量资本控制整个公司，故而将公司股票分高、低两种投票权。

科创类企业在高速发展时期难以利用银行贷款，只能借助于多轮股权筹资。这导致公司创始人或管理团队的持股比例越来越小，甚至丧失公司经营决策权。而同股不同权制度的推出能很好地解决这个问题，即财务投资者能够享有相应的分红和资本利得，同时企业的创始人依旧握有公司的决策权，保证企业长期的发展轨迹。

通过同股不同权的治理结构，公司不但可以实现控制权不流失的目的，还能提高公司运行效率、解决公司的长远利益与风险投资机构的短期利益之间的冲突、降低恶意并购发生的可能性等。但是，表决权差异安排可能增加代理成本，也会面临控股股东为自己谋利而损害中小股东的利益、公司在并购市场吸引力的下降等情况。

科创板坚持面向世界科技前沿、面向经济主战场、面向国家重大需求，主要服务于符合国家战略、突破关键核心技术、市场认可度高的科技创新企业。科创板的建设和发展是党的二十大报告提出的我国实施创新驱动发展战略的具体举措："提高科技成果转化和产业化水平……营造有利于科技型中小微企业成长的良好环境。"

三、发行存托凭证

存托凭证（depositary receipts，DR）是指一国境内的存托人接受境外基础证券发行人的委托而签发，并在一国境内证券市场发行和流通，以境外证券为基础且代表境外基础证券权益的证券①。基础证券通常是普通股股票，也可以是优先股和债券等其他证券。股票可以是非新增股票，也可以是新增股票。我国目前发行存托凭证的基础证券都是股票，所以把发行存托凭证作为权益资本筹资方式。

在我国，存托凭证是近几年才开始发行的一种新证券。2018年3月，国务院批转了中国证监会提出的《关于开展创新企业境内发行股票或存托凭证试点的若干意见》，将存托凭证认定为证券。2020年3月1日正式施行的《中华人民共和国证券法》将存托凭证明确为法定证券品种。2019年6月17日，华泰证券成为首家在伦敦证券交易所发行全球存托凭证并挂牌交易的A股公司。2020年10月，九号公司在科创板上市，成为科创板首只以中国存托凭证形式上市的红筹股。

（一）存托凭证的参与主体

存托凭证发行、上市交易等活动中参与的主体主要有境外基础证券发行人（简称"境外发行人"）、保荐人、存托人、托管人、存托凭证持有人（投资者）、跨境转换机构。

境外发行人应聘请具有保荐业务资格的证券公司担任保荐人。保荐人应当依照法律、行政法规规定尽职履行存托凭证发行上市推荐和持续督导职责。

存托人是指按照存托协议的约定持有境外基础证券，并相应签发代表境外基础证券权益的存托凭证的境内法人。境外发行人选择境内合适的存托人并与其签署存托协

---

① 武晋．中国存托凭证投资者保护研究［M］．北京：知识产权出版社，2021.

议。存托人根据存托协议约定协助完成存托凭证的发行上市、办理存托凭证的签发与注销，安排存放存托凭证基础财产（指基础证券及其衍生权益）。存托人是连接境外发行人与境内存托凭证持有人的中枢和桥梁，代表存托凭证持有人行使股东权利。境外发行人、存托人和存托凭证持有人通过存托协议明确存托凭证所代表权益和各方权利义务。存托人行使境外基础证券相应权利，应当按照存托协议约定的方式事先征求存托凭证持有人的意愿并按其意愿办理，不得擅自行使相应权利或者处分相应存托凭证基础财产。

托管人是指受存托人委托，按照托管协议托管存托凭证所代表的基础证券的境外金融机构。存托人可以委托具有相应业务资质、能力和良好信誉的托管人管理存托凭证基础财产，并与其签订托管协议，督促其履行基础财产的托管职责。存托人、托管人应当忠实、勤勉地履行各项职责和义务，不得损害存托凭证持有人的合法权益。存托凭证基础财产因托管人过错受到损害的，存托人承担连带赔偿责任。[①]境内存托人和境外托管人通常属于同一集团公司。

跨境转换机构指从事存托凭证跨境转换业务的证券经营机构。跨境转换，包括将基础证券转换为存托凭证，以及将存托凭证转换为基础证券。发行存托凭证时，跨境转换机构需在境外市场买入或者以其他合法方式获得境外发行人发行的基础证券并交付存托人之后，存托人才能签发相应存托凭证。[②]

（二）存托凭证的种类

存托凭证可以按多种标准进行不同的分类。

（1）按发行区域划分，存托凭证可分为美国存托凭证（American depositary receipts，ADR）、全球存托凭证（Global depositary receipts，GDR）、新加坡存托凭证（Singapore Depository Receipts，SDR）和中国存托凭证（Chinese depositary receipts，CDR）等。

《存托凭证发行与交易管理办法（试行）》（以下简称《存托办法》）第二条规定，中国存托凭证指由存托人签发、以境外证券为基础在中国境内发行、代表境外基础证券权益的证券。全球存托凭证指境内上市公司境外发行可转换为境内基础股份的存托凭证。[③]

（2）按基础证券发行人的参加状况，存托凭证可分为参与型存托凭证与非参与型存托凭证。

对于参与型存托凭证，基础证券发行人直接参与存托协议的订立和存托凭证的发行等活动。对于非参与型存托凭证，基础证券发行人不参与存托协议的订立、存托凭证的发行等活动，全程由存托人代为进行，在实践中不是主流存托凭证种类。《存托办法》第二条规定，存托凭证的境外基础证券发行人应当参与存托凭证发行，依法履行发行人、上市公司的义务，承担相应的法律责任。因此，中国存托凭证是参与型存托凭证。

---

① 参见2023年2月17日中国证监会修订发布的《存托凭证发行与交易管理办法（试行）》。

② 参见2022年3月25日深圳证券交易所发布的《深圳证券交易所互联互通存托凭证业务指引第1号——存托凭证跨境转换》。

③ 参见2023年5月16日中国证监会发布的《监管规则适用指引——境外发行上市类第6号：境内上市公司境外发行全球存托凭证指引》。

（3）按基础证券是否新增，存托凭证可分为融资型存托凭证和非融资型存托凭证。

在融资型存托凭证的发行过程中，境外发行人会增发新股，以新增股票作为基础证券并将其委托给存托人，使境外发行人获得境外资金。在非融资型存托凭证的发行过程中，境外发行人以非新增股票作为基础证券。非新增股票通常来自于公司回购股份或公司库存股票。回购股份和利用库存股票发行存托凭证，对发行人而言，都不具有筹集资金的直接功能。2022年2月11日中国证监会修订发布的《境内外证券交易所互联互通存托凭证业务监管规定》（以下简称《监管规定》）引入了融资型存托凭证，允许境外发行人发行融资型存托凭证在境内融资。

（4）按存托凭证跨境转换机制的差异，存托凭证可分为可转换存托凭证、不可转换存托凭证与限制性转换存托凭证。

存托凭证跨境转换机制是指存托凭证和基础证券可以按既定比例相互转换的机制。跨境转换机制是国际存托凭证市场的通行惯例，也是实现境内外市场互联互通的重要方式。跨境转换机制能够保持存托凭证与基础证券价格的联动性，有利于提升存托凭证定价效率，促进市场健康发展。

可转换存托凭证指存托凭证和基础证券可以按既定比例相互转换。不可转换存托凭证是指存托凭证和基础证券不能相互转换，导致存托凭证发行地和基础证券发行地市场相隔离。限制性转换存托凭证是指存托凭证和基础证券可以转换，但在转换的形式或条件方面受到限制。[①]《监管规定》第三十八条规定，境内上市公司在境外发行的存托凭证可以按规定与其对应的境内基础股票进行跨境转换。因此，我国存托凭证属于可转换存托凭证。

（三）存托凭证的特征

存托凭证主要有如下特征：

（1）存托凭证的发行和交易具有国际性。境外发行人可以选择在多个国家或地区发行存托凭证，存托凭证所在证券市场与基础证券所在证券市场属于不同的国家或地区，存托凭证的参与主体也来自不同国家或地区，因此存托凭证的发行和交易会受到不同国家或地区的法律规制，有利于推动全球证券市场相互借鉴和统筹发展。

（2）存托凭证交易具有灵活性。存托凭证是一种可转让凭证，存托凭证持有人可以在法律允许的范围内自由转让所持有的存托凭证，也可以在符合境内外监管要求的情况下，将存托凭证与基础证券进行转换。存托凭证可以像基础股票一样注销，交易方式和时间比较灵活。

（3）存托凭证具有对发行地所在国家法律的规避性。境外发行人在他国证券市场发行基础证券会受到该国相关法律限制，手续复杂，时间漫长。存托凭证由他国存托人而不是境外发行人签发，因此可以规避相关法律限制，发行与上市手续相对简单，发行成本大大降低。存托凭证起到间接发行其基础证券的目的。[②]

---

① 武晋．中国存托凭证投资者保护研究［M］．北京：知识产权出版社，2021.

② 李东方．存托凭证投资者权益保护制度的特殊性及其完善——兼论我国现行存托凭证制度的完善［J］．法学评论，2022（3）：11-24.

（4）存托凭证具有独立性。存托凭证与基础证券在不同国家的证券市场发行并交易，是不同种类的证券，在一定程度上相互独立。存托凭证基础财产属于存托凭证持有人所有。存托人和托管人应当为存托凭证基础财产单独立户，将存托凭证基础财产与其自有财产有效隔离、分别管理、分别记账，不得将存托凭证基础财产归入其自有财产，不得侵占、挪用存托凭证基础财产。

（四）存托凭证的优缺点

（1）发行存托凭证的优点。

①有利于发行人快速获取境外资金，扩大自身产品和服务在国际市场的影响力与知名度，加强投资者对公司的认知与兴趣，提升公司有价证券的流动性，有助于公司用好国内国际"两个市场、两种资源"。

②有利于丰富投资者的投资品种，拓宽其投资渠道，优化其投资组合并分散投资风险。

（2）发行存托凭证的缺点。

①投资者不能直接行使股东权利。

存托人是连接境外发行人与境内存托凭证持有人的中枢和桥梁，根据存托协议代表存托凭证持有人行使股东权利。也就是说，投票表决权、查阅境外发行人的账簿、财务报表等知情权以及股息红利的领取与索取权均不能由投资者直接行使，而是由存托人代为行使。若存托人违背投资者意愿，滥用表决权，投资者会面临损失。

②投资者难以跨境诉讼。

因存托凭证的发行和交易具有国际性，存托凭证的发行交易活动存在两个或两个以上司法管辖区域，从而产生了管辖权分隔。如果境外发行人没有按照存托协议的约定向存托人履行义务，或者发行人和存托人合谋私利，或者存托人和托管人合意侵权，侵害投资者的权益，投资者权利难以得到救济，跨境举证、调解、诉讼以及执行都存在障碍。[①]我国目前对存托凭证持有人的保护，更多依赖于证监会的监管，对鼓励存托凭证持有人跨境诉讼进行维权的措施较少。

我国存托凭证在资本市场上发挥的作用还不明显。在国内交易所发行中国存托凭证并上市的红筹股仍只有九号公司一家，在境外交易所发行全球存托凭证并上市的境内上市公司只有21家，详见本章最后的拓展阅读资料"中国存托凭证的发展"。

财务管理中的商业伦理　　　　绿水青山就是金山银山

2023年6月28日，十四届全国人大常委会第三次会议通过决定，将8月15日设立为全国生态日。首个全国生态日主场活动由国家发展改革委联合中央宣传部、自然资源部、生态环境部等部门和浙江省人民政府共同举办，主题为"绿水青山就是金山银山"。

在首个全国生态日到来之际，中共中央总书记、国家主席、中央军委主席习近平作出重要指示强调，生态文明建设是关系中华民族永续发展的根本大计，是关系党的使命

① 李东方．存托凭证投资者权益保护制度的特殊性及其完善——兼论我国现行存托凭证制度的完善［J］．法学评论．2022（3）：11-24．

宗旨的重大政治问题，是关系民生福祉的重大社会问题。在全面建设社会主义现代化国家新征程上，要保持加强生态文明建设的战略定力，注重同步推进高质量发展和高水平保护，以“双碳”工作为引领，推动能耗双控逐步转向碳排放双控，持续推进生产方式和生活方式绿色低碳转型，加快推进人与自然和谐共生的现代化，全面推进美丽中国建设。习近平希望全社会行动起来，做绿水青山就是金山银山理念的积极传播者和模范践行者，身体力行、久久为功，为共建清洁美丽世界做出更大贡献。

中共中央政治局常委、国务院副总理丁薛祥出席活动开幕式，传达习近平重要指示并讲话。丁薛祥表示，党的十八大以来，以习近平同志为核心的党中央把生态文明建设作为关系中华民族永续发展的根本大计，开展了一系列开创性工作，决心之大、力度之大、成效之大前所未有，生态文明建设的成就举世瞩目，成为新时代党和国家事业取得历史性成就、发生历史性变革的显著标志。新时代新征程，要深入学习贯彻习近平生态文明思想，把建设美丽中国摆在强国建设、民族复兴的突出位置，以高品质生态环境支撑高质量发展，加快推进人与自然和谐共生的现代化。要持之以恒打好污染防治攻坚战，深入打好蓝天、碧水、净土保卫战，持续改善生态环境质量；坚持把绿色低碳发展作为解决生态环境问题的治本之策，加快形成节约资源和保护环境的空间格局、产业结构、生产方式、生活方式；坚持山水林田湖草沙一体化保护和系统治理，着力提升生态系统多样性、稳定性、持续性；积极稳妥推进碳达峰碳中和，做到在发展中降碳、在降碳中实现更高质量发展；持续推进生态环境治理体系和治理能力现代化，健全美丽中国建设保障体系。要以全国生态日主场活动为契机，进一步深化习近平生态文明思想的大众化传播，提高全社会生态文明意识，增强全民生态环境保护的思想自觉和行动自觉，推动形成人人、事事、时时、处处崇尚生态文明的良好社会氛围。

资料来源：佚名. 习近平在首个全国生态日之际作出重要指示强调 全社会行动起来做绿水青山就是金山银山理念的积极传播者和模范践行者［EB/OL］.［2023-08-15］. http://www.news.cn/politics/leaders/2023-08/15/c_1129803631.htm.

重要术语

债务资本（debt capital）
长期借款（long-term loan）
债券（bond）
永续债券（perpetual bond）
资产证券化（asset backed securitization，ABS）
权益资本（equity capital）
股票（stock）
普通股股票（common stock）
优先股股票（preferred stock）

存托凭证（depositary receipts，DR）
中国存托凭证（Chinese depositary receipts，CDR）
全球存托凭证（global depositary receipts，GDR）

本章小结

本章探讨筹资决策。本章第一节介绍了企业筹资的动机、筹资应遵循的基本原则和筹资渠道与筹资方式。筹资动机主要有创业筹资动机、维持经营筹资动机、扩张筹资动机和偿债筹资动机。筹资原则主要有合理性原则、效益性原则、合法性原则和及时性原则。筹资渠道是指企业取得资金的来源，主要有国家资金、银行信贷资金、非银行金融机构资金、其他企业资金、民间资金、企业内部资金和境外资金等。筹资方式是指企业筹集资金所采取的具体形式，主要有吸收直接投资、发行股票、金融机构借款、商业信用、发行债券、租赁和留存收益等。

本章第二节讨论了债务资本筹资。企业运用各种方式筹集的资金，从性质上可以分为两类：权益资本和债务资本。债务资本亦称借入资本，是企业依法取得并依约运用、按期偿还的资本。长期借款、发行债券、永续债券、资产证券化筹资方式筹集到的资本属于债务资本。

本章第三节讨论了权益资本。权益资本亦称自有资本，是企业依法取得并长期拥有，可自主调配运用的资本。发行股票、发行存托凭证等筹资方式筹集到的资本属于权益资本。

本章第二节和第三节讨论的各种债务资本和权益资本筹资方式的具体种类、特点、优缺点，应在比较中了解，有助于企业选择最佳的筹资方式和筹资渠道。

复习与思考

1.筹资渠道和筹资方式有何联系与区别？
2.权益资本和债务资本各有何特点？
3.简述普通股筹资的优缺点。
4.简述优先股筹资的优缺点。
5.存托凭证与股票有何不同？
6.发行存托凭证的优缺点？

二维码9-1 复习与思考参考答案

拓展阅读

二维码9-2 中国存托凭证的发展

二维码9-3 中国绿色债券的发展

第十章　筹资决策（下）

学习目标

1. 学会计算个别资本成本、综合资本成本；
2. 掌握经营杠杆、财务杠杆和综合杠杆的概念和计量方法；
3. 了解资本结构决策方法。

教学重点与难点

教学重点：

资本成本的计算以及财务杠杆的概念和计量。

教学难点：

资本结构。

引例：复星加快推进“瘦身健体、聚焦主业”战略

复星创立于1992年，经过逾30年发展，已成为一家创新驱动的全球家庭消费产业集团。2007年，复星国际在香港联交所主板上市（股份代号：00656.HK）。截至2022年12月31日，公司总资产达人民币8 231亿元，MSCI ESG评级为AA，是大中华地区唯一一家MSCI ESG评级为AA的综合型企业。

2023年7月2日，复星国际成功兑付7亿美元的到期境外美元债，至此复星已兑付所有集中到期的境外公开市场债券。2023年以来，复星陆续于1月兑付4.5亿美元债、4月兑付12亿美元银团贷款、5月兑付3.5亿欧元债，此外67亿元人民币的境内到期公开债也已完成兑付。据此，未来12个月内复星已无大额美元债到期。

2022年以来，面对外部环境诸多挑战，复星加快推进“瘦身健体、聚焦主业”战略，坚定退出非战略性、非核心资产，一直备受市场关注。得益于多元化、国际化优势，复星持续优化资金和资产结构，有效抵御了单一行业和单一市场周期性下行的风险，尤其是通过系统性处置钢铁等重资产以及多赛道财务投资资产，灵活变现，快速实现大量现金回流。仅2022年，复星在集团层面就完成了超过400亿元人民币的资产退出签约，其中当年实现现金回流近300亿元人民币。2023年成功兑付密集到期债务，进一

步证明其财务战略得到持续落实。

此外，复星与境内外主流银行保持长期稳定的合作关系，提高了对资产退出节奏的把握能力。在境内得益于支持民营企业发展的信贷政策，复星于2023年1月落实了由8家中资大行牵头的高达120亿元人民币银团贷款。在境外复星与逾十家中外资银行推进了不少于5亿美元的银团筹组。

连续获得大额信贷支持，反映了境内外金融机构对复星财务战略的充分认可。2023年5月30日，国际评级机构标普发布报告，将复星评级展望提升至"稳定"。在这份正面评级报告中，标普充分肯定了复星在处置资产降债方面的决心和执行力。报告显示，截至2023年3月底，复星成功压降有息负债240亿元人民币，集团层面总有息负债降至930亿元人民币。标普预期，在未来12至18个月内，复星将进一步落实有息负债和杠杆率的压降，而随着短期偿债高峰的度过，复星的负债结构也将显著优化。标普也在报告中肯定了复星与银行的稳定合作关系，并预期随着银行贷款在负债中的占比提高，复星的负债稳定度将有实质性提升，而其资本结构风险将显著降低。跨地域跨行业的多元化资产组合、稳健积极的负债管理，将为复星穿越经济下行周期护航。

资料来源：佚名. 复星兑付7亿美元债，未来12个月已无大额美元债到期［EB/OL］.［2023-07-04］. https://www.chnfund.com/article/AR20230704174507584 26564.

因此，不妨带着下面几个问题去阅读本章：复星的资本成本、财务杠杆和资本结构有何变化？为何有这样的变化？

财务管理原则的运用

原则一：风险-收益权衡——除非可以预期得到额外的收益，否则人们就不会去承担额外的风险。

原则三：决定一切的是现金流量，而非会计盈余。

原则六：有效资本市场——市场反应是迅速的，定价是正确的。

原则七：代理问题——为股东工作的管理者追求自身利益最大化。

原则八：税收会影响决策。

各种资本来源、不同筹集方式筹集到的资金，其成本、使用时间、抵押条款、附加条件和风险等也各不相同。企业的筹资决策实际上就是要在筹资的成本与风险之间进行必要的权衡。

第一节　资本成本

企业财务管理中两个最基本的决策就是筹资决策与投资决策。筹资决策离不开筹资成本的分析和计算，而投资决策所需资金的选择也必须以筹资成本为决策的依据。这里所说的筹资成本可统称为资本成本。企业的许多决策都离不开资本成本的计算。

一、资本成本的概念与作用

（一）资本成本的概念

企业从各种渠道筹集的资金都不可能无偿使用，是要付出代价的。资本成本就是企业为取得和使用资金而支付或负担的各种费用。它包括资金筹集费和资金占用费两个部分。资金筹集费是指为取得资金而发生的费用，如企业为发行债券、股票而支付的发行费用。资金占用费是指企业在生产经营、投资过程中因使用资本而付出的费用，如股息、利息等。

企业从不同渠道、以不同方式筹集的资金所付出的代价是不同的。为了便于理解和比较，资本成本通常以相对数表示。企业使用资金所负担的费用与筹集的资金净额的比率，称为资本成本。

资本成本是一个预测的估计值，而不是精确的计算值。因为据以计算资本成本的各项因素都不是按过去现实的数字确定的，而是根据现在和未来的情况确定的，今后可能发生变动。

资本成本按其用途不同，可以区别为个别资本成本、综合资本成本、边际资本成本三种。个别资本成本是指各单个长期资金来源的成本，用于比较各种筹资方式。综合资本成本是指各种来源的个别资本成本的加权平均成本，又称加权平均资本成本，主要用于资本结构决策。边际资本成本是指新筹集资本的成本，用于追加筹资决策。

（二）资本成本的作用

资本成本是企业财务管理中重要的概念，它可以在许多方面应用，主要用于筹资决策和投资决策。

（1）资本成本是选择资金来源、拟订筹资方案的依据。

从筹资决策的角度来看，企业面临多种筹资方式，如发行债券、银行贷款以及发行股票等。不同的筹资方式，其个别资本成本也不尽相同。通过比较不同方式下个别资本成本的大小，从而挑选最小的资本成本是选择筹资方式的重要依据。企业的资本结构决策也离不开资本成本的计算。企业的资本结构往往由借入资本与自有资本组合而成。一般可通过计算综合资本成本寻求两者间的最佳组合。从某一项特定的追加投资的角度来看，企业有时为了扩大生产规模，需要增大资金的投入量。在这种情况下，可以通过计算边际资本成本的大小来选择追加资金的筹资方案。

（2）资本成本是评价投资项目可行性的主要经济标准。

在评价投资方案是否可行的决策中，一般是把项目本身的投资报酬率与资本成本进行比较。如果投资项目的预期报酬率大于资本成本，则投资方案是可行的；反之，则不可行。

（3）资本成本可作为评价企业经营成果的依据。

资本成本可以促使其资金的使用者充分挖掘资金的潜力，节约资金的占用，提高资金的使用效益。我们知道，借入资金的利息是利润的扣除项目。若投资报酬率低于或大致等于利息率，企业就没有利润，同样，对于投资者投入的资金，企业要以投资利润加以回报。若投资利润率低于资本成本，就会大大降低投资者的信心。

二、个别资本成本的计算

个别资本成本是指使用各种长期资金的成本，分为长期借款成本、债券成本、优先股成本、普通股成本和留存收益成本。前两种为债务资本成本，后三种为权益资本成本。不同类型的筹资方式，其资本成本的计算也有所不同。

（一）债务资本成本的计算

债务资本成本（cost of debt）主要是指长期借款和长期债券的资本成本。银行借款和企业债券通常要事先约定利率。利息作为企业的费用在税前利润中列支，企业实际上少缴一部分所得税。相应地，企业所负担的利息费用也减少。所以，企业债务资本的实际占用成本=利息×（1-所得税税率）。债务资本实际成本的计算所隐含的假定是企业有应税收入，否则，它将得不到利息支付在税收上的好处。无应税收入的企业债务资本的实际占用成本就是实际发生的利息费用。

1.长期借款资本成本

长期借款资本成本包括借款利息和筹资费用。借款利息在税前扣除，可以起到抵税的作用。企业在筹资的过程中还会发生一些筹资费用。筹资费用的发生使企业实际上取得的资金减少了一部分。

企业实际取得的资金=长期借款总额×（1-筹资费用率）

因此，长期借款资本成本的计算公式为：

$$K_L = \frac{I_L \cdot (1 - T)}{L \cdot (1 - F_L)} \times 100\%$$

式中：K_L表示长期借款资本成本；

I_L表示长期借款年利息；

T表示企业适用的所得税税率；

L表示长期借款筹资额（借款本金）；

F_L表示长期借款筹资费用率。

借款年利息是按借款本金计算的。上述公式也可以改为：

$$K_L = \frac{R_L \cdot (1 - T)}{1 - F_L} \times 100\%$$

式中：R_L表示长期借款年利率。

【例10-1】南方股份公司向银行借款1 000万元，年利率为9%，期限为3年，每年支付一次利息，到期一次还本，筹资费用率为0.4%，企业所得税税率为25%，则该项长期借款的资本成本是多少？

$$K_L = \frac{1\,000 \times 9\% \times (1 - 25\%)}{1\,000 \times (1 - 0.4\%)} \times 100\% \approx 6.78\%$$

或：

$$K_L = \frac{9\% \times (1 - 25\%)}{(1 - 0.4\%)} \times 100\% \approx 6.78\%$$

在实务中，当数额相对较小时，长期借款筹资费（主要是借款的手续费）也可以忽略不计。这样，上式中的资本成本也可用下式计算：

K_L=9%×（1-25%）=6.75%

2.债券资本成本

发行债券的成本主要指债券利息和筹资费用。债券利息的处理与长期借款利息的处理一样，应以税后的债券成本为计算依据。债券的筹资费用一般比较高，包括发行债券的手续费、注册费、印刷费以及上市推销费等，在计算资本成本时应予以考虑。

债券的发行价格有平价、溢价和折价三种。债券利息按面额和票面利率确定，但债券的筹资额应按具体发行价格计算，以便正确计算债券资本成本。

按照一次还本、分期付息的方式，债券资本成本的计算公式为：

$$K_B = \frac{I_B \cdot (1 - T)}{B \cdot (1 - F_B)} \times 100\%$$

式中：K_B表示债券资本成本；

I_B表示债券年利息；

T表示企业适用的所得税税率；

B表示债券筹资额，按发行价格确定；

F_B表示债券筹资费用率。

如果平价发行，上述公式也可以改为：

$$K_B = \frac{R_B \cdot (1 - T)}{1 - F_B} \times 100\%$$

式中：R_B表示债券年利率。

【例10-2】南方股份公司发行总面额为1 000万元的5年期债券，票面利率为15%，每年支付一次利息，发行费用占发行价格的5%，企业所得税税率为25%，则该债券的资本成本是多少？

$$K_B = \frac{1\,000 \times 15\% \times (1 - 25\%)}{1\,000 \times (1 - 5\%)} \times 100\% \approx 11.84\%$$

或：

$$K_B = \frac{15\% \times (1 - 25\%)}{1 - 5\%} \times 100\% \approx 11.84\%$$

若【例10-2】中的公司债券按溢价发行，总价为1 200万元，则债券资本成本为：

$$K_B = \frac{1\,000 \times 15\% \times (1 - 25\%)}{1\,200 \times (1 - 5\%)} \times 100\% \approx 9.87\%$$

若【例10-2】中的公司债券按折价发行，总价为950万元，则债券资本成本为：

$$K_B = \frac{1\,000 \times 15\% \times (1 - 25\%)}{950 \times (1 - 5\%)} \times 100\% \approx 12.47\%$$

（二）权益资本成本的计算

权益资本成本主要有优先股资本成本、普通股资本成本和留存收益资本成本。由于股票的股利是以税后利润支付的，不会减少企业应缴的所得税，所以权益资本成本的计算方法与债务资本成本的计算方法有所不同。

1.优先股资本成本

企业发行优先股与发行债券一样，也需要支付一定的筹资费，同时，也要定期支付股利，但不同的是，股利以企业的税后利润支付，这样，股利的支付不能抵减所得税。优先股资本成本（cost of preferred stock）的计算公式为：

$$K_P = \frac{D_P}{P_P \cdot (1 - F_P)} \times 100\%$$

式中：K_P表示优先股资本成本；

D_P表示优先股年股利；

P_P表示优先股筹资额，按发行价格确定；

F_P表示优先股筹资费用率。

【例 10-3】某公司按面值发行优先股股票，面值为1 000万元，筹资费用率为3%，股利率为6%，则该优先股资本成本是多少？

$$\text{优先股资本成本} = \frac{1\,000 \times 6\%}{1\,000 \times (1 - 3\%)} \times 100\% \approx 6.19\%$$

2.普通股资本成本

普通股股利与优先股股利一样也是用企业税后利润支付的，不能抵减所得税，但由于普通股股利是不固定的，因此普通股资本成本（cost of common stock）无法像债务资本成本和优先股资本成本那样直接计算得出。普通股资本成本的估计方法主要有三种：股利折现模型、资本资产定价模型和无风险收益率加风险溢酬法。

（1）股利折现模型

股利折现模型的基本形式是：

$$P_c(1 - F_c) = \sum_{t=1}^{\infty} \frac{D_t}{(1 + K_C)^t}$$

式中：P_c表示普通股筹资额；

D_t表示普通股第t年的股利；

F_c表示普通股筹资费用率；

K_C表示普通股投资必要收益率，即普通股资本成本。

运用上面的模型测算普通股资本成本，会因具体股利政策的不同而有所不同。在每年股利固定的情况下，采用股利折现模型计算普通股资本成本的公式为：

$$K_C = \frac{D}{P_c \cdot (1 - F_C)} \times 100\%$$

式中：D表示每年分派的普通股股利，P_c表示普通股筹资额。

即：

$$\text{普通股资本成本} = \frac{\text{每年固定股利}}{\text{普通股筹资额} \times (1 - \text{普通股筹资费用率})} \times 100\%$$

【例 10-4】南方股份公司发行普通股股票，股票面值为10 000万元，发行价为30 000万元，每年的股利率为12%，筹资费用率为5%，则该普通股资本成本是多少？

$$K_C = \frac{10\,000 \times 12\%}{30\,000 \times (1 - 5\%)} \times 100\% \approx 4.21\%$$

在股利固定增长的情况下，采用股利折现模型计算普通股资本成本的公式为：

$$K_C = \frac{D_1}{P_c \cdot (1 - F_C)} \times 100\% + G$$

式中：D_1表示普通股第1年的股利，G表示普通股股利预计每年增长率。

即：

$$普通股资本成本 = \frac{第1年股利}{普通股筹资额 \times (1 - 普通股筹资费用率)} \times 100\% + 股利固定增长率$$

【例10-5】南方股份公司发行普通股股票，股票面值为10 000万元，发行价为30 000万元，第1年的股利率为12%，筹资费用率为5%，股利预期增长率为6%，则该普通股资本成本是多少？

$$K_C = \frac{10\,000 \times 12\%}{30\,000 \times (1 - 5\%)} \times 100\% + 6\% \approx 10.21\%$$

（2）资本资产定价模型

资本资产定价模型给出了普通股必要收益率R_i与市场风险（β_i）之间的关系：

$$R_i = R_f + \beta_i \cdot (R_M - R_f)$$

式中：R_i表示股票的必要收益率；

R_f表示无风险收益率；

R_M表示市场组合的收益率；

β_i表示某公司股票收益率相对于市场投资组合收益率的变动幅度。

普通股的必要收益率也就是其资本成本。

【例10-6】南方股份公司普通股股票的β值为2，证券市场所有股票的平均收益率为11%，无风险利率为6%，则按资本资产定价模型计算的该公司普通股的资本成本是多少？

$$K_C=6\%+2\times（11\%-6\%）=16\%$$

（3）无风险收益率加风险溢酬法

该方法认为，由于普通股股票持有者的索赔权不仅在债权人之后，而且还次于优先股股票持有者，因此持有普通股股票的风险要大于持有债权的风险。这样，股票持有人就必然要求获得一定的风险补偿。一般情况来看，通过一段时间的统计数据，可以测算出某公司普通股股票必要收益率超出无风险收益率的大小，即风险溢酬。无风险收益率（R_f）一般用同期国债的收益率来表示，这是证券市场最基础的数据。因此，用无风险收益率加风险溢酬法计算普通股资本成本的公式为：

普通股资本成本=无风险收益率+风险溢酬

3.留存收益资本成本

企业在将盈利用于股利分配之后，总会留存部分收益用于投资。留存收益与其说是利润分配，不如说是企业筹资。当然，留存收益不像其他筹资方式那样需要花费筹资费用，但它仍然存在资本成本。因为投资者之所以同意将这部分收益再投资于企业，是期望从中获取更高的收益，这一期望收益即留存收益的机会成本，构成企业留存收益资本成本（cost of retained earnings）。正因为这样，才有以市场利率或再投资利润率来计量留存收益资本成本的做法。一般情况下，留存收益资本成本的计算与普通股资本成本的计算基本相同，区别仅在于普通股有筹资费用，而留存收益没有筹资费用。

在普通股股利不断增长的情况下，留存收益资本成本的计算公式为：

$$K_R = \frac{D_1}{P_c} \times 100\% + G$$

式中：K_R表示留存收益资本成本。

【例10-7】用【例10-5】中计算普通股资本成本的资料，计算留存收益资本成本。

$$K_R = \frac{10\,000 \times 12\%}{30\,000} \times 100\% + 6\% = 10\%$$

在普通股股利固定的情况下，留存收益资本成本的计算公式为：

$$K_R = \frac{D}{P_c} \times 100\%$$

三、综合资本成本的计算

企业从不同渠道以不同筹资方式取得的资金，其成本有高有低。为了进行筹资决策和投资决策，需要计算综合资本成本。综合资本成本又称加权平均资本成本（weighted average cost of capital，WACC），是指企业全部长期资本的总成本，通常是以各类资本占全部资本的比重为权数，对各类资本的资本成本进行加权平均确定的。其计算公式为：

$$WACC = \sum_{i=1}^{n} K_i \cdot W_i$$

式中：WACC表示综合资本成本；

K_i表示第i种资本的个别资本成本；

W_i表示第i种资本占全部资本的比重；

n表示企业资本的种类数。

上式中，如何确定各类资本来源在全部资本中所占的比重，是正确计算企业综合资本成本的关键。计算各类资本来源占全部资本的比重时，其基础可以是企业资产负债表上列示的各类资本的账面价值，也可以是各类资本的市场价值，或者预计的目标价值。

1.以各类资本的账面价值为基础计算企业综合资本成本

企业期末编制的资产负债表，列示了各类资本的账面价值。因此，以各类资本的账面价值为基础计量企业全部资本的成本，资料容易取得。表10-1列示了某企业综合资本成本的计算过程。

【例10-8】根据某企业2023年12月31日的资产负债表，可知该企业总资本的账面价值为1 000万元，其中非流动负债400万元、优先股100万元、普通股500万元，其资本成本分别为8%、10%、15%。该企业综合资本成本的计算见表10-1。

表10-1　以各类资本的账面价值为基础计算企业综合资本成本

资本	账面价值（万元）	比重（%）	资本成本（%）	综合资本成本（%）
非流动负债	400	40	8	3.2
优先股	100	10	10	1
普通股	500	50	15	7.5
合计	1 000	100	—	11.7

从事后评价的角度来看，以企业各类资本的账面价值为基础计算综合资本成本比较合适。因为它与资产负债表上所列示的各类资产的价值一致，从而与对外公布的数据保持一致。但当资本的账面价值与市场价值差别较大时，如股票、债券的市场价格发生较大变动时，计算的综合资本成本会与实际有较大差距，将影响企业做出正确的筹资决策。

2.以各类资本的市场价值为基础计算企业综合资本成本

由于以企业的账面价值为基础计算综合资本成本存在不足，因此，企业综合资本成本可以市场价值为基础计算的比重求得。表10-2列示了某企业以市场价值为基础的综合资本成本的计算过程。

表10-2　**以各类资本的市场价值为基础计算企业综合资本成本**

资本	市场价值（万元）	比重（%）	资本成本（%）	综合资本成本（%）
非流动负债	400	18.60	8	1.49
优先股	250	11.63	10	1.16
普通股	1 500	69.77	15	10.47
合计	2 150	100	—	13.12

市场价值权数是指债券、股票等以市场价格为基础确定的权数。未来预期收益的资本化是各类资本成本计算的理论依据。通过未来预期收益资本化形成的“现值”是一个动态的概念，它更接近于市场价值，更能反映企业目前的实际情况，而与过去某一个时点形成的账面价值却关系不大。因此，从决策的相关性而言，以各类资本市场价值为基础计算企业综合资本成本比较合适。但企业资本市场价值的确定有一定难度，如果资本市场价值不能代表真实的价值就可能使决策产生偏离。

3.以各类资本的目标价值为基础计算企业综合资本成本

各类资本占全部资本的比重以目标价值计算就是指用债券、股票预计未来的市场价值确定权数，也称目标价值权数。以各类资本的账面价值为基础计算企业综合资本成本，可以考察、分析企业过去的筹资成本；以各类资本的市场价值为基础计算企业综合资本成本，能反映企业目前的实际情况，有利于企业在目前情况下做出适当的筹资决策。这两种计算方法都有一个共同的缺陷，就是计算出的资本成本不能反映未来的资本变化，不便于企业进行未来筹资决策。为了弥补这一不足，可以按目标资本结构中各类资本的目标价值比重计算企业综合资本成本。

从预测、评价角度来看，以目标价值为权数计算企业综合资本成本，决策相关性更强。但未来市场的变化趋势难以预测，客观合理地确定目标价值不是件容易的事情。

第二节　杠杆原理

“杠杆”一词来源于物理学中的力学概念。它表示通过杠杆与支点的配合，在一定的作用力下产生力矩，使之发挥出抬高数倍于作用力的重物。在这种借喻下，“支点”就是固定成本（包括生产经营方面的固定成本和财务方面的固定成本），“作用力”就是业务量变动率，而“重物”就是利润变动率。如果其他因素保持不变，由于固定成本的存在，当业务量发生较小的变化时，利润会产生较大的变化。这种杠杆效应不但会影响企业税后利润的水平和变化，而且也会影响企业综合的风险和收益。财务管理中的杠杆效应有经营杠杆、财务杠杆和综合杠杆。

一、成本性态

财务管理的杠杆效应是由于固定成本的存在而导致的，因此研究成本与业务量之间的依存关系是研究杠杆问题的基础。

成本性态（cost behavior），又称成本习性，指成本总额的变动与业务量之间的依存关系，也就是在一个特定的相关范围（relevant range）内，如果某项业务量发生变动，与之相对应的成本将如何变动。这里的业务量可以是企业生产经营活动水平的标志量，如产出实物量、投入实物量，也可以是企业经营活动成果，如经营利润（息税前利润）。

按照成本性态，成本可以分为变动成本（variable cost）与固定成本（fixed cost）。

变动成本指在相关范围内，成本总额与业务量成正比例变动关系的成本项目，如直接材料成本、直接人工成本等项目。这些成本项目的发生额都与业务量存在直接的联系。业务量增加，变动成本总额也增加；业务量减少，变动成本总额也减少。但是，如果从单位业务量分摊的变动成本来看，则正好相反。单位业务量分摊的变动成本即单位变动成本（variable cost per unit，VCPU）在相关范围内固定不变，即不随着业务量的变化而变化。

固定成本指在相关范围内，成本总额不受业务量变动的影响而保持固定不变的成本项目，如生产用厂房、设备按直线法计提的折旧费用、保险费用、广告费用等成本项目。但是，如果从单位业务量分摊的固定成本来看，则恰好相反，单位业务量负担的固定成本即单位固定成本（fixed cost per unit，FCPU）与业务量的增减成反比例关系，即业务量越大，单位固定成本越小；业务量越小，单位固定成本越高。

二、经营杠杆

（一）经营杠杆的概念

经营杠杆（operating leverage）指企业在生产经营过程中，由于固定成本的存在，当业务量发生较小变动时，企业的经营利润会产生比较大的变动。它在一定程度上衡量了企业经营风险的大小。这里的固定成本指固定经营成本，不包括企业由于筹资所发生的利息费用等固定筹资成本。利息费用在财务杠杆中讨论。这里的经营利润是指支付利息和缴纳所得税前的利润，通常称为息税前利润（earnings before interest and tax，EBIT）。

$$EBIT = S - VC - FC = (P - V)Q - FC = M - FC$$

式中：S表示销售额；

P表示单位售价；

V表示单位变动成本；

Q表示产销量；

M表示边际贡献；

VC表示变动成本总额；

FC表示固定成本总额。

可以看到，由于固定成本并不随着销售量的变化而变化，因此，在其他因素不变的情况下，息税前利润变动的幅度会大于销售量变动的幅度。经营杠杆借用物理学的“杠杆”概念，说明由于固定成本的存在，企业业务量变动与息税前利润变动之间的关系。因此，经营杠杆是指固定成本对企业息税前利润变动的影响效应。

（二）经营杠杆的计量

经营杠杆的大小可以用经营杠杆系数（degree of operating leverage，DOL）来表示。它是息税前利润变动率与销售量变动率的比值，即：

经营杠杆系数=息税前利润变动率÷销售量变动率

$$DOL = \frac{\frac{\Delta EBIT}{EBIT}}{\frac{\Delta Q}{Q}}$$

式中：ΔEBIT表示息税前利润变动额；

EBIT表示变动前（或基期）息税前利润；

ΔQ表示销售变动量；

Q表示变动前（或基期）销售量。

根据前面的EBIT公式，可知：

$$\Delta EBIT = (P - V)\Delta Q = (P - V)Q.\frac{\Delta Q}{Q} = M \cdot \frac{\Delta Q}{Q}$$

式中：M表示变动前（或基期）边际贡献。

经营杠杆系数可通过销售额和成本来表示：

$$DOL = \frac{\frac{\Delta EBIT}{EBIT}}{\frac{\Delta Q}{Q}} = \frac{\frac{(M \cdot \frac{\Delta Q}{Q})}{EBIT}}{\frac{\Delta Q}{Q}} = \frac{M}{EBIT} = \frac{(P - V) \cdot Q}{(P - V) \cdot Q - FC}$$

即：

经营杠杆系数=基期边际贡献÷基期息税前利润

【例10-9】假设某企业生产的产品单位售价为2元，单位变动成本为1.4元，固定成本为20 000元。计算该企业销售量为120 000件和80 000件时的经营杠杆系数。

如果销售量为120 000件，则：

经营杠杆系数=120 000×（2−1.4）÷［120 000×（2−1.4）−20 000］≈1.38

如果销售量为80 000件，则：

经营杠杆系数=80 000×（2−1.4）÷［80 000×（2−1.4）−20 000］≈1.71

可见，在不同销售量水平下，经营杠杆系数不同。

（三）经营杠杆与经营风险

经营风险是指企业因生产经营方面的原因导致利润变动的风险。经营风险不仅因行业而异，即使是同一行业也差别很大。决定经营风险的因素很多，主要有市场需求的变化、销售价格的变化、投入要素价格的变化，以及企业经营管理能力的高低、固定成本占全部成本的比重等。

经营杠杆本身不是利润不稳定的根源。但是，当业务量增加时，息税前利润将以DOL倍的幅度增加，而当业务量减少时，息税前利润又将以DOL倍的幅度减少。经营杠杆系数越高，利润变动越激烈，企业的经营风险就越大。

三、财务杠杆

财务杠杆（financial leverage）指企业在筹资过程中，由于固定财务费用的存在，长期债务的应用对每股收益变动的影响效应。

（一）财务杠杆的概念

企业的长期资金包括非流动负债和股东权益。债务和股东权益在资本总额中所占的比重就是资本结构。债务利息即财务费用，一般是事先确定且不变的。当企业的息税前利润增加时，每股收益所负担的固定财务费用相对减少，这就给股东带来更多的收益。如果息税前利润减少，每股收益所负担的固定财务费用就相对增加，就会减少股东的收益。这里以固定财务费用为支点，说明由于固定财务费用的存在，长期债务的应用与每股收益变动的关系。

【例10−10】假设甲企业和乙企业除了资本结构外，其余的情况均相同。它们的资本总额为1 000万元，息税前利润（EBIT）为100万元，所得税税率为25%。甲企业和乙企业的资本结构见表10−3。

表10−3 **甲企业和乙企业的资本结构** 金额单位：元

资本结构	甲企业	乙企业
普通股（面值100元）	10 000 000	5 000 000
	100%	50%
长期债券（利率8%）	0	5 000 000
	0	50%
资本总额	10 000 000	10 000 000

根据表10−3，可以计算出甲企业和乙企业的每股收益，见表10−4。

表10-4　　**甲企业和乙企业的每股收益**　　单位：元

项　目	甲企业	乙企业
息税前利润	1 000 000	1 000 000
利息	0	400 000
税前利润	1 000 000	600 000
所得税费用	250 000	150 000
税后利润	750 000	450 000
每股收益	7.5	9

以上计算结果表明，在其他条件不变的情况下，应用财务杠杆的企业（如乙企业）的每股收益大于没有应用财务杠杆的企业（如甲企业）。这种财务杠杆的应用对企业每股收益产生的有利影响，称为正财务杠杆。这时，尽管企业增加了利息负担，并导致税后利润额下降，但由于税后利润额的下降幅度小于普通股减少的幅度，从而，使得每股收益上升。资本利润率也可以说明这个问题。在【例10-10】中，资本利润率为10%（1 000 000÷10 000 000×100%），而乙企业的债务成本仅为8%，因此，还有2%可分配给股东，从而使得每股收益上升。只要资本利润率大于资本成本，每股收益必然上升，必然出现正财务杠杆。

与此相反，在其他条件不变的情况下，财务杠杆也可能对每股收益产生不利的影响。这种不利影响称为负财务杠杆，即财务杠杆的应用使企业每股收益下降。

（二）财务杠杆的计量

财务杠杆水平的高低可以通过财务杠杆系数来表示。财务杠杆系数（degree of financial leverage，DFL）是指税后利润额或每股收益的变动对息税前利润变动的反应程度。其计算公式为：

财务杠杆系数=税后利润（或每股收益）变动率÷息税前利润变动率

即：

$$DFL = \frac{\Delta EAT/EAT(\Delta EPS/EPS)}{\Delta EBIT/EBIT}$$

式中：ΔEAT（ΔEPS）表示税后利润（普通股每股收益）变动额；

EAT（EPS）表示变动前（基期）的税后利润（普通股每股收益）。

【例10-11】某企业利润情况见表10-5。

表10-5　　**某企业利润情况**　　金额单位：元

项　目	计划期数字	息税前利润提高（20%）	息税前利润降低（10%）
息税前利润	8 000	9 600	7 200
利息	200	200	200
税前利润	7 800	9 400	7 000

续表

项　目	计划期数字	息税前利润提高（20%）	息税前利润降低（10%）
所得税费用（25%）	1 950	2 350	1 750
税后利润	5 850	7 050	5 250
EAT变动率（A）		20.51%	-10.26%
EBIT变动率（B）		20%	-10%
DFL（A÷B）		1.026	1.026

本例中，当息税前利润提高20%时，税后利润提高20.51%；当息税前利润降低10%时，税后利润降低10.26%。可见，税后利润的变动幅度大于息税前利润的变动幅度，这是由于利息费用不变。由于使用财务杠杆，如果息税前利润比计划期增长，会引起税后利润更大幅度的增长，但是，如果息税前利润比计划期降低，又会引起税后利润更大幅度的降低。

在实际计算财务杠杆系数时，在没有优先股和融资租赁的情况下，由上述DFL公式导出的一个替代公式更加有用：

$$DFL = \frac{EBIT}{EBIT - I}$$

式中：I表示债务利息。

（三）财务杠杆与财务风险

财务风险是指企业由于负债筹资而形成的到期无法支付本息的风险。它是由于财务杠杆的作用而由普通股股东承担的附加风险。在资本结构中，债务所占的比例越高，财务杠杆的作用越大，财务风险也越大，投资者所要求的收益率就越高，资本成本也越高。

四、综合杠杆

在企业的生产经营活动中，同时存在着经营杠杆和财务杠杆。综合杠杆描述了这两种杠杆对企业的影响。

（一）综合杠杆的概念

在成本结构中，由于固定经营成本的存在，产生了经营杠杆的作用，使得企业息税前利润的变动幅度大于销售量的变动幅度。同样，在资本结构中，由于固定财务费用的存在，长期债务的应用使得每股收益的变动幅度大于息税前利润的变动幅度。从企业整个生产经营过程来看，既存在固定经营成本又存在固定财务费用，经营杠杆和财务杠杆的综合作用，称为综合杠杆（total leverage）。它表明业务量对每股收益的影响。其影响过程是：经营杠杆影响息税前利润，而财务杠杆影响每股收益。

（二）综合杠杆的计量

综合杠杆的高低用综合杠杆系数（degree of total leverage，DTL）来表示。综合杠杆系数是指每股收益变动率相当于销售量变动率的倍数。综合杠杆系数同样有两种计算方法：

1.利用每股收益变动率与销售量变动率的对比关系确定

综合杠杆系数=每股收益变动率÷销售量变动率

即：

$$DTL=\frac{\frac{\Delta EPS}{EPS}}{\frac{\Delta Q}{Q}}$$

【例 10-12】某企业2022年和2023年的经营情况见表10-6。

表10-6 **某企业2022年和2023年的经营情况** 单位：元

项　目	2022年	2023年
销售收入	1 500 000	1 800 000
固定成本	600 000	600 000
变动成本	500 000	600 000
息税前利润	400 000	600 000
利息	120 000	120 000
税前利润	280 000	480 000
所得税费用（25%）	70 000	120 000
税后利润	210 000	360 000
股票数量	10 000	10 000
每股收益	21	36

根据表10-6的资料，综合杠杆系数的计算过程如下：

每股收益增长率=（36-21）÷21×100%≈71.43%

销售收入增长率=（1 800 000-1 500 000）÷1 500 000×100%=20%

综合杠杆系数=71.43%÷20%≈3.57

综合杠杆系数3.57表明每股收益变动率是销售收入变动率的3.57倍。

2.利用边际贡献与税前利润额的对比关系确定

其计算公式为：

$$DTL=DOL\cdot DFL=\frac{(P-V)\cdot Q}{(P-V)\cdot Q-FC-I}=\frac{M}{EBIT-I}$$

即：

综合杠杆系数=基期边际贡献÷（基期息税前利润-基期利息）

仍以表10-6中2022年的资料为例，综合杠杆系数计算如下：

$$综合杠杆系数=\frac{1\ 500\ 000-500\ 000}{400\ 000-120\ 000}\approx 3.57$$

计算结果与第一种方法的计算结果相同。

（三）综合杠杆与企业风险

由于经营杠杆和财务杠杆同时存在，因此企业同时具有经营风险和财务风险。由这两种杠杆的效应联合作用——综合杠杆所产生的风险构成企业的总风险。在综合杠杆的作用下，当企业的销售前景乐观时，每股收益会大幅度上升；当企业的销售前景不好时，每股收益又会大幅度下降。企业的综合杠杆系数越高，每股收益波动的幅度就越大，企业的风险就越大，反之亦然。

第三节 资本结构

一、资本结构的含义

在金融市场上，企业可以通过各种渠道筹集所需要的资本。企业资产负债表右边列示了资本的各种来源。为了合理地筹集资本，企业各种资本来源之间必须保持合理的比例关系。企业各种长期资金筹集来源的构成和比例关系，称为资本结构。短期资金的需要量是经常变化的，且在整个资金总量中所占比重不稳定，因此不列入资本结构的管理范围，而作为营运资金管理。在一般情况下，企业的资本结构由长期债务资本和权益资本构成。资本结构指的就是长期债务资本和权益资本各占多大比例。

资本结构（capital structure）和财务结构（financial structure）是两个不同的概念。资本结构一般只考虑长期资本的来源、组成及相互关系，而财务结构考虑的是所有资本的来源、组成及相互关系，即资产负债表中负债与股东权益的所有内容的组合结构。简化的资产负债表见表10-7。

表10-7 简化的资产负债表

<table>
<tr><td rowspan="4">资产</td><td>流动负债</td><td></td><td rowspan="4">财务结构</td></tr>
<tr><td>长期负债</td><td rowspan="3">资本结构</td></tr>
<tr><td>优先股</td></tr>
<tr><td>普通股</td></tr>
</table>

由于企业长期债务和优先股的筹资成本是相对固定的，企业筹资的核心问题就是根据投资的实际情况，综合考虑有关影响因素，确定长期债务、优先股和普通股资本的组合最佳比例，即确定最佳资本结构，使得在其他因素不变的条件下，企业的普通股价值最大化。如果企业现有资本结构不合理，则可以通过筹资活动主动调整，使其趋于合理，以达到最优化。

二、影响资本结构的因素

影响资本结构的因素较为复杂，大体可以分为企业的内部因素和外部因素。

（一）内部因素

1.企业财务状况

一般而言，企业获利能力越强、财务状况越好、变现能力越强，就越有能力承担财务上的风险，其举债筹资就越有吸引力。

2.企业资产结构

拥有大量固定资产的企业主要通过长期负债和发行股票来筹集资金；拥有较多流动资产的企业，更多地依赖流动负债筹集资金；资产使用于抵押贷款的公司，举债额较多；以研发为主的公司则负债很少。

3.销售的稳定性

如果企业的销售稳定，其获利性也相对稳定，负担负债利息的能力就越强；如果销售具有较强的周期性，则企业将承担较大的财务风险。

4.投资者和管理人员的态度

投资者主要关心对企业控制权的问题。如果一个企业股权较集中，为了保证少数股东的绝对控制权，多采用优先股或负债的方式筹集资金。反之，如果一个企业股权比较分散，股东并不担心控制权旁落，因而会更多地采用发行股票的方式筹集资金。就企业管理人员来说，冒险型的人将倾向于举债筹资，而稳健型的人将倾向于股权筹资。

（二）外部因素

1.所得税税率

企业利用负债可以获得抵税收益，因此，所得税税率越高，负债的好处越多；如果所得税税率很低，则采用举债方式的抵税收益不显著。

2.利率

如果利率暂时较低，但不久的将来有可能上升，企业应大量发行长期债券，从而在若干年内把利率固定在较低的水平上。

3.贷款人和信用评级机构的影响

一般而言，大部分贷款人都不希望企业的负债比例过高。同样，如果企业债务太多，信用评级机构可能降低企业的信用等级，从而影响企业的筹资能力。

4.行业特征

不同行业，其资本结构有很大的差别。企业在筹资时，必须考虑本企业所在的行业，以确定最佳的资本结构。

需要强调的是：企业实际资本结构往往受企业自身状况与政策条件及市场环境等多种因素的共同影响，并同时伴随着企业管理层的偏好与主观判断，从而使资本结构的决策难以形成统一的原则与模式。

三、资本结构决策方法

企业筹资的目标就是要使企业的综合资本成本最低。适当利用负债可以降低企业资本成本，但当债务比率过高时，杠杆利益会被债务成本抵消，企业面临较大财务风险。因此，企业必须权衡财务风险与资本成本的关系，确定最佳资本结构。最佳资本结构

（optimal capital structure）是指在一定条件下使企业加权平均资本成本最低，企业价值最大的资本结构。

资本结构决策有不同的方法，常用的方法有资本成本比较法和每股收益无差别点法。

（一）资本成本比较法

资本成本比较法是指在做出筹资决策之前，先拟订若干个现实可行的备选方案，分别计算各个方案的综合资本成本，然后再确定筹资方案和资本结构的方法。综合资本成本最低的筹资方案所隐含的资本结构就是最佳资本结构。

【例10-13】华南公司初始成立时需要的资本总额为7 000万元，有以下三个筹资方案，见表10-8。

表10-8 **华南公司各种筹资方案基本数据** 金额单位：万元

	方案一		方案二		方案三	
筹资方式	筹资金额	资本成本	筹资金额	资本成本	筹资金额	资本成本
长期借款	500	4.50%	800	5.25%	500	4.50%
长期债券	1 000	6.00%	1 200	6.00%	2 000	6.75%
普通股	3 500	15.00%	3 000	14.00%	2 500	10.00%
资本合计	5 000		5 000		5 000	

注：表中债务资本成本均为税后资本成本，所得税税率为25%。

根据表10-8中的数据，计算三个不同筹资方案的加权平均资本成本。

方案一：

$$K_{WACC}^{A}=\frac{500}{5\,000}\times 4.5\%+\frac{1\,000}{5\,000}\times 6\%+\frac{3\,500}{5\,000}\times 15\%=12.15\%$$

方案二：

$$K_{WACC}^{B}=\frac{800}{5\,000}\times 5.25\%+\frac{1\,200}{5\,000}\times 6\%+\frac{3\,000}{5\,000}\times 14\%=10.68\%$$

方案三：

$$K_{WACC}^{C}=\frac{500}{5\,000}\times 4.5\%+\frac{2\,000}{5\,000}\times 6.75\%+\frac{2\,500}{5\,000}\times 10\%=8.15\%$$

从上述计算可知，华南公司应该选择方案三，其加权平均资本成本最低。由方案三构造的资本结构为相对最优的资本结构。

该方法通俗易懂，计算过程简单，是一种比较便捷的方法。但是，这种方法只比较了各种筹资组合方案的资本成本，难以区分不同筹资方案之间的财务风险因素差异，在实际计算中有时也难以确定各种筹资方式的资本成本。

（二）每股收益无差别点法

资本结构是否合理，可以通过分析每股收益的变化来衡量，即能够提高每股收益的资本结构就是合理的，反之则不够合理。每股收益不仅受资本结构的影响，而且还受销售水平的影响。如何处理上述三者的关系，可以运用每股收益无差别点法。

每股收益无差别点法是在计算不同筹资方案下，企业的每股收益（EPS）相等时所对应的盈利水平（EBIT）的基础上，通过比较在企业预期盈利水平下的不同筹资方案的每股收益，选择每股收益较大的方案。

每股收益的计算公式为：

$$EPS=\frac{(S-VC-FC-I)\cdot(1-T)-PD}{N}$$

式中：S表示销售额；

VC表示变动成本总额；

FC表示固定成本总额；

I表示年利息额；

T表示企业适用的所得税税率；

N表示流通在外的普通股股数；

PD表示优先股股利。

根据定义，每股收益无差别点应是满足下列条件的销售额或息税前利润：

$$\frac{(S-VC-FC-I_1)\cdot(1-T)-PD_1}{N_1}=\frac{(S-VC-FC-I_2)\cdot(1-T)-PD_2}{N_2}$$

或：

$$\frac{(EBIT-I_1)\cdot(1-T)-PD_1}{N_1}=\frac{(EBIT-I_2)\cdot(1-T)-PD_2}{N_2}$$

式中：I_1、I_2分别表示两种筹资方式下的年利息额；

PD_1、PD_2分别表示两种筹资方式下的年优先股股利；

N_1、N_2分别表示两种筹资方式下流通在外的普通股股数。

根据每股收益无差别点，可以分析判断在什么样的销售水平下，适合采用何种资本结构。每股收益无差别点可以用销售量、销售额、息税前利润来表示，还可以用边际贡献来表示。

进行每股收益分析时，当企业目标销售额（或息税前利润）大于每股收益无差别点的销售额（或息税前利润）时，运用负债筹资可获得较高的每股收益；反之，运用权益筹资可获得较高的每股收益。

【例10-14】某公司原有资本7 000万元，其中债务资本2 000万元，每年负担利息240万元，普通股资本5 000万元（发行普通股100万股，每股股价50元）。由于业务需要，公司需要追加筹资3 000万元，其筹资方式有：

（1）全部发行普通股，增发60万股，发行价为每股50元；

（2）全部采用长期债务筹资，债务利率为12%，利息360万元。

公司希望追加筹资后销售额达到6 000万元。此时，变动成本为3 300万元，固定成本为1 800万元，所得税税率为25%。

根据上述资料，计算每股收益无差别点的销售额如下：

$$\frac{(S-3\,300-1\,800-240)\times(1-25\%)}{100+60}=\frac{(S-3\,300-1\,800-240-360)\times(1-25\%)}{100}$$

S=6 300（万元）

此时，每股收益额为：

$$\frac{(6\,300-3\,300-1\,800-240)\times(1-25\%)}{100+60}=4.50\text{（元）}$$

或：

$$\frac{(6\,300-3\,300-1\,800-240-360)\times(1-25\%)}{100}=4.50\text{（元）}$$

上述每股收益无差别点分析可用图10-1表示。

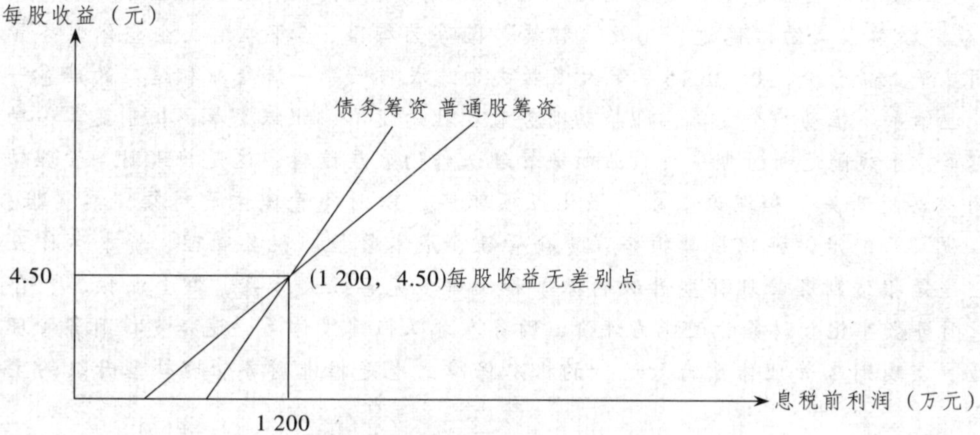

图10-1　每股收益无差别点分析图

当销售额为6 300万元时，普通股筹资和债券筹资的每股收益都是4.50元；当目标销售额大于6 300万元时，债券筹资的每股收益大于普通股筹资的每股收益；当目标销售额小于6 300万元时，普通股筹资的每股收益大于债券筹资的每股收益。

由于该公司预计的销售额为6 000万元，小于每股收益无差别点（6 300万元），所以单从每股收益来看，该企业运用普通股筹资较为有利。该公司应采用增发普通股的方式筹集所需要的资本。

每股收益无差别点分析法的原理比较容易理解，计算过程较为简单。它以普通股每股收益最高为决策标准，也没有考虑财务风险因素，其决策目标实际上是每股收益最大化而不是公司价值最大化。

财务管理中的商业伦理　　加快建设世界一流财务管理体系

围绕贯彻落实党的十九大报告提出的“培育具有全球竞争力的世界一流企业”的要求，国资委出台了一系列制度。党的二十大报告提出“加快建设世界一流企业”。中央企业认真贯彻落实，不断提升财务管理水平，有力支撑了企业持续健康发展。但部分中央企业集团化财务管控建设不到位、财务管理功能发挥不充分、财务管理手段落后于技术进步等，与新时期中央企业高质量发展目标不匹配、与建设世界一流企业的要求不适应。同时，新一轮科技革命和产业变革深入发展，数据已成为新的生产要素，财务管理工作面临新的机遇和挑战。为进一步深入开展对标世界一流管理提升行动，为推动中央企业进一步提升财务管理能力水平，2022年2月18日国资委发布《关于中央企业加快建设世界一流财务管理体系的指导意见》。

《关于中央企业加快建设世界一流财务管理体系的指导意见》共分五个部分，第一部分是总体要求，第二部分至第四部分是主体内容，第五部分是组织实施。主体内容是"1455"框架，即围绕一个目标，推动四个变革，强化五项职能，完善五大体系。一个目标是指加快构建世界一流财务管理体系，即更好统筹发展和安全，更加注重质量和效率，更加突出"支撑战略、支持决策、服务业务、创造价值、防控风险"功能作用，以"规范、精益、集约、稳健、高效、智慧"12字为标准，5年左右央企整体财务管理水平明显跃上新台阶，约10~15年绝大多数央企建成与世界一流企业相适应的世界一流财务管理体系。推动四个变革，即推动财务管理理念变革、组织变革、机制变革、功能手段变革，系统阐述新时期中央企业财务管理工作的底层逻辑，这是推进财务管理转型升级的"思想开关"和理论基础。强化五项职能，以财务管理主要对象"票、账、表、钱、税"为维度，强化核算报告、资金管理、成本管控、税务管理、资本运作五项职能，这是推进财务管理转型升级的抓手和切口。完善五大体系，即全面预算、合规风控、财务数字化、财务管理能力评价、财务人才队伍建设体系，这是支撑财务管理职能落地、实现财务管理体系有效运行的根本保障，也是推进财务管理转型升级的主线和重点。

资料来源：

1.国资委．关于中央企业加快建设世界一流财务管理体系的指导意见［EB/OL］.［2022-02-18］. https：//www.gov.cn/zhengce/zhengceku/2022-03/02/content_5676491.htm.

2.国资委．《关于中央企业加快建设世界一流财务管理体系的指导意见》的有关说明［EB/OL］.［2022-03-02］. https：//www.gov.cn/zhengce/2022-03/02/content_5676492.htm.

重要术语

债务资本成本（cost of debt）

优先股资本成本（cost of preferred stock）

普通股资本成本（cost of common stock）

留存收益资本成本（cost of retained earnings）

综合资本成本（weighted average cost of capital，WACC）

成本性态（cost behavior）

相关范围（relevant range）

变动成本（variable cost）

固定成本（fixed cost）

单位变动成本（variable cost per unit，VCPU）

单位固定成本（fixed cost per unit，FCPU）

经营杠杆（operating leverage）

息税前利润（earnings before interest and tax，EBIT）
经营杠杆系数（degree of operating leverage，DOL）
财务杠杆（financial leverage）
财务杠杆系数（degree of financial leverage，DFL）
综合杠杆（total leverage）
综合杠杆系数（degree of total leverage，DTL）
资本结构（capital structure）
财务结构（financial structure）
最佳资本结构（optimal capital structure）

本章小结

本章继续讨论筹资决策。本章第一节探讨资本成本，包括资本成本的概念和作用、个别资本成本的计算和综合资本成本的计算。资本成本是企业为取得和使用资金而支付或负担的各种费用，包括资金筹集费和资金占用费两个部分。资本成本是一个预测的估计值，而不是精确的计算值，通常用相对数表示。个别资本成本是指使用各种长期资金的成本，分为长期借款资本成本、债券资本成本、优先股资本成本、普通股资本成本和留存收益资本成本。综合资本成本又称加权平均资本成本，是指企业全部长期资本的总成本，通常是以各类资本占全部资本的比重为权数，对各类资本的资本成本进行加权平均确定的。

本章第二节讨论杠杆原理，包括成本性态、经营杠杆、财务杠杆和综合杠杆。成本性态指成本总额的变动与业务量之间的依存关系，也就是在一个特定的相关范围内，如果某项业务量发生变动，与之相对应的成本将如何变动。按照成本性态，成本可以分为变动成本与固定成本。物理学中的杠杆效应在企业财务管理中也存在，其杠杆的支点就是固定经营成本和固定筹资成本。这是研究杠杆原理的基础。经营杠杆指企业在生产经营过程中，由于固定经营成本的存在，使得息税前利润的变动大于业务量变动的效应。财务杠杆指企业在筹资过程中，由于固定财务费用的存在，使普通股每股收益的变动大于息税前利润变动的效应。综合杠杆指由于固定经营成本和固定财务费用同时存在，使得普通股每股收益的变动远大于业务量变动的效应。杠杆系数是计量杠杆程度的指标，杠杆系数越大，风险越大；相反，杠杆系数越低，风险越小。

本章第三节探讨资本结构，包括资本结构的含义、影响资本结构的因素、资本结构决策方法。资本结构指长期债务资本和权益资本各占多大比例。它与财务结构是两个不同的概念。资本结构的影响因素有内部因素和外部因素。企业筹资的目标就是要使企业的综合资本成本最低。企业必须权衡财务风险与资本成本的关系，确定最佳资本结构。资本结构决策常用的方法有资本成本比较法和每股收益无差别点法。

复习与思考

1.什么是资本成本？资本成本有何作用？

2.为什么说普通股的资本成本一般要高于债券的资本成本？

3.加权平均资本成本计算的权数有哪些？各有何优缺点？

4.如何理解财务管理中的杠杆原理？

5.经营杠杆如何计量？经营杠杆与经营风险有何关系？

6.财务杠杆如何计量？财务杠杆与财务风险有何关系？

7.综合杠杆如何计量？综合杠杆与经营杠杆、财务杠杆有何关系？

8.什么是最佳资本结构？确定资本结构时应考虑哪些因素？

9.某公司按面值发行2 000万元优先股，筹资费用率为3%，年股利率为11%，企业所得税税率为25%。计算该优先股资本成本。

10.某企业计划投资A项目，预计收益率为14%。该项目筹资结构如下：债券发行筹资45%，每张债券面值1 000元，发行价1 050元，年利率10%，筹资费用率4%；优先股发行筹资10%，面值发行，优先股股利率12%，筹资费用率5%；普通股筹资45%，每股面值1元，发行价3元，筹资费用率5%，第一年每股股利0.25元，以后每年增长4%。该企业适用的所得税税率为25%，试问该筹资方案是否可行？

11.C公司发行普通股，每股面值为1元，发行价为5.72元，筹资费用率为5%，第1年派发现金股利0.37元，并保持7%的股利增长率。企业所得税税率为25%，公司普通股的β值为1.1。当前国债的收益率为5.5%，市场上普通股平均收益率为13.5%。分别使用股利折现模型和资本资产定价模型估计普通股资本成本，并计算普通股资本成本（两种结果的平均值）。

12.某企业2022年的销售收入为105万元，变动成本率为70%，经营杠杆系数为1.5，2023年的销售收入比2022年增长了10%。要求：

（1）若保持2023年的销售收入增长率，其他条件不变，预测2024年的目标利润。

（2）若2024年的固定成本上涨5%，那么销售收入必须增长多少，才能实现目标利润？

13.D公司2023年的资产总额为1 000万元，资产负债率为40%，平均利率为5%，销售收入为1 000万元，变动成本率为30%，全部固定经营成本及费用为220万元。要求：

（1）计算D公司2023年的经营杠杆系数。

（2）计算D公司2023年的财务杠杆系数。

（3）计算D公司2023年的总杠杆系数。

14.E公司目前的资本结构为：长期负债3 000万元，年利率为6%；普通股9 000万元（发行普通股1 800万股，每股股价5元）。由于业务需要，公司需要追加筹资3 000万元，其筹资方式有两种：

（1）发行债券，利率为8%；

（2）增发普通股600万股，发行价为5元。

公司希望追加筹资后销售额达到9 000万元。此时，变动成本为5 000万，固定经营成本为2 000万，企业所得税税率为25%。使用每股收益法，E公司应该选择哪种筹资方式？

二维码10-1 复习与思考参考答案

拓展阅读

二维码10-2 中国绿色信贷的发展

二维码10-3 加快建设世界一流企业

第十一章　股利决策

学习目标

1. 理解利润分配的顺序；
2. 熟悉股利支付的程序和方式；
3. 了解股利理论的演变；
4. 掌握各种股利政策及其基本原理和影响因素。

教学重点与难点

教学重点：

股利政策。

教学难点：

各种股利政策的基本原理和股票回购。

引例：用友网络亏出新高，每年分红能否持续？

2023年半年报显示，用友网络上半年实现营业收入33.7亿元，同比下降4.7%；归母净利润为−8.45亿元，较上年同期亏损幅度扩大230.42%。Wind数据显示，2018年至2022年及2023年上半年，公司的扣非净利润分别为5.32亿元、6.77亿元、9.04亿元、4.05亿元、1.46亿元及−9.4亿元。可以看出，自2021年后，公司的利润水平开始大幅锐减。如今，半年报亏损金额近10亿元水平。2018年经营活动净现金流高达近20.43亿元，而2022年暴跌至2.86亿元，2023年上半年经营活动净现金流为−13.34亿元。

北京用友软件股份有限公司于1999年12月6日注册成立，2001年5月上市。2005年4月29日股东大会决议，公司名称变更为“用友软件股份有限公司”。2015年1月26日，公司名称变更为“用友网络科技股份有限公司”。

自2020年起，用友网络通过调整业务框架和发展战略方向，推出云业务订阅模式，期望构建全球领先的企业云服务平台。一般而言，订阅付费的优点在于，用户提前支付但未提供服务的资金，为公司未来业务拓展提供几乎无风险的资金。

令人不解的是，在公司现金越来越差的情况下，公司的前瞻性指标预收款却表现靓丽。截至2023年半年报报告期末，公司合同负债（已从客户收到但尚未达到收入确认条件的现金收款，包含短期合同负债及长期合同负债）为27.9亿元，较去年上半年年末增长20.2%，其中，云业务相关合同负债实现22.1亿元，较去年上半年年末增长25.9%，订阅相关合同负债实现14.6亿元，较去年上半年年末增长41.5%。公司云服务业务ARR实现20.6亿元，较去年同期增长22.6%。

公司的云业务属于公司基本盘，但公司新增云服务付费客户增长停滞甚至出现负增长。2023年半年报显示，公司云服务业务实现收入23.46亿元，同比增长2.0%，占当期收入之比为69.61%。然而，公司的云业务收入增速在急剧放缓，2022年云业务收入增速为19.4%，而上一年增速为55.5%。2021年上半年，公司新增云服务付费客户数是6.57万家；2022年上半年，新增付费客户数对应的数据是6.62万家；2023年上半年，这一数据跌至5.95万家。

无论是云业务收入增速，还是新增付费客户数量，作为公司基本盘的云业务均出现“颓势”。

在主营业务出现“颓势”，净利润持续走低甚至亏损的情况下，用友网络的股利分配也呈现降低的趋势。用友网络上市后股利分配情况见表11-1。2019年度每10股发放现金股利2.6元，2022年度每10股只发放现金股利0.6元。

表11-1　用友网络上市后股利分配情况

公告日期	分红方案（每10股）			股权登记日	除权除息日
	送股（股）	转增（股）	派息（税前）（元）		
2023/5/6	0	0	0.6	2023/5/11	2023/5/12
2022/5/5	0	0	1	2022/5/10	2022/5/11
2021/5/11	0	0	2	2021/5/14	2021/5/17
2020/5/13	0	3	2.6	2020/5/18	2020/5/19
2019/4/26	0	3	2.5	2019/5/6	2019/5/7
2018/4/24	0	3	1.5	2018/4/27	2018/5/2
2017/4/19	0	0	1.3	2017/4/25	2017/4/26
2016/4/18	0	0	1.5	2016/4/22	2016/4/25
2015/4/24	0	2	3	2015/4/29	2015/4/30
2014/4/17	0	2	3	2014/4/22	2014/4/23
2013/4/27	0	0	2	2013/5/6	2013/5/7
2012/4/13	0	2	4	2012/4/18	2012/4/19
2011/5/6	0	0	2.2	2011/5/11	2011/5/12
2010/4/26	0	3	6	2010/4/29	2010/4/30

续表

公告日期	分红方案（每10股）			股权登记日	除权除息日
	送股（股）	转增（股）	派息（税前）（元）		
2009/4/23	0	3	3	2009/4/28	2009/4/29
2008/4/7	0	10	10	2008/4/10	2008/4/11
2007/4/30	0	0	6.8	2007/5/10	2007/5/11
2006/5/12	0	3	6.6	2006/5/17	2006/5/18
2005/5/17	0	2	3.2	2005/5/20	2005/5/23
2004/5/15	0	2	3.75	2004/5/19	2004/5/20
2003/6/30	0	2	6	2003/7/3	2003/7/4
2002/5/15	0	0	6	2002/5/21	2002/5/22

数据来源：http://money.finance.sina.com.cn/corp/go.php/vISSUE_ShareBonus/stockid/600588.phtml.

资料来源：新浪财经上市公司研究院．用友网络亏出新高分拆难解转型之困？王文京回归CEO后创下四个“最差”[EB/OL]．[2023-08-21]．https://finance.sina.com.cn/stock/observe/2023-08-21/doc-imzhycna5538123.shtml.

因此，不妨带着下面几个问题去阅读本章：用友网络采取什么样的股利分配政策？公司在进行股利分配决策时除了依据经营业绩还应该考虑什么因素？转增属于利润分配吗？

财务管理原则的运用

原则一：风险-收益权衡——除非可以预期得到额外的收益，否则人们就不会去承担额外的风险。

原则二：货币时间价值——今天收到的一元钱比将来收到的一元钱更值钱。

原则四：增加的现金流量——只有变量才有意义。

原则七：代理问题——为股东工作的管理者追求自身利益最大化。

原则八：税收会影响决策。

股利分配是指公司制企业依法定条件和程序从其可分配利润中向股东分派股利，是企业利润分配的一部分。股利决策是企业就股利分配所采取的策略，如设定多大的股利支付率、以何种形式支付股利、何时支付股利等。股利决策主要是权衡公司与投资者之间、股东财富最大化与提供足够的资金以保证公司扩大再生产之间、股票在市场上的吸引力与公司财务负担之间的各种利弊，寻求股利支付与留存收益之间的比例关系，以实现公司财务管理的目标。股利决策的合理与否，会对公司的价值和股票价格产生影响，同时也会影响公司的筹资决策和投资决策。

第一节 利润分配

一、利润分配的项目

支付股利是对税后净利润的一项分配，但不是利润分配的全部。按照《中华人民共和国公司法》的规定，公司利润分配的项目包括：①法定盈余公积。法定盈余公积从净利润中提取形成，用于弥补公司亏损、扩大公司生产经营或者转增公司资本。任意盈余公积的提取由股东会根据需要决定。②股利。公司向股东支付股利要在提取盈余公积之后。股利的分配应以各股东持有股份的数额为依据，每一股东获得的股利与其持有的股份数成正比。股份有限公司原则上应从累计盈利中分派股利，无盈利不得支付股利。如果公司用盈余公积抵补亏损以后，为维护其股票信誉，经股东大会特别决议，也可以用盈余公积支付股利，但是这样支付股利后留存的法定盈余公积不得低于公司注册资本的25%。

二、利润分配的顺序

利润分配应遵循法定的程序，不能有随意性。按照《中华人民共和国公司法》的有关规定，公司利润分配应按下列顺序进行：

（1）公司发生的年度经营亏损，依照税法的规定弥补。在税法规定年限内税前利润不足弥补的，用以后年度的税后利润弥补，或者经投资者审议后，用盈余公积弥补。

（2）公司年度净利润，除法律、行政法规另有规定外，按照以下顺序分配：

① 弥补以前年度亏损。公司的法定盈余公积不足以弥补以前年度亏损的，在提取法定盈余公积之前，应当先用当年利润弥补亏损。

② 提取10%法定盈余公积。公司的法定盈余公积应按当年税后利润（弥补亏损后）的10%提取。法定盈余公积累计额达到注册资本的50%以上，可以不再提取。法定盈余公积可用于弥补公司的亏损、扩大公司生产经营或转增公司资本，但公司用法定盈余公积转增资本时，所留存的盈余公积不得少于转增前公司注册资本的25%。

③ 提取任意盈余公积。公司从税后利润中提取法定盈余公积后，经股东会或者股东大会决议，还可以从税后利润中提取任意盈余公积。任意盈余公积的提取比例由投资者决定。

④ 向股东（投资者）分配股利（利润）。公司弥补亏损和提取盈余公积后所余税后利润，可以向股东（投资者）分配股利（利润）。有限责任公司股东按照实缴的出资比例分取红利，全体股东约定不按照出资比例分取红利的除外。股份有限公司按照股东持有的股份比例分配，但股份有限公司章程规定不按持股比例分配的除外。

（3）公司弥补以前年度亏损和提取盈余公积后，当年没有可供分配的利润时，不得向投资者分配利润，但法律、行政法规另有规定的除外。

根据《中华人民共和国公司法》的规定，股东会、股东大会或者董事会违反规定，在公司弥补亏损和提取法定盈余公积之前向股东分配利润的，股东必须将违反规定分配的利润退还公司。此外，公司持有的本公司股份不得分配利润。

第二节 股利支付的程序和方式

一、股利支付的程序

股份有限公司分配股利必须遵循法定的程序，先由董事会提出分配预案，然后提交股东大会决议。股东大会决议通过分配预案之后，向股东宣布发放股利的方案，并确定股权登记日、除息日和股利支付日等。股份有限公司向股东支付股利，需要依次经过以下时点：

（1）股利宣告日。股利宣告日（declaration date）是公司董事会将股利支付情况予以公告的日期。公告中将宣布每股股利、股权登记日、除息日和股利支付日等事项。

（2）股权登记日。股权登记日（date of record）是有权领取股利的股东有资格登记的截止日期。只有在股权登记日登记在册的股东才有资格领取股利。这些股东都是在除权日之前购买公司股票的。

（3）除息日（除权日）。除息日（除权日）（ex-dividend date）是指领取股利的权利与股票相互分离的日期。在除息日之前，股利权从属于股票，持有股票者即享有领取股利的权利；除息日之后，股利权与股票相分离，新购入股票的股东不能分享股利。股权登记日后的下一个交易日就是除权日或除息日。

（4）股利支付日。股利支付日（payment date）是向股东发放股利的日期。

二、股利支付方式

股利支付方式有很多种，现在主要介绍以下几种：

（1）现金股利。现金股利（cash dividend）是指公司以现金的形式发放给股东的股利。这种方式是公司在分配股利时常用的方式，也是投资者最容易接受的方式。但这种分配方式无疑会增加公司的现金流出量，增加公司支付货币资金的压力。因此，公司支付现金股利除了要有足够的未指明用途的留存收益外，还要有足够的现金。

（2）股票股利。股票股利（stock dividend）是指公司以增发股票的方式代替货币资金，按股东股份比例分发给股东作为股息。我国实务中通常也称其为“红股”。由于股票股利既不改变股东权益数量，也不使股东获得现金，一般不必缴纳个人所得税。但是，股票股利会对公司的每股收益和每股价格等产生影响。

上市公司的权益分配公告中，发放现金股利或股票股利的同时，可能会转增股本（见表11-1）。转增股本通常指资本公积金转增股本。资本公积金转增股本和股票股利都会使公司股票数量增加，使股本增加，也都不改变股东权益数量。但资本公积金转增股本不属于利润分配。

（3）财产股利。财产股利是以现金以外的资产支付的股利，主要是以公司所拥有的其他企业的债券、股票等有价证券作为股利支付给股东。财产股利支付方式一般不受股东欢迎，因为股东投资入股的根本目的是获取现金股利，而非获取实物股利。

（4）负债股利。负债股利是公司以负债支付的股利，通常以公司的应付票据支付给股东，在不得已的情况下也有发行公司债券抵付股利的。由于票据或债券都是带息的，并有固定的到期日，会增加公司支付利息的财务压力，所以负债股利只是公司已宣布并必须立即发放股利而货币资金不足时采用的一种权宜之计。负债股利是在公司财务状况不佳的情况下采用的，它会对公司的股票价格产生负面影响。因此，采用这种股利支付方式时一定要谨慎。

财产股利和负债股利实际上都是现金股利的替代方式，目前这两种股利方式在我国公司实务中极少使用。

第三节 股利理论

股利理论研究股利分配是否影响公司价值，它是在探求股利分配与股票价格（公司价值）之间的关系中所形成的前后一贯的假设性、概念性和通用性的逻辑关系和系统说明。了解股利理论不仅有助于股利政策的制定，而且有助于对公司再投资、每股收益和每股价格等财务问题的研究。

在股利分配对公司价值的影响这一问题上，存在不同的观点，主要有：

（一）股利无关论

股利无关论（dividend irrelevance theory）认为，企业的股利政策对企业价值是不产生影响的。这种理论最早是由美国财务学家米勒（Miller）和莫迪利安尼（Modigliani）于1961年在他们合作的著名论文《股利政策、增长和股票价值》中提出的。因这两个人姓氏的第一个字母都是M，这一理论被称为MM理论。他们声称，在给定企业投资决策的情况下，股利支付率纯粹是一个细枝末节的小问题，不会影响股东财富。

股利无关论是建立在完善资本市场假设基础上的。MM理论有如下假设：①不存在任何个人或企业所得税；②不存在股票的发行和交易费用；③公司的投资政策独立于其股利政策，即无论企业选择何种股利政策，其投资决策保持不变；④关于未来投资机会和企业利润状况，投资者和管理层可以公平地获得相同的信息，能够做出准确的预测。

按照MM理论对完善资本市场的假设，股利支付对股东财富的影响恰好被其他筹资方式所抵消。在企业做出投资决策以后，必须决定是保留利润还是先发放股利再出售与支付股利等额的新股用于投资。MM理论认为，发行新的股份后，普通股每股现值加上当期股利支付额恰好等于股利支付前的每股市价。再筹资导致的股权稀释所造成的普通股市价的下跌，恰好被股利支付额补偿了。在这种情况下，股东对是否支付股利就不会太感兴趣。如果公司不支付股利而投资者又希望得到现金，可以卖掉与其所需现金等额的股票。

（二）股利相关论

与股利无关论相反，股利相关论（dividend relevance theory）认为，股利无关论假设的完善资本市场是不存在的，公司的股利支付与股票价格密切相关，公司实施的股利政策会对公司的价值产生影响。这一理论的主要代表人物有戈登（M. Gordon）、杜莱德（D. Durand）和林特纳（J. Lintner）等人。其中代表性的观点主要有不确定感消除论、信号理论和税差理论。

1.不确定感消除论

持这种观点的学者认为，股利收入比股票价格上涨产生的资本利得更为稳定和可靠。股利是在持续经营基础上于本期收到的，而资本利得的实现则是预期在未来发生的，且股票价格的上涨受诸多因素的影响，并不是企业所能左右的，具有很大的不确定性。他们认为，资本利得的风险要高于股利收入的风险。即便企业承诺在未来支付较高的股利，但其支付的时间越遥远，投资者的不确定感就越强。在这种心理的驱使下，投资者宁可花较高的价格购买能够支付股利的股票，也不愿意承受未来的不确定风险，由此导致在其他条件相同的情况下，那些能够支付股利的股票价格要高于不支付股利的股票价格。显然，股利对股票价格产生了影响。这种理论被戏称为"手中鸟"论（"bird in hand" theory）。正如俗话所说的："双鸟在林，不如一鸟在手。"

2.信号理论

信号理论（signaling theory）认为，股利能够传递企业盈利能力的信息或信号，从而使股利对股票价格产生一定的影响。市场上的财务信息是不完善的，投资者需要依靠一些其他的信息对企业的状况做出推断。如果公司长期保持稳定的股利支付率，一旦提高股利支付率，投资者会相信这是企业管理层在宣布预期企业未来的盈利趋向增长，市场分析人士和投资者就会追捧该公司的股票，导致股价上涨；反之，如果企业在稳定股利支付率的基础上突然降低股利支付率，投资者会认为可能公司经营出了问题，就会选择抛售股票，从而导致股价下跌。另外，相当一部分投资者认为，企业财务报表可能被管理层巧妙地加以粉饰，不能准确和全面地反映企业的真实收益情况，而股利需要企业用现金支付，是无法加以粉饰的，因而投资者会根据企业股利的支付情况决定买进或卖出股票，导致股价的上涨或下跌。

3.税差理论

税差理论（tax differential theory）认为，股东倾向于获得资本利得而非股利，从而乐于选择低股利支付率，因为资本利得的实际税率低于股利的税率。税差理论是第一个放宽MM理论的严格假设所形成的理论。它引进了税负，放宽了无税收假设。在现行法律下，无论是否发放股利，公司均应缴纳企业所得税，而在发放股利时，股东要缴纳个人所得税。由于许多国家个人所得税中股利收入与资本利得的税率不同，以致投资者可以通过股利政策的选择来实现其税后收益最大化。一般来说，与股利收入相比，资本利得的税率较低，而且可以通过继续持有股票来延缓资本利得的实现，从而推迟纳税时间，享受递延纳税的好处。因此，在其他条件不变的情况下，投资者将偏好资本利得，而反对派发现金股利。

在现实生活中，一些机构投资者的退休和养老基金等可能不必纳税，而对于公司投资者来讲，公司发放的股利（已经是税后利润，可以抵扣）的实际所得税税率甚至低于资本利得的税率。因此，这部分投资者可能更偏好现金股利。

第四节 股利政策

股利政策（dividend policy）是指股份制企业在确定股利及与股利有关的事项上所采取的方针和策略。股利政策受多种因素的影响，并且不同的股利政策也会对公司的股票价格产生不同的影响，同时，支付给股东的盈余与留在企业的保留盈余存在此消彼长的关系。股利政策既决定给股东分配多少红利，也决定有多少净利润留在企业。减少股利分配，可增加保留盈余，减少外部筹资需求。因此，对于公司来说，制定一个正确、合理的股利政策是十分重要的。股利政策的核心问题是确定分配与留存的比例，即股利支付率。

一、股利政策的类型

在进行股利分配的实务中，企业经常采用的股利政策有如下几种：

（一）剩余股利政策

剩余股利（residual dividend）政策是指企业的留存收益，首先用于满足按资本结构和投资额所确定的对权益资本的要求，在此之后如有剩余，再将剩余部分作为股利予以分配的股利政策。

运用剩余股利政策时，应该遵循下列步骤以决定股利的支付率：①制定合理的资本预算；②确定满足资本预算所需的资金；③最大限度地使用留存收益融通资本预算所需的资金；④当资本预算所需的资金得到满足之后，如果留存收益还有剩余，企业才给股东发放股利。

【例 11-1】某公司上年实现的税后利润为 1 000 万元。今年年初，公司投资计划所需的资金为 900 万元。公司的目标资本结构是权益资本占 60%，债务资本占 40%。若公司采用剩余股利政策，则公司应分配多少股利？

投资所需的留存收益=900×60%=540（万元）

向投资者分配的股利=1 000−540=460（万元）

该公司应分配 460 万元的股利。

这种股利政策的理论依据是，如果企业将留存收益再投资后所得的收益率超过投资者自己将留存收益投资到类似风险项目所能获得的收益率，则多数投资者愿意将留存收益保留下来并进行再投资，而不愿企业分配现金股利。

在采用剩余股利政策时，股利的发放金额随每年投资机会和盈利水平的波动而波动。即使在盈利水平不变的情况下，股利也将与投资机会的多寡呈反方向变动。投资机会越多，股利发放越少；投资机会越少，股利发放越多。因此，剩余股利政策的优点是股利政策能够与企业的投资机会和资本结构决策很好地配合，降低企业的资本成本。其缺点是股利波动不定，容易造成股票价格的大幅度变化，给普通股股东带来较大风险。

（二）固定股利或稳定增长股利政策

固定股利（stable dividend per share payout）政策是指每股股利固定的股利政策。它意味着，不论企业各期盈利状况如何，其向股东支付的每期股利都是相同的。稳定增长股利政策是固定股利政策的一种变形。它是指在通货膨胀的情况下，或者在企业的利润增长趋势确定时，以固定股利政策为基础，制定一个合理的股利增长率，然后企业每年根据此目标来增发股利。

这种股利政策与剩余股利政策不同，它是一种积极的股利政策。它可以通过稳定的股利支付向投资者传递有关企业经营财务状况良好的积极信号，同时还能满足投资者对股利的偏好。实行这种股利政策的企业往往会对投资者有更大的吸引力，股价也相对较高。该股利政策的缺点在于股利的支付与盈利能力脱节。当盈利能力较低时仍要支付固定的股利，这可能导致资金短缺、财务状况恶化，同时不能像剩余股利政策那样保持较低的资本成本。

（三）固定股利支付率政策

股利支付率是指每股股利占每股盈余的比例。固定股利支付率（constant dividend payout ratio）政策是指公司按每股盈余的一个固定百分比向股东分配股利。这种股利政策对企业而言财务压力较轻，而且较为公平，但各年股利额却会随企业收益水平的变化而上下波动，极易给投资者造成公司不稳定的感觉，从而会对股价产生不利的影响。

（四）低正常股利加额外股利政策

低正常股利加额外股利（small，regular dividend plus year-end extra dividend payout）政策是上述两种股利政策的折中。它每年支付数额较低的正常股利，然后，在留存收益较高的年度再发放额外的股利。这种政策提供给企业较大的弹性，且使那些必须靠股利生活的投资者每年至少可以收到数额低但非常稳定的股利。因此，如果企业的留存收益和现金流量波动较大，这一政策将是最佳的选择。企业可以将每年计划发放的正常股利定在即便企业的净收益很低或需要保留较大留存收益的情况下也能维持的水平上，而后，当企业拥有较多的留存收益时，再发放额外的股利给股东。实行这种政策时，要注意控制发放额外股利的频率，避免给投资者形成一种固定的期望，给企业带来不利影响。

以上各种股利政策各有所长，公司在分配股利时应借鉴其基本决策思想，制定适合自己实际情况的股利政策。

二、影响股利政策的主要因素

制定正确的股利政策是股份制企业财务管理的重要内容，企业根据实际情况选择本企业的股利政策时，应该考虑下列因素：

（一）法律因素

法律因素对股利政策的影响主要体现为法律对企业股利发放的限制因素。这些限制因素主要包括：

（1）资本保全。企业不能用资本（包括股本和资本公积）发放股利。这一限制性规定的基本目的在于防止企业任意减少资本结构中股东权益的比例，维护资本的完整，以保护投资者的利益。

（2）企业积累。股利的发放必须以保留必要的积累为前提，即企业的净利润应按规定提足必要的积累后方可向股东发放利润。这些积累主要包括按当年净利润的10%提取的法定盈余公积和按公司章程或股东决议提取的任意盈余公积。另外，以前年度亏损未弥补完的，不得发放股利。

（3）偿债能力。企业股利的支付必须以保持偿债能力为前提。也就是说，企业如果要发放股利，就必须有充分的偿债能力。当企业将现金用于支付股利后，会影响或妨碍企业偿还债务和正常经营时，企业发放现金股利的数额要受到限制。这是法律为保护债权人权益所做出的限制性规定。

（二）企业自身因素

这主要是指企业制定股利政策时的自身投资需要与筹资能力方面的具体情况，主要包括：

（1）支付能力。企业确定是否分配股利、股利的形式以及分配多少股利时，必须考虑企业现有支付能力以及股利分配后企业的支付能力。企业必须在有支付能力的前提下才能向股东支付现金股利，而且应当使这种支付能力在支付股利后仍然得以维持，使企业保持一定的流动性，以保证日常开支和偿债的需要，使企业生产经营得以正常进行。当然，在评价企业的支付能力时，还应考虑企业的举债能力。不同的企业在金融市场上的举债能力是不一样的。如果企业负债筹资的能力较强，可以迅速地筹集到所需资金，那么即使现有资产的支付能力不是很强，也可以考虑发放股利。

（2）投资机会。股利政策同企业的资金需要量密切相关。如果企业的投资机会较多，那么企业筹资需求量较大，企业的股利支付率较低；反之，如果企业的投资机会较少，企业的股利支付率就会较高。

（3）筹资能力与资本结构。企业要保持一个合理的资本结构，既使企业的资本成本尽可能地低，又能保持一个合适的财务风险水平。这就要求企业在为投资确定筹资方案时，既要考虑自己的筹资能力，又要合理安排负债筹资和权益筹资之间的比例。企业的股利政策会受到筹资能力和资本结构的影响。如果筹集外部资金的能力较弱，那么企业就会限制股利发放，多留留存收益；如果负债水平过高，那么企业也会希望使用留存收益进行再投资。

（4）盈利的稳定性。企业的股利政策在很大程度上会受其盈利的稳定性的影响。一般来说，一个企业的盈利越稳定，其股利支付率也就越高，而盈利不稳定的公司一般采取低股利政策。对于盈利不稳定的公司来说，低股利政策可以减少因盈利下降而造成的股利无法支付、股票价格急剧下降的风险，还可以把更多的盈利转作再投资，以便提高企业权益资本比重，降低财务风险。

（三）股东因素

企业财务管理的目标是股东财富最大化，所以股东在控制权、税负、收益等方面的意愿在相当程度上影响着企业的股利政策。

（1）控制权的稀释。企业支付大量的现金股利，就会导致留存收益减少。这又意味着将来再发行新股的可能性增大，而发行新股有可能使现有股东的控制权被稀释。控制企业的大股东们是不愿意看到自己的持股比例降低的。当拿不出更多的资金购买新股以满足企业的需要时，他们宁肯不分配股利也要反对募集新股。

（2）稳定的收入。依靠企业发放的股利来维持生活的股东，通常要求企业支付稳定的股利。如果企业留用较多的利润，将遭到这部分股东的反对。

（3）税负的考虑。企业的利润在上缴企业所得税后，如分配给股东个人，则股东还要缴纳个人所得税。在许多国家，就股利征收的个人所得税一般要高于资本利得税，并且个人所得税采用累进税制，收入越高，税负越重，因此，高收入的股东为减轻税负而宁愿将利润留在企业里。为此，一些国家还特意立法限制企业超额留存利润。现行《中华人民共和国个人所得税法》规定，对股息、红利所得要缴纳个人所得税的税率为20%。[①]同时，目前我国对股票转让所得暂不征收所得税，股东在获得转让利得时只支付手续费。出于减轻税负的考虑，我国投资者往往倾向于通过股票转让来获取资本收益。

（四）其他因素

（1）债务契约约束。企业以长期借款协议、债券契约、优先股协议，以及租赁合约等形式向企业外部筹资时，往往应对方的要求，接受有关限制现金股利支付的约束性条款。这些约束性条款主要包括：未来股利只能用贷款协议签订以后的新的收益支付；营运资金低于一定标准时不得支付股利；利息保障倍数低于一定标准时不得支付股利等。限制企业支付现金股利，目的在于促使企业把利润的一部分按有关条款要求的形式进行再投资，以扩大企业的经济实力，从而保障债务的如期偿还，维护债权人的利益。

（2）通货膨胀。在通货膨胀的情况下，企业资金的购买力水平下降，企业往往不得不考虑留出一定的利润，以应对物价的持续上涨。因此，在通货膨胀时期企业的股利政策往往偏紧。

此外，股利政策还受国家经济环境、企业股票价格的走势、社会上股份公司股利分配的平均水平等因素影响。

第五节　股票分割和股票回购

一、股票分割

（一）股票分割的定义

股票分割（stock split）又称股票拆细，是指公司将面额较高的股票转换成面额较

① 根据《关于上市公司股息红利差别化个人所得税政策有关问题的通知》（财税〔2015〕101号），个人从公开发行和转让市场取得的上市公司股票，持股期限超过1年的，股息红利所得暂免征收个人所得税；持股期限在1个月以上至1年（含1年）的，暂减按50%计入应纳税所得额（实际税率为10%）。

低的股票的行为。在实务中，如果上市公司认为自己公司的股票市场价格过高，不利于其良好的流动，有必要将其降低，就可能进行股票分割。例如，将原来一股股票转换成两股股票，即在外流通股股数增加一倍，每股收益和每股净资产减半，以推动股价下调。从会计的角度看，股票分割对公司的资本结构、资产的账面价值、股东权益的各账户（股本、资本公积、盈余公积、未分配利润等）均不会产生影响，股东权益的总额保持不变，只是使公司发行在外的股票总数增加，使得每股股票代表的账面价值降低，每股收益下降。因此，股票分割与发放股票股利的作用相似，都是在不增加股东权益的情况下增加股票的数量。所不同的是，股票股利虽不会引起股东权益总额的变化，但股东权益构成项目之间的比例会发生变化，而股票分割之后，股东权益总额及其构成项目的金额均不会发生任何变化，变化的只是股票面值。

（二）股票分割的作用

对于公司而言，股票分割可以起到下列作用：

（1）股票分割可以促进股票的流通和交易。股票分割会使公司每股市价降低，买卖该股票所必需的资金量减少，易于增加该股票在投资者之间的换手，并且可以使更多资金有限的潜在股东变成持股股东。

（2）股票分割可以向投资者传递公司发展前景良好的信息，有助于提高投资者对公司的信心。股票分割意味着公司想以较低的发行价格吸引投资者购买公司的新股票，也意味着公司的投资机会较多，发展前景良好。因此，公司的股票价格有上升趋势，提高投资者对公司的信心。

（3）股票分割可以为公司发行新股做准备。公司股票价格太高，会使许多潜在的投资者力不从心，不敢轻易对公司的股票进行投资。在新股发行之前，利用股票分割降低股票价格，有利于吸引更多的投资，促进新股的发行。

（4）股票分割有助于公司并购政策的实施。当一家公司兼并或合并另一家公司时，先将自己的股票加以分割，有助于增加对被并购公司股东的吸引力。

（5）股票分割带来的股票流通性的提高和股东数量的增加，会在一定程度上加大对公司股票进行恶意收购的难度。

对于股东而言，股票分割与股票股利相同，使其持有的股份数增加，但其持股比例维持不变。股票分割向社会传递的有利信息和降低了的股价，可能导致购买该股票的人增加，使其价格上升，进而增加股东财富。

二、股票回购

（一）股票回购的定义

股票回购（stock repurchase）是指上市公司出资将其发行的流通在外的股票以一定价格购买回来予以注销或作为库藏股的一种资本运作方式。股票是上市公司的所有权证书，代表了投资者在公司中的投资及其衍生权益，因此，股票回购可以被理解为减少公司资本的行为。但是，上市公司真正直接为了“减资”而进行股票回购的情况是比较少的，通常公司回购股票是为了调整资本结构、发挥财务杠杆的作用，从而改善资金运用效率，达到利润分配或反收购等目的。股票回购是证券市场发展到一定阶段的产物，是上市公司财务管理中的一个重要的领域，其最终目的在于使股价上升，使股东财富最大化。

《中华人民共和国公司法》第一百四十二条规定，公司不得收购本公司股份。但是，有下列情形之一的除外：（1）减少公司注册资本；（2）与持有本公司股份的其他公司合并；（3）将股份用于员工持股计划或者股权激励；（4）股东因对股东大会做出的公司合并、分立决议持异议，要求公司收购其股份；（5）将股份用于转换上市公司发行的可转换为股票的公司债券；（6）上市公司为维护公司价值及股东权益所必需。

属于减少公司注册资本收购本公司股份的，应当自收购之日起10日内注销，属于与持有本公司股份的其他公司合并和股东因对股东大会做出的公司合并、分立决议持异议，要求公司收购其股份的，应当在6个月内转让或者注销。属于其余三种情形的，公司合计持有的本公司股份数不得超过本公司已发行股份总额的10%，并应当在3年内转让或者注销。

上市公司将股份用于员工持股计划或者股权激励、用于转换上市公司发行的可转换为股票的公司债券，以及上市公司为维护公司价值及股东权益所必需而收购本公司股票的，应当通过公开的集中交易方式进行。公司不得接受本公司的股票作为质押权的标的。

股票回购的资金来源，上市公司可以使用：（1）自有资金；（2）发行优先股、债券募集的资金；（3）发行普通股取得的超募资金、募投项目节余资金和已依法变更为永久补充流动资金的募集资金；（4）金融机构借款；（5）其他合法资金。[①]证监会公告〔2018〕35号《关于支持上市公司回购股份的意见》规定，鼓励上市公司的控股股东、实际控制人结合自身状况，积极增持上市公司股份，推动上市公司回购公司股份，并在资金方面提供支持。上市公司以现金为对价，采取要约收购方式、集中竞价方式回购股份的，视同上市公司现金分红，纳入现金分红的相关比例计算。

（二）股票回购的方式

一旦公司决定回购股票，管理层必须选择一种恰当的方式来实施股票回购计划。股票回购的方式主要有以下3种：

（1）集中竞价交易方式。它是证券交易所内进行证券买卖的一种交易方式，一般指两个以上的买方和两个以上的卖方通过公开竞价形式来确定股票买卖价格，以此市场价格回购股票。上市公司以集中竞价交易方式回购股份的，不得在证券交易所开盘集合竞价、收盘集合竞价及股票价格无涨跌幅限制的交易日内进行股份回购的委托。[②]集中竞价交易方式很容易推高股价，从而增加回购成本。此外，交易税和交易佣金也较高。

（2）要约方式。它是指公司在特定期间向市场发出的以高出股票当前市场价格的某一价格，回购既定数量股票的方式。这种方式赋予所有股东向公司出售其所持股票的均等机会。上市公司以要约方式回购股份，股东预受要约的股份数量超出预定回购的股份

---

① 上证发〔2023〕195号《上海证券交易所上市公司自律监管指引第7号——回购股份》第十四条。
② 证监会公告〔2023〕63号《上市公司股份回购规则》第三十条。

数量的，上市公司应当按照相同比例回购股东预受的股份；股东预受要约的股份数量不足预定回购的股份数量的，上市公司应当全部回购股东预受的股份。[①]与集中竞价交易方式相比，要约方式回购股票通常被认为是更积极的信号，原因在于要约价格存在高出股票当前价格的溢价。但是，溢价会导致回购要约的执行成本较高。

（3）协议方式。它是指公司以协议价格直接向一个或多个主要股东回购股票。协议价格通常低于当前的股票价格。但是，有时公司也会以超常溢价向其认为有潜在威胁的非控股股东回购股票。由于这种股票回购不是面向全部股东的，所以如果回购价格太高将损害其他股东的利益。

（三）股票回购的动机

公司实施股票回购的目的是多方面的。在证券市场上，股票回购的动机主要有以下7点：

（1）代替现金股利。对公司来讲，派发现金股利会对公司形成未来的派现压力，而股票回购属于非正常股利政策，不会给公司带来未来的派现压力。对股东来讲，需要现金的股东可以选择出售股票，不需要现金的股东可以选择继续持有股票。因此，当公司有富余资金，但又不希望通过派现方式进行分配的时候，股票回购可以作为现金股利的一种替代方式。

（2）提高每股收益。由于财务上的每股收益指标是以流通在外的股份数作为计算基础的，有些公司出于自身形象和投资人渴望高回报等原因，采取股票回购的方式来减少实际支付股利的股份数，从而提高每股收益。

（3）改善公司的资本结构。股票回购可以通过改变公司的资本结构和每股收益来影响市场价值。当公司认为其权益资金在资本结构中所占的比例过大、负债与权益的比率失衡时，就有可能对外举债，并用举债所得资金去购回其自身的股票，以提高公司财务杠杆水平，优化资本结构。

（4）传递公司的信息以稳定或提高公司的股价。股票回购是公司向股东传递信号的一种方式。由于信息不对称和预期差异，公司的股票价格可能被市场低估，而过低的股价将会对公司产生负面影响。因此，当公司认为其股价被低估时，可以进行股票回购，以向市场和投资者传递有关公司真实价值的信息，增强投资者对公司股票的信心，稳定或提高公司的股价。

（5）巩固既定控制权或转移公司控制权。许多股份公司的大股东为了保证其控制权不被改变，往往采取直接或间接的方式回购股票，从而巩固既有的控制权。另外，有些公司的法定代表人并不是公司大股东的代表，为了保证不改变其在公司中的地位，也为了能在公司中实现自己的意志，往往也采取股票回购的方式分散或削弱原股东的控制权，以实现控制权的转移。

（6）防止敌意收购。股票回购有助于公司管理者避开竞争对手企图收购的威胁，因为它可以减少公司流通在外的股份，提高股价，从而使得收购方更难达到控制公司的法定股份比例。

---

① 证监会公告〔2023〕63号《上市公司股份回购规则》第三十五条。

（7）满足企业兼并与收购的需要。在进行企业兼并与收购时，产权交换的实现方式包括现金购买及换股两种。如果公司有库藏股，则可以用公司的库藏股来交换被并购公司的股权，这样可以减少公司的现金支出。

（四）股票回购的影响

（1）股票回购对上市公司有如下影响：股票回购需要大量现金支付回购的成本，容易造成资金紧张，使资产流动性降低，影响公司的后续发展；公司进行股票回购，无异于股东退股或公司资本的减少，这在一定程度上削弱了对债权人利益的保障；股票回购可能使公司的发起人股东更注重创业利润的兑现，而忽视公司长远的发展，损害公司的根本利益；股票回购容易导致公司操纵股价；公司回购自己的股票，容易导致其利用内幕消息进行炒作，或操纵财务信息，加剧公司行为的非规范化，使投资者蒙受损失。

（2）股票回购对股东的影响。对于投资者来说，与现金股利相比，股票回购不仅可以节约个人税收，而且具有更大的灵活性。因为股东对公司派发的现金股利没有是否接受的可选择性，而对股票回购则具有可选择性。需要现金的股东可以选择卖出股票，而不需要现金的股东则可以继续持有股票。如果公司急于回购相当数量的股票，而对股票回购的出价太高，以至于偏离均衡价格，那么结果会不利于选择继续持有股票的股东。因为回购行动过后，股票价格会出现回归性下跌。

财务管理中的商业伦理　　上市公司监管指引第 3 号——上市公司现金分红

上市公司现金分红是资本市场的一项基础性制度，也是属于公司自治范畴的事项。从金融理论和监管实践来看，分红制度能有效增强资本市场投资功能和吸引力。综观各国实践，成熟市场大多实施公司自治型分红政策，而新兴市场，如巴西，不同程度采用过强制性分红政策。多年来，证监会立足资本市场实情，从保护投资者合法权益、培育市场长期投资理念出发，多措并举引导上市公司完善现金分红机制，强化回报意识。随着各项政策推进，我国上市公司现金分红的稳定性、持续性有所改善。

为进一步推进现金分红工作，证监会于2013年11月30日发布了《上市公司监管指引第3号——上市公司现金分红》。重点从以下几方面加强上市公司现金分红监管工作。一是督促上市公司规范和完善利润分配的内部决策程序和机制，增强现金分红的透明度。鼓励上市公司在章程中明确现金分红在利润分配方式中的优先顺序，督促上市公司进一步强化现金分红政策的合理性、稳定性和透明度，形成稳定回报预期。二是支持上市公司采取差异化、多元化方式回报投资者。支持上市公司结合自身发展阶段并考虑其是否有重大资本支出安排等因素制定差异化的现金分红政策。三是完善分红监管规定，加强监督检查力度。加大对未按章程规定分红和有能力但长期不分红公司的监管约束，依法采取相应监管措施。

2022年1月5日，证监会发布公告〔2022〕3号，对《上市公司监管指引第3号——上市公司现金分红》进行了修订，主要引入了现金分红比例计算规则的内容，第五条增加“现金分红在本次利润分配中所占比例为现金股利除以现金股利与股票股利之和”。此外，第九条增加了上市公司再融资方案中利润分配政策的披露要求。

为进一步健全上市公司常态化分红机制，2023年12月15日，证监会发布公告〔2023〕61号，对《上市公司监管指引第3号——上市公司现金分红》再次进行修订。此次修订内容主要有三个方面：一是进一步明确现金分红导向，推动提高分红水平。对不分红的公司加强披露要求等制度约束督促分红。对财务投资较多但分红水平偏低的公司进行重点监管关注，督促提高分红水平，专注主业。二是简化中期分红程序，推动进一步优化分红方式和节奏。鼓励公司在条件允许的情况下增加分红频次，允许上市公司在召开年度股东大会审议年度利润分配方案时，在一定额度内审议批准下一年中期现金分红条件和上限，便利公司进一步提升分红频次，让投资者更好地规划资金安排，更早分享企业成长红利。三是加强对异常高比例分红企业的约束，引导合理分红。强调上市公司制定现金分红政策时，应综合考虑自身盈利水平、资金支出安排和债务偿还能力，兼顾投资者回报和公司发展。对资产负债率较高且经营活动现金流量不佳，存在大比例现金分红情形的公司保持重点关注，防止对企业生产经营、偿债能力产生不利影响。

资料来源：

1. 中国证监会. 证监会发布《上市公司监管指引第3号——上市公司现金分红（2023年修订）》等规范性文件［EB/OL］.［2023-12-15］. http://www.csrc.gov.cn/csrc/c100028/c7449654/content.shtml.

2. 中国证监会.【第61号公告】《上市公司监管指引第3号——上市公司现金分红（2023年修订）》［EB/OL］.［2023-12-15］. http://www.csrc.gov.cn/csrc/c101954/c7449656/content.shtml.

重要术语

股利宣告日（declaration date）
股权登记日（date of record）
除息日（除权日）（ex-dividend date）
股利支付日（payment date）
现金股利（cash dividend）
股票股利（stock dividend）
股利无关论（dividend irrelevance theory）
股利相关论（dividend relevance theory）
“手中鸟”论（“bird in hand” theory）
信号理论（signaling theory）
税差理论（tax differential theory）
剩余股利（residual dividend）
股利政策（dividend policy）
固定股利（stable dividend per share payout）
固定股利支付率（constant dividend payout ratio）
低正常股利加额外股利（small，regular dividend plus year-end extra dividend payout）

股票分割（stock split）

股票回购（stock repurchase）

本章小结

本章探讨股利决策。本章第一节探讨利润分配，包括利润分配的项目和利润分配的顺序。按照《公司法》规定，公司利润分配项目包括法定盈余公积和股利。利润分配顺序为：弥补以前年度亏损、提取法定盈余公积、提取任意盈余公积、支付普通股股利。

本章第二节探讨股利支付的程序和方式。股份有限公司向股东支付股利，需要依次经过以下时点：股利宣告日、股权登记日、除息日（除权日）和股利支付日。股利支付方式有现金股利、股票股利、财产股利和负债股利等。后两种在我国极少使用。

本章第三节探讨股利理论，介绍了股利无关论和股利相关论。股利相关论有不确定感消除论、信号理论、税差理论等。

本章第四节探讨股利政策，包括股利政策的类型和影响股利政策的主要因素。股利政策是指股份制企业在确定股利及与股利有关的事项上所采取的方针和策略。常用的股利政策有剩余股利政策、固定股利或稳定增长股利政策、固定股利支付率政策和低正常股利加额外股利政策。制定股利政策时要考虑的主要因素有法律因素、企业自身因素、股东因素和其他因素等。

本章第五节探讨股票分割和股票回购。股票分割又称股票拆细，是指公司将面额较高的股票转换成面额较低的股票的行为。股票分割不会影响股东权益的总额，但会使公司发行在外的股票总数增加，使得每股股票代表的账面价值降低，每股收益下降。股票回购是指上市公司出资将其发行的流通在外的股票以一定价格购买回来予以注销或作为库藏股的一种资本运作方式。股票回购可以被理解为减少公司资本的行为。股票回购的方法主要有集中竞价交易方式、要约方式和协议方式。股票回购对上市公司及股东都有影响。

复习与思考

1.利润分配包括什么内容？应按什么顺序进行？

2.试述影响股利政策的因素。

3.股票分割和发放股票股利有何异同？

4.试比较各种股利分配政策。

5.股票回购的动机有哪些？

二维码11-1 复习与思考参考答案

拓展阅读

二维码11-2 欺诈发行上市股票责令回购制度

二维码11-3 《中华人民共和国公司法》的最新修订

第十二章 营运资金管理

学习目标

1. 了解营运资金的含义和模式；
2. 理解现金和有价证券管理的基本内容；
3. 学会确定最佳现金持有量；
4. 理解应收账款的构成及企业信用政策；
5. 掌握存货管理的内容和方法；
6. 熟悉各种短期资本的来源及优缺点。

教学重点与难点

教学重点：

现金管理、应收账款管理、存货管理和短期资本来源。

教学难点：

应收账款管理和存货管理。

引例：探秘直播间外的辛选——智能云仓高效运转

辛选集团的智能云仓在“618”购物节期间承受了大量的订单，但仓储部门通过智能化设备和高效配合的工作人员，能够迅速处理发货流程，确保订单准确无误地送达给消费者。仓储部门还配备了智能仓储系统和设备，能够及时反馈库存等信息，提高了整个供应链的灵活性和强大性。

为了保障消费者能够快速收到商品，辛选仓储物流中心在人员储备、设备升级和流水线整改等方面做了提升。他们增加了上百名储备作业人员，并进行专业培训，使新员工能够熟悉仓库操作。同时，他们购置了液压叉车和三相叉车等设备，提高了货物周转效率，并释放了更多的存储空间。仓储物流中心还将发货区域升级为长型流水线，提升了作业量和效率。即使在直播大促期间出现异常情况，他们也有应急预案，保障物流运输的顺畅运作。

作为直播电商企业，辛选集团着力发展自身供应链体系和能力。他们通过与国内外头部品牌、优质厂商和原产地的合作，打造了独特的供应链体系。同时，他们利用数字化和大量的流量，为制造业赋能。直播电商的快速发展还打通了从生产到消费的全供应链，帮助中小企业、外贸代工厂和农户实现了无缝对接，降低了交易成本并推动了生产和消费的升级。辛选集团借助自身的专业优势，缩减了产品的运营环节和成本，并降低了产品的销售价格，为消费者提供了更具性价比的优质产品。

资料来源：陈冰倩．探秘直播间外的辛选：智能云仓高效运转，专业团队带来多重保障［EB/OL］．［2022-06-18］．https：//mp.weixin.qq.com/s/-dWSXOYCuzmSUI4pm5Snbg.

因而，不妨带着下面几个问题去阅读本章：为什么库存管理会成为众多直播电商的心头之痛？辛选是怎么进行库存管理的？你从辛选“智能云仓+供应链”的存货管理经验中学到了什么？

财务管理原则的运用

原则一：风险-收益权衡——除非可以预期得到额外的收益，否则人们就不会去承担额外的风险。

原则二：货币时间价值——今天收到的一元钱比将来收到的一元钱更值钱。

原则三：决定一切的是现金流量，而非会计盈余。

原则四：增加的现金流量——只有变量才有意义。

企业在营运资金不断流动的过程中实现价值的补偿和增值，营运资金在企业财务管理中占据着重要的地位。营运资金的管理既包括流动资产管理，也包括流动负债管理，具体体现为对营运资金主要项目的管理。就流动资产来说，主要是对现金、应收账款、存货等的管理；就流动负债来说，主要是对一些短期资本来源，即商业信用、短期借款等的管理。

第一节　营运资金概述

一、营运资金的含义

营运资金（working capital）又称营运资本，是指企业在流动资产上的总投资。营运资金在概念上有广义和狭义之分。广义的营运资金也称毛营运资金（gross working capital），是指企业流动资产总额。狭义的营运资金也称净营运资金（net working capital），是指企业的流动资产减去流动负债后的余额。通常净营运资金与流动比率的概念相近，可用于衡量企业资产在短期周转方面的能力。一般来说，企业在流动资产上的投资越多，周转能力就越强，风险越高，但收益率越低；相反，企业在流动资产上的投资越少，周转能力就越差，风险越低，但收益率越高。因此，企业在营运资金管理中，应在风险与收益之间进行权衡。

二、营运资金的特点

为了有效地管理企业的营运资金，必须研究营运资金的特点，以便有针对性地进行管理。

（1）营运资金的周转具有短期性。企业投资于流动资产的资金通常在一年或一个营业周期内收回，对企业影响的时间比较短。根据这一特点，营运资金可通过商业信用、银行短期借款等短期筹资方式加以解决。

（2）营运资金的实物形态具有变现性。短期投资、应收账款、存货等流动资产一般具有较强的变现能力，这对于财务上满足临时性资金需求具有重要意义。

（3）营运资金的数量具有波动性。流动资产易受企业内外环境的影响，其资金占用量通常变动很大。随着流动资产数量的变动，流动负债的数量也会相应发生变动。

（4）营运资金的实物形态具有变动性。流动资产在循环周转过程中，现金、材料、在产品、产成品、应收账款等流动资产在空间上并存，在时间上依次继起。因此，在进行流动资产管理时，必须合理地配置各项流动资产的比例，以促进资金周转顺利进行。

（5）营运资金的来源具有灵活多样性。企业债权筹资有非流动负债筹资和流动负债筹资，两者相比，申请短期借款通常比申请长期借款更容易、更便捷，而且短期借款给债务人更大的灵活性。

三、营运资金周转

营运资金周转，是指企业的营运资金从现金投入生产经营开始，到最终转化为现金为止的过程。营运资金周转通常与现金周转密切相关。现金的周转过程主要包括如下三个方面：

（1）存货周转期，是指将原材料转化成产成品并出售所需要的时间；

（2）应收账款周转期，是指将应收账款转换为现金所需要的时间；

（3）应付账款周转期，是指从收到尚未付款的材料开始到现金支出之间所用的时间。

营运资金周转的基本形式如图12-1所示。

现金循环周期的变化会直接影响所需营运资金的数额。一般而言，存货周转期和应收账款周转期越长，应付账款周转期越短，营运资金所需数额就越大；相反，存货周转期和应收账款周转期越短，应付账款周转期越长，营运资金所需数额就越小。此外，营运资金周转的数额还受到偿债风险、收益要求和成本约束等因素的制约。为此，为了提高营运资金周转效率，企业的营运资金应维持在既没有过度资本化又没有过量交易的水平上。

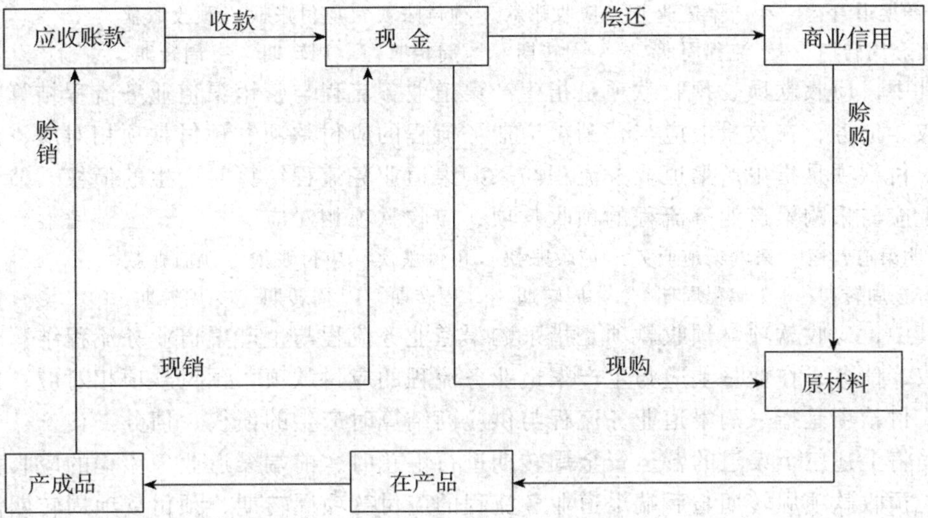

图12-1 营运资金周转的基本形式

四、中国上市公司营运资金管理

营运资金管理是企业财务管理的重要内容，其在计量上，主要有从要素视角计算的经营活动营运资金周转期和从渠道和业务流程视角计算的经营活动营运资金周转期两种。

（1）从要素视角计算的经营活动营运资金周转期

$$\text{经营活动营运资金周转期}=\text{经营活动业务流程周期}+\text{应收账款周转期}+\text{预付账款周转期}-\text{应付账款周转期}-\text{预收账款周转期}$$

（2）从渠道和业务流程视角计算的经营活动营运资金周转期

$$\text{经营活动营运资金周转期}=\text{营销渠道营运资金周转期}+\text{生产渠道营运资金周转期}+\text{采购渠道营运资金周转期}$$

基于渠道管理的营运资金管理模型，是从采购渠道、生产渠道和营销渠道三个方面分析不同渠道业务流程或渠道模式对营运资金管理绩效的影响机理。渠道管理的实质是业务流程管理，作业是业务流程的基本组成单元。每个作业在流程中都与前后的作业相衔接，并且都以前一个作业的产出为投入，同时将本项作业的产出转移给下一个作业。作业从投入到产出的时间间隔可以称为作业周期，在整个作业周期中，物（信息）流的流转贯穿始终，但是资金的流转并不一定与物（信息）流同步。一项作业的营运资金周转期与作业周期之间的差异就表现在企业之间结算造成的应收、应付、预收、预付款项上。同理，业务流程周期与业务流程的营运资金周转期的差异也表现在流程之间结算造成的应收、应付、预收、预付款项上，具体到各渠道的业务流程来看：

$$\text{营销渠道营运资金周转期}=\text{营销渠道业务流程周期}+\text{应收账款周转期}+\text{预付账款周转期}-\text{应付账款周转期}-\text{预收账款周转期}$$

其中，预付款项、应付款项是指营销渠道业务流程与生产渠道业务流程结算时产生的债权、债务，在数量上应与生产渠道业务流程的预收款项、应收款项相对应。应收款项、预收款项是营销渠道业务流程与外部客户结算时产生的债权、债务。

$$\frac{\text{生产渠道营运}}{\text{资金周转期}}=\frac{\text{生产渠道业务}}{\text{流程周期}}+\frac{\text{应收账款}}{\text{周转期}}+\frac{\text{预付账款}}{\text{周转期}}-\frac{\text{应付账款}}{\text{周转期}}-\frac{\text{预收账款}}{\text{周转期}}$$

其中，应收款项、预收款项是指生产渠道业务流程与营销渠道业务流程结算时产生的债权、债务，在数量上应与营销渠道业务流程的应付款项、预付款项相对应；预付款项、应付款项是指生产渠道业务流程与采购渠道业务流程结算时产生的债权、债务，在数量上应与采购渠道业务流程的预收款项、应收款项相对应。

$$\frac{\text{采购渠道营运}}{\text{资金周转期}}=\frac{\text{采购渠道业务}}{\text{流程周期}}+\frac{\text{应收账款}}{\text{周转期}}+\frac{\text{预付账款}}{\text{周转期}}-\frac{\text{应付账款}}{\text{周转期}}-\frac{\text{预收账款}}{\text{周转期}}$$

其中，应收款项、预收款项是指采购渠道业务流程与生产渠道业务流程结算时产生的债权、债务，在数量上应与生产渠道业务流程的应付款项、预付款项相对应；预付款项、应付款项是指采购渠道业务流程与供应商结算时产生的债权、债务。

当将上述三个渠道的营运资金周转期进行汇总时，前端渠道业务流程的应收款项周转期、预收款项周转期与后端渠道业务流程的应付款项周转期、预付款项周转期恰好相抵，则：

$$\begin{aligned}\frac{\text{经营活动营运}}{\text{资金周转期}}&=\frac{\text{营销渠道营运}}{\text{资金周转期}}+\frac{\text{生产渠道营运}}{\text{资金周转期}}+\frac{\text{采购渠道营运}}{\text{资金周转期}}\\&=\begin{matrix}\text{营销渠道}\\\text{业务}\\\text{流程周期}\end{matrix}+\begin{matrix}\text{生产渠道}\\\text{业务}\\\text{流程周期}\end{matrix}+\begin{matrix}\text{采购渠道}\\\text{业务}\\\text{流程周期}\end{matrix}+\begin{matrix}\text{应收}\\\text{账款}\\\text{周转期}\end{matrix}+\begin{matrix}\text{预付}\\\text{账款}\\\text{周转期}\end{matrix}-\begin{matrix}\text{应付}\\\text{账款}\\\text{周转期}\end{matrix}-\begin{matrix}\text{预收}\\\text{账款}\\\text{周转期}\end{matrix}\\&=\frac{\text{经营活动业务}}{\text{流程周期}}+\frac{\text{应收账款}}{\text{周转期}}+\frac{\text{预付账款}}{\text{周转期}}-\frac{\text{应付账款}}{\text{周转期}}-\frac{\text{预收账款}}{\text{周转期}}\end{aligned}$$

其中，应收款项、预收款项是营销渠道业务流程与外部客户结算时产生的债权、债务，预付款项、应付款项是指采购渠道业务流程与供应商结算时产生的债权、债务。

由此可见，从渠道和业务流程视角计算的经营活动营运资金周转期与从要素视角计算的经营活动营运资金周转期（经营活动营运资金周转期=存货周转期+应收账款周转期+预付账款周转期-应付账款周转期-预收账款周转期）在本质上是一致的，因为业务流程周期与存货周转期仅是从不同的视角考察业务流程的结果，其反映的都是业务流程管理的成效，这也间接证明了业务流程管理，对营运资金管理的决定作用。

五、营运资金管理模式

营运资金的管理模式主要包括流动资产投资政策和流动资产筹资政策。

1.流动资产投资政策

流动资产投资政策是指企业应该投资多少的流动资产，使企业无论是个别的流动资产（如现金、有价证券、应收账款、存货等）还是流动资产总额，都能维持在合适的水平上，以提高资金运用的效率。

企业流动资产的数量按其功能可以分成两大部分：一部分是正常需要量，它是指为满足正常的生产经营需要而占用的流动资产；另一部分是保险储备量，它是指为对意外情况的发生，在正常生产经营需要量以外储备的流动资产。

流动资产投资政策可以分为三种：保守的、适中的和激进的流动资产投资政策。

(1) 保守的流动资产投资政策

保守的流动资产投资政策（relaxed current asset investment policy）就是企业在安排流动资产数量时，在正常生产经营需要量和正常保险储备量的基础上，再加上一部分额外的储备量，以便降低企业的风险。在采用这种政策时，企业的投资报酬率通常较低，风险也较小。

(2) 适中的流动资产投资政策

适中的流动资产投资政策（moderate current asset investment policy）就是在保证正常需要的情况下，再适当地留有一定的保险储备，以防不测。在采用这种政策时，企业的报酬一般，风险也一般，正常情况下企业都采用这种政策。

(3) 激进的流动资产投资政策

激进的流动资产投资政策（restricted current asset investment policy）就是企业在安排流动资产数量时，只安排正常生产经营需要量而不安排或安排很少的保险储备量。在采用这种政策时，企业的投资报酬率较高，但风险比较大。

2.流动资产筹资政策

流动资产筹资政策（current asset financing policy）主要是就如何安排临时性流动资产和永久性流动资产的资金来源而言的。临时性流动资产（temporary current asset）是指受季节性或周期性影响的流动资产，如季节性存货、销售和经营旺季的应收账款。永久性流动资产（permanent current asset）是指为了满足企业长期稳定的资金需要，即使处于经营低谷时也必须保留的流动资产。

与流动资产的投资政策相对应，流动资产的筹资政策也包括保守的、适中的和激进的流动资产筹资政策。

(1) 保守的流动资产筹资政策

保守的流动资产筹资政策是指企业不仅以长期资金来融通永久性资产（永久性流动资产和固定资产），而且还用长期资金满足由于季节性或周期性波动而产生的部分或全部临时性的资金需求。

与适中的流动资产筹资政策相比，在保守的流动资产筹资政策下，临时性负债占企业全部资金来源的比例较小，企业保留较多营运资金，可降低企业无法偿还到期债务的风险，同时蒙受短期利率变动损失的风险也较低。但是，降低风险的同时也降低了企业的收益，因为非流动负债的资本成本高于临时性负债的资本成本，以及经营淡季时仍需要负担非流动负债利息，从而降低了企业的收益。所以，保守的流动资产筹资政策是一种风险性和收益性均较低的流动资产筹资政策。

(2) 适中的流动资产筹资政策

适中的流动资产筹资政策是指对临时性流动资产，用短期资金（临时性负债）解决，而对永久性资产，包括永久性流动资产和固定资产，则用长期资金（包括非流动负债、自发性负债和权益资本）解决，以使资金的使用期间和资金来源的到期期限能相互配合。

适中的流动资产筹资政策要求企业临时负债筹资计划严密，使资金的占用时间与负债的偿还时间相配合。在季节性低谷时，企业除了存在各种自发性临时负债外没有其他流动负债。只有在临时性流动资产的需求高峰期，企业才能举借各种临时性债务。

这种政策的基本思想是让资产与负债的期间相配合，以降低企业不能偿还到期债务的风险，尽可能降低债务的资本成本。但是，事实上，由于资产存续寿命的不确定性，往往做不到资产与负债的完全配合。因此，适中的流动资产筹资政策是一种理想的、对企业有着较高资金使用要求的流动资产筹资政策。

（3）激进的流动资产筹资政策

激进的流动资产筹资政策是指用长期资金来满足部分永久性资产的需要，而余下的永久性资产和临时性资产则用短期资金来满足。

在激进的流动资产筹资政策下，临时性负债在企业全部资金来源中所占比重大于适中的流动资产筹资政策，而临时性负债的资本成本一般低于非流动负债和权益资本的资本成本，因此，这种政策下企业的资本成本较低。另外，为了满足永久性资产的长期资金需要，企业必然要在临时性负债到期后重新举债或申请债务展期，这样企业会经常举债和还债，从而加大筹资的困难和风险，所以，激进的流动资产筹资政策是一种收益性和风险性均较高的流动资产筹资政策。

这三种流动资产筹资政策如图12-2所示。

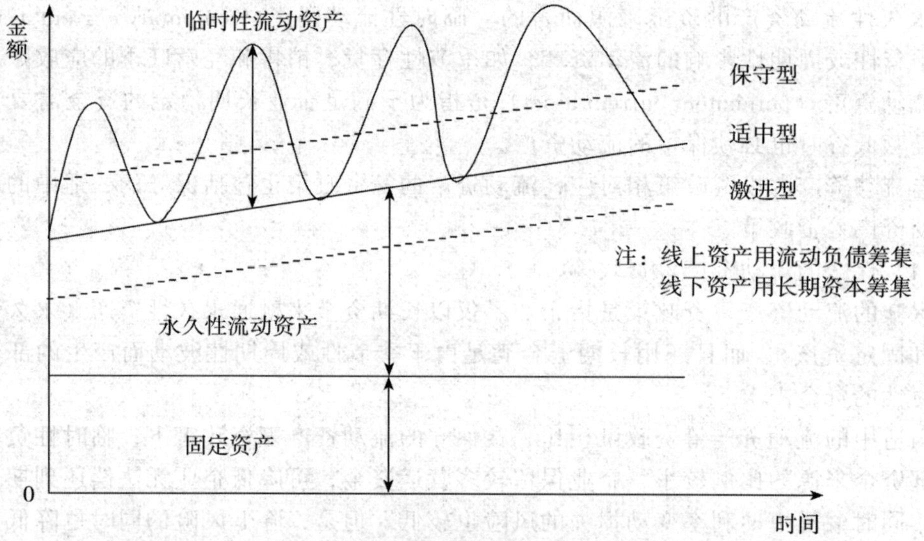

图12-2 流动资产筹资政策

第二节 现金和有价证券管理

现金，是指在生产过程中暂时停留在货币形态的资金，包括库存现金、银行存款、银行本票和银行汇票等。它的显著特点是普遍的可接受性，即可以有效地立即用来购买商品、货物、劳务或偿还债务。因此，现金是企业中流动性最强的资产。现金管理的过程就是在现金的流动性与收益性之间进行权衡选择的过程。通过现金管理，使现金收支不但在数量上，而且在时间上相互衔接，对于保证企业经营活动的现金需要、降低企业闲置的现金数量、提高资金收益率具有重要意义。

一、现金管理概述

1.企业持有现金的动机

现金是企业流动的血脉。任何一个正常经营的企业都必须持有一定数量的现金。企业持有一定数量现金的动机或原因可归纳如下：

（1）支付动机。支付动机（transaction purpose）也可称为交易性动机，即为了满足日常的现金支付，必须持有一定数额的货币资金。尽管企业也经常会收到货币资金，但货币资金的收支很少能够同时等额发生。若不维持适当的货币资金余额，就难以保证企业的经营活动正常进行下去。

（2）预防动机。预防动机（precaution purpose）是指持有现金是为了防止意外事件的发生对现金的需求。这种需求的大小与现金预算的准确性、突发事件发生的可能性以及企业取得短期借款的难易程度有关。现金预算越准确，突发事件发生的概率越小，企业取得短期借款越容易，则所需预防性现金余额越小；反之，所需预防性现金余额越大。当然，这种预防性现金余额的大小还与企业愿意承担的风险程度有关。

（3）投机动机。投机动机（speculation purpose）是指企业持有现金是为了用于不寻常的购买机会，如遇有价格便宜的材料或适当的证券投资机会等。然而，企业极少为投机的目的而专门持有货币资金。

2.现金管理的有关规定

国家有关部门对企业使用现金有如下规定：

（1）现金的使用范围。这里的现金，是指人民币现钞，即企业用现钞从事交易，只能在一定范围内进行。该范围包括：支付职工工资、津贴；支付个人劳务报酬；根据国家的规定颁发给个人的科学技术、文化艺术、体育等各种奖金；支付各种劳保、福利费用以及国家规定的对个人的其他支出；向个人收购农产品和其他物资的价款；出差人员必须随身携带的差旅费；结算起点（1 000元）以下的零星支出；中国人民银行确定需要支付现金的其他支出。

（2）库存现金限额。企业的库存现金，由其开户银行根据企业的实际需要核定限额，一般以3~5天的零星开支额为限。

（3）不得坐支现金。企业不得从本单位的人民币现钞收入中直接支付交易款。现钞收入应于当日终了时送存开户银行。

（4）不得出租、出借银行账户。

（5）不得签发空头支票和远期支票。

（6）不得套取银行信用。

（7）不得保存账外公款，包括不得将公款以个人名义存入银行和保存账外现金等各种形式的账外公款。

3.现金的成本

企业持有现金的成本通常由以下三个部分组成：

（1）持有成本。现金的持有成本是指企业因保留一定现金余额而增加的管理费及丧失的再投资收益。这种投资收益是企业不能用该现金进行其他投资获得的收益，实质上是一种机会成本，属于变动成本。它与现金持有量呈正比例关系，现金持有额越大，机会成本也越高。

（2）交易成本。现金的交易成本是指企业用现金购入有价证券以及转让有价证券换取现金时付出的交易费用，即现金同有价证券之间相互转换的成本，如委托买卖佣金、委托手续费、证券过户费、实物交割手续费等。交易成本中既有依据成交额计算的费用，也有基于证券变现次数计算的费用。

（3）短缺成本。现金的短缺成本是指在现金持有量不足，而又无法及时通过有价证券变现加以补充，最终给企业造成的损失，包括直接损失与间接损失。例如，因现金短缺而丧失购买机会、丧失现金折扣及企业信用损失等。现金的短缺成本与现金持有量有反方向变动关系，即现金的短缺成本随现金持有量的增加而下降，随现金持有量的减少而上升。

4.现金管理的目标

企业持有一定数量的现金是企业组织生产经营活动的必备条件，也是保持企业经营稳定性，降低财务风险，增强支付能力的基础。但是，现金又是增值能力最弱的一项资产，持有过多的现金会使企业的收益率降低。为此，现金管理的目标就是要在保证企业正常生产经营所需现金的同时，节约使用资金，并从暂时闲置的现金中获取尽可能多的利息收入。现金管理应力求做到既保证企业交易所需资金、降低风险，又不会使企业拥有过多的闲置现金，以增加企业的整体收益。

二、最佳现金持有量的确定

最佳现金持有量，就是能使现金持有总成本最低的现金余额。确定最佳现金持有量的模式主要有成本分析模式和存货模式。

1.成本分析模式

成本分析模式是通过成本分析，预测总成本最低时的现金持有量的一种方法。运用成本分析模式确定最佳现金持有量时，只考虑因持有一定量的现金而产生的机会成本及短缺成本，不考虑管理费用和交易成本。

运用成本分析模式确定最佳现金持有量的步骤如下：①根据不同的现金持有量测算并确定有关成本的数值；②按照不同的现金持有量及有关成本资料编制最佳现金持有量测算表；③在测算表中找出总成本最低时的现金持有量，即最佳现金持有量。在这种模式下，最佳现金持有量，就是因持有现金而产生的机会成本与短缺成本之和最小时的现金持有量。

2.存货模式

现金持有量的存货模式又称鲍曼模型，是威廉·鲍曼（William Baumol）提出的，用以确定目标现金持有量的模型。它是将存货经济订货批量模型原理用于确定目标现金持有量，其着眼点也是现金相关成本之和最低。

与成本分析模式不同的是，存货模式同时考虑了现金的交易成本。假定现金每次的交易成本是固定的，企业平时持有的现金量越高，转换的次数便越少，现金的交易成本也就越低。可见，现金的交易成本与现金的平时持有量成反比，这与现金短缺成本的性质是一致的。在现金成本构成的图示上，可以将现金的交易成本与现金的短缺成本合并为同一条曲线，并不再考虑大体为固定不变的管理成本，这样，持有现金的成本可用图12-3所示。

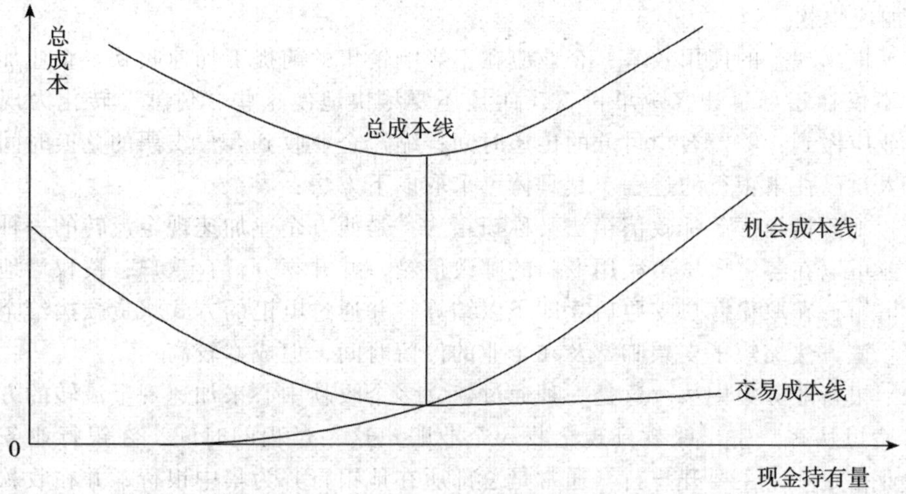

图12-3 持有现金的成本

在图12-3中，现金的机会成本线和交易成本线是两条随现金持有量朝不同方向发展的曲线。两条曲线交叉点相对应的现金持有量就是总成本最低时的现金持有量。

运用存货模式确定最佳现金持有量时，是以下列假设为前提的：①企业所需要的现金可通过证券变现取得，且证券变现的不确定性很小；②企业预算期内现金需要总量可以预测；③现金的支出过程比较稳定、波动较小，而且每当现金余额降至零时，均可通过部分证券变现得以补足；④证券的利率或报酬率以及每次固定性交易费用可以获悉。如果这些条件基本得到满足，企业便可以利用存货模式来确定最佳现金持有量。

最佳现金持有量模型为：

$$Q=\sqrt{\frac{2T\cdot F}{K}}$$

式中：Q表示最佳现金持有量；

T表示一个周期内的现金总需求量；

F表示每次转换有价证券的固定成本；

K表示有价证券收益率（机会成本）。

三、现金的日常管理

在现金的日常管理中，企业除了应按照国家有关规定，在现金使用范围、库存现金限额等方面进行管理和控制以外，还应当从如下几方面加强现金的日常管理，提高现金使用效率。

1.力争现金流量同步

现金流量同步是指企业尽可能使其现金流入与现金流出发生的时间与额度趋于一致，从而使交易性现金余额降至最低水平。为了使企业的现金流入与现金流出能充分配合，现金流量预测的准确度必须提高，并重新设计相关的决策程序，使现金流入与现金流出得以同步化。

2.加速收款

为了提高现金的使用效率，企业应在不影响销售的前提下加速收款。企业加速收款的任务不仅在于尽量让客户早付款，而且还要尽快地使这些“付款”转化为现金。为此，企业应做到：缩短客户付款的传递时间；缩短企业收到客户支票的兑换时间；加速资金存入自己往来银行的过程。其具体可采取以下方法：

（1）邮政信箱法。邮政信箱法又称锁箱法，是西方企业加速现金流转的一种常用方法。企业可以在各主要城市租用专门的邮政信箱，并开立分行存款户，授权当地银行每日开启信箱，在取得客户支票后立即予以结算，并通过电汇的方式将货款拨给企业所在地银行。该方法缩短了支票邮寄及在企业的停留时间，但成本较高。

（2）银行业务集中法。这是一种通过建立多个收款中心来加速现金流转的方法。其目的是缩短从客户寄出账款到现金收入企业账户这一过程的时间。在银行业务集中法下，企业指定一个主要开户行（通常是总部所在地银行）为集中银行，并在收款额较集中的若干地区设立收款中心，客户收到账单后直接汇款到当地收款中心，中心收款后立即存入当地银行，当地银行在进行票据交换后立即转给企业总部所在地银行。该方法缩短了现金从客户到企业的中间周转时间，但在多处设立收款中心增加了相应的费用支出。为此，企业应在成本效益分析的基础上做出决策。

除以上两种方法外，还有一些加速收现的方法。例如，对于金额较大的货款可采用直接派人前往收取支票并存入银行的方法，以加速收款。另外，企业对于各银行之间以及企业内部各单位之间的现金往来也要严加控制，以避免有过多的现金闲置。

3.控制支出

为了最大限度地利用现金，合理地控制现金支出的时间是十分重要的。例如，企业在采购材料时，如果付款条件是“2/10，N/45”，应安排在发票开出日期后的第10天付款，这样，企业可以最大限度地利用现金而又不丧失现金折扣。如遇企业急需现金的情况，甚至可以放弃供货方的折扣优惠，在发票开出日期后的第45天付款。当然，这要在权衡折扣优惠与企业急需现金之间的利弊得失后再定。

4.利用现金浮游量

现金浮游量，是指企业账户上的现金余额与银行账户上的存款余额之间的差额。因为从企业开出支票、收票人收到支票并存入银行，至银行将款项划出企业账户需要一段时间，在这段时间里企业已开出支票，却仍可动用银行活期存款账户上的这笔资金。如果企业能正确预测现金浮游量并加以利用，则可节约大量现金，若预测失误，则有可能发生银行存款的透支。

5.适当进行短期投资

企业在经营过程中，有时会产生大量的现金余额。例如，在进行某一项投资之前，会有大量的暂时闲置的现金。这部分暂时闲置的现金可用于短期证券投资以获得利息收入或资本利得。

需要注意的是，企业现金管理的目的首先是要保证正常经营业务的现金需求，其次才是考虑闲置现金的投资收益，因此要求企业把暂时闲置的现金投入到流动性强、风险低、交易期限短的金融工具中，以满足现金的持有动机。

企业以多余现金进行有价证券投资时，不仅要考虑其投资总额，而且要充分考虑投资证券的种类，即根据各种证券的不同风险和收益率选择合理的有价证券投资组合，在保证收益的基础上，尽量降低投资风险。

四、短期有价证券管理

有价证券是指根据有关法律法规发行的，可以在证券市场上流通转让的信用凭证或金融工具。这里所介绍的有价证券是指作为现金替代品的短期有价证券，不包括企业进行长期证券投资的有价证券。

1.持有短期有价证券的原因

在一般情况下，有价证券的收益率要低于现金以外的其他经营资产，但是，企业通常都会持有一定数量的有价证券，主要有以下几个方面的原因：

（1）作为现金的替代品。现金是一种非营利性资产。企业如果持有过多的现金，势必会降低企业的收益。然而，企业在生产经营过程中，由于现金流入与现金流出往往不可能同步，所以，当发生现金短缺时，就需要及时补充现金。为此，企业通常都会持有一定数量的有价证券，这样既可以避免持有过量现金而造成现金闲置，又可以适当地增加企业的收益。当企业的现金需要量超过现金流入量时，就可以及时地出售一部分有价证券以弥补现金的不足。因此，有价证券可视为现金的替代品，它具有预防性功能。当然，许多企业都依赖银行信用来满足交易性的现金需求，但银行信用有时是不稳定的，办理的程序又很复杂。因此，大多数企业都会持有一定数量的变现能力较强的有价证券，以便在银行信用不能满足需要时可以及时地获得现金。

（2）作为短期投资。有时，企业会持有数量较多的有价证券，这时，持有有价证券不仅作为现金的替代品，更是作为一种短期的投资。企业进行短期有价证券投资可以有以下几个好处：

① 满足季节性经营的需要。从事季节性经营的企业，一年内各个月份的现金收支往往是不平衡的，在某些月份可能出现大量的现金剩余。此时，企业可以购买一定数量的有价证券作为短期投资，等到现金短缺的月份，再将有价证券出售转换为现金，以满足企业生产经营的需要。

② 满足企业未来的筹资需求。如果企业预计在未来将会发生一笔现金支出，如兴建厂房或者偿还到期债务等，则企业现在就应当逐步地积累资金，以备将来之需。目前闲置的现金可以投资于有价证券，这样既可以获得一定的投资收益，又可以满足未来的筹资需求。

（3）满足企业未来的投资需求。处于成长或扩张阶段的企业一般每隔一段时间就会出售一次长期证券（股票或企业债券），但出售长期证券所获得的资金一般并不可能一次全部使用完毕，而是逐渐、分次使用。这样暂时不用的资金可投资于有价证券以获得一定的收益，而当企业进行投资需要资金时，则又可卖出有价证券，以获得现金。

2.短期证券投资应考虑的因素

市场上有众多证券可供企业选择，企业在投资时应考虑下列因素：

（1）违约风险。违约风险是指有价证券到期时，发行人无法按期支付利息或偿还本金的可能性。一般来说，政府发行的证券违约风险很小，可看作无违约风险的证券。企业发行证券的违约风险大小，应根据企业的规模、财务状况、发展前景、市场利率等来做出判断。

（2）利率风险。由于利率的变动而引起证券价格下跌，投资人由此而遭受损失的风险，称为利率风险。证券的价格随利率的变动而变动。一般而言，银行利率下降，则证券价格上升；银行利率上升，则证券价格下跌。不同期限的证券，利率风险不一样，通常期限越长，风险越高。

（3）通货膨胀风险。通货膨胀风险是指因通货膨胀而使证券到期或出售时所获现金的购买力降低所产生的风险。一般而言，在通货膨胀期间，固定收益证券由于报酬固定，所面临的通货膨胀风险较高，而变动收益证券的报酬率预期将会上升，通货膨胀风险较低。因此，普通股股票被认为能比企业债券和其他固定收益证券更好地避免通货膨胀风险。

（4）流动性风险。流动性风险是指在投资人想出售证券获取现金时，证券不能立即售出所产生的风险。能在短期内按市价大量出售的资产，属于流动性较强的资产，这种资产的流动性风险较小；反之，如果一种资产不能在短期内按市价大量出售，则属于流动性较弱的资产，这种资产的流动性风险较大。例如，购买不知名企业的债券，想立即出售比较困难，因而流动性风险较大，但若购买国库券，几乎可以立即出售，流动性风险较小。进行短期有价证券投资主要考虑的是安全性和较强的流动性。

（5）证券的投资报酬。短期有价证券的最大特征是投资报酬率低。风险与报酬具有对等关系，证券的风险越高，报酬也就越高。因此，企业在进行有价证券投资时，必须在风险和报酬之间进行权衡。通常，财务人员一般都愿意牺牲较高的报酬而选用较安全的证券。因此，由政府或实力较强的企业所发行的证券最受投资者或企业的欢迎。

3.短期有价证券的投资策略

有价证券的市场价格波动大，风险高，一旦投资决策失误，就会严重影响企业的财务状况。因此，企业在进行短期有价证券投资时，要审时度势，进行科学的分析和决策。

（1）确定投资政策。在证券投资中，由于收益和风险并存，在投资之前，首先要测定投资的金额和投资的目标。投资的金额确定了投资的范围，投资的目标确定了对投资的风险和预期收益的态度，两者取决于企业的财务能力、风险承受能力和投资者的决策态度。投资政策一般有两种类型：一种是稳健型投资政策，另一种是激进型投资政策。在稳健型投资政策下，对投资风险考虑得多一些，宁愿降低一些投资的收益；在激进型投资政策下，对投资风险则考虑得少一些，力争多增加一些投资收益，有时还可能进行负债投资。企业应结合自己的具体情况，选择适合自己的投资政策。

（2）对证券进行科学分析。证券市场情况复杂，种类繁多。在进行证券投资时，除了要分析投资环境和证券市场的变化趋势，了解投资时机是否适宜外，还要对拟投资的证券进行分析。对于债券和股票而言，前者收益比较固定，风险比较小，后者收益可能高一些，但风险比较大。因此，要根据不同的经济环境和企业的现状进行决策，以求得最佳的投资效果。

证券分析常用的方法有三种：第一，进行市场趋势分析，研究证券市场未来的发展方向和变动趋势；第二，进行静态分析，研究发行企业的资金实力和偿债能力；第三，分析收益情况，研究发行企业的净值报酬率、股票的市盈率、债券的收益率及其他有关资料，以确定当前的证券价格是否符合真实的价值。在证券行业中也有各种不同的分析资料和信息可作为投资参考的依据，要通过各种比较分析，决定投资的对象、时间和金额。

（3）选择合理的证券投资组合。在证券投资中，为了分散风险，必须实行多样化的投资组合。要根据分析资料，既要选择高收益、高风险的证券，又要选择低收益、低风险的证券，构成一定的投资组合，使其在不同的条件下，都能获得理想的效果。这种投资组合，主要是通过对各种类别的资产和不同证券品种进行分析，在可能的风险和预期收益的范围内，寻找一个比较合理的选择方案。

第三节 应收账款管理

应收账款（account receivable）是企业因对外赊销产品、材料、供应劳务等应向购货单位或接受劳务单位收取的款项。它是企业流动资产的一个重要组成部分，合理安排应收账款的资金占用、加强对应收账款的管理是企业营运资金管理的一项重要内容。

一、应收账款概述

1.应收账款的功能

应收账款的功能表现在：

（1）增加销售。在当今交易频繁的商业社会，现金交易的局限性凸显，赊销成为一些行业的惯例。在必要的情况下，赊销也是促销的重要方式。激烈的市场竞争使不少企业资金紧张，而支付期限的长短、现金折扣的多少等直接影响购买方的购买决策，而销售方适当地提供赊销将刺激销售。

（2）减少存货。存货增加时，相应的管理费、仓储费、保险费也会增加。提供赊销，促进存货流转可在一定程度上避免存货积压带来的资金支出，从而加速资金周转。

但是，也必须看到，应收账款形成一项经常性的资金占用，赊销额越大，赊销期越长，企业占用在应收账款上的资金就越多，所付出的代价就越高。这种代价就是应收账款的成本。

2.应收账款的成本

应收账款的成本主要有：

（1）机会成本。应收账款的机会成本是指企业因资金投放在应收账款上而丧失的其他收入。这一成本的大小通常与企业维持赊销业务所需要的资金数量（即应收账款投资额）和资本成本有关。

（2）管理成本。应收账款的管理成本是指企业因对应收账款进行日常管理而耗费的开支，主要包括对客户的资信进行调查的费用、应收账款账簿记录的费用、收账费用等。一定时期内企业应收账款的管理费用一般比较稳定，但催账、收账费用会随应收账款的增加而增加。

（3）坏账损失成本。应收账款的坏账损失成本是指因应收账款无法收回而给企业带来的损失。赊销是一种信用交易，虽然有契约如支票、本票和汇票作保证，但交易只是基于买卖双方互相信赖，并不能保证所有债务人都能及时、足额付清货款。若债务人经营不善、财务状况恶化，甚至破产，或不讲信用等都可能使应收账款成为坏账而给企业造成损失。为规避发生坏账给企业生产经营活动的稳定性带来的不利影响，企业应合理提取坏账准备。

3.应收账款管理的目标

提供商业信用可以扩大销售、增加利润，但也要付出一定的代价。例如，增加应收账款的机会成本和管理成本，同时也可能带来更多的坏账风险。所以，应收账款管理的基本目标就是通过对应收账款的管理，发挥应收账款强化竞争、扩大销售的功能，同时，尽可能降低投资的机会成本、坏账损失与管理成本，最大限度地提高应收账款投资的效益。

二、应收账款政策

应收账款政策又称信用政策，是指企业要求客户遵守或允许客户利用的信用筹资制度，是财务政策的一个重要组成部分，主要包括信用标准、信用期间和现金折扣三部分内容。

1.信用标准

信用标准（credit standard）是指企业用来衡量客户是否有资格享受商业信用的标准，也是客户获得企业的交易信用所应具备的基本条件。标准过严可以减少坏账损失和机会成本，但不利于扩大销售，从而会造成市场占有率的下降；反之，若标准过宽，虽然可增加销售，但会增加机会成本，同时收款风险也会加大。因此，企业应在扩大销售与增加成本和风险之间权衡，制定一个比较合理的信用标准。

信用标准反映应收账款的质量水平，通常以预期的坏账损失率来表示。企业可以通过财务报表、信用调查机构报告或其往来银行来了解客户的信用，进而分析客户的资信程度，确定其信用标准。

2.信用期间

信用期间（credit period）是指企业允许客户从购货到支付货款的时间间隔。不同行业的信用期间是不同的，但企业一般会根据客户的存货周转天数来决定信用期间的长短。

3.现金折扣

现金折扣（cash discount）是指在规定的时间内，客户提前偿付货款可按销售收入的一定比例享受的折扣，即企业对客户在商品价格上所进行的扣减。给客户提供这种价格上的优惠，主要目的在于吸引客户享受优惠而提前付款，缩短企业的平均收款期。此外，现金折扣也能招揽一些视折扣为减价出售的顾客前来购买，以扩大销售量。

三、应收账款的收账管理

应收账款发生后，企业应采取各种措施，尽量争取按期收回款项，否则会因拖欠时间过长而发生坏账，使企业蒙受损失。应收账款的收账管理主要有如下措施：

1.对应收账款回收情况的监督

一般而言，拖欠时间越长，款项收回的可能性越小，形成坏账的可能性越大。因此，企业应实施严密的监督，随时掌握回收情况。实施对应收账款回收情况的监督，可以通过账龄分析法进行。

账龄分析法是研究各种账龄应收账款的余额占应收账款总额的比重的方法。它是了解应收账款回收情况常用的方法，企业可以通过编制应收账款账龄分析表，来反映不同账龄的应收账款数量、占用金额及比例，以便对应收账款的回收情况进行有效的控制。表12-1是某企业的应收账款账龄分析表。

表12-1　**某企业的应收账款账龄分析表**

应收账款账龄	账户数量（户）	金额（万元）	占应收账款总额的比例（%）
信用期内	70	500	50
逾期1~30天	35	250	25
逾期31~45天	25	60	6
逾期46~60天	15	80	8
逾期61~365天	5	60	6
逾期超过1年	2	50	5
合　计	152	1 000	100

通过应收账款账龄分析表，可以掌握如下信息：①尚未到期的应收账款金额及比例；②违约应收账款的金额、违约期及比例；③可能成为坏账的应收账款金额及比例。企业应当经常进行账龄分析，及时了解应收账款的回收情况和发展趋势。如果应收账款账龄分析表显示企业的应收账款的账龄开始延长或者过期账户所占比例逐渐增加，那么，就必须及时采取措施，调整企业的信用政策。

从表12-1中可以看出，该企业有2笔应收账款账龄逾期超过1年，占应收账款总额的5%，那么这部分应收账款成为坏账的可能性极大，应当引起企业的高度重视，并及时采取措施。

应收账款账龄分析表也可以按客户列出明细。表12-2是某企业逾期1天至1年的应收账款账龄分析表。

表12-2　　**某企业逾期1天至1年的应收账款账龄分析表**　　金额单位：万元

客户	信用期内	已逾期（天）				合计
		1～30	31～45	46～60	61～365	
A	20					20
B	25					25
C			20			20
D	40	20				60
E	20				50	70
F	20			60		80
⋮	⋮	⋮	⋮	⋮	⋮	⋮
合计	500	250	60	80	60	950
百分比（%）	50	25	6	8	6	95

从表12-2中可以看出，该企业的客户E有1笔应收账款账龄超过60天，客户F有1笔应收账款账龄超过45天，但仍然继续获得企业的商业信用，须引起高度重视。

2.收账政策

收账政策是指当客户违反信用条件时，拖欠甚至拒付账款时企业所采取的收账策略与措施。企业通常所采用的收账方式有：信函通知、亲自造访、电话通知、委托收账代理机构及采取法律行动。企业制定收账政策时，要注意把握宽严程度，针对不同的客户采取相应的措施，以尽量确保在不丧失客户的情况下收回账款，减少收款费用和坏账损失。

催收账款要发生费用，某些收账方式的费用还会很高（如诉讼费）。一般而言，在一定范围内，收账费用越高，坏账损失的比例就越小，平均收款期也会越短，反之亦然。因此，制定收账政策，要在收账费用和所减少的坏账损失之间做出权衡。

第四节　存货管理

一、存货概述

存货是指企业在日常活动中持有以备出售的产成品或商品、处在生产过程中的在产品、在生产过程或提供劳务过程中耗用的材料和物料等。

1.存货的功能

企业持有存货的主要功能如下：①防止停工待料；②适应市场变化；③降低进货成

本；④维持均衡生产。

2.存货的成本

在实务中，与存货相关的成本有很多，而与储备存货有关的成本主要包括以下几种：

（1）进货成本。进货成本主要由存货的进价和进货费用构成。其中，进价又称购置成本，是指存货本身的价值，等于采购单价与采购数量的乘积。在一定时期进货总量既定的条件下，无论企业采购次数如何变动，存货的进价通常是保持相对稳定的（假设物价不变且无采购数量折扣），因而属于决策的无关成本。进货费用又称订货成本，是指企业为组织进货而开支的费用。进货费用有一部分与订货次数有关，这类变动性进货费用属于决策的相关成本；另一部分与订货次数无关，这类固定性进货费用则属于决策的无关成本。

（2）储存成本。储存成本是企业为持有存货而发生的费用。储存成本可以按照与储存数量的关系分为变动性储存成本和固定性储存成本两类。其中，固定性储存成本与存货储存数量的多少没有直接联系，属于决策的无关成本；变动性储存成本则与存货储存数量成正比例变动关系，属于决策的相关成本。

（3）缺货成本。缺货成本是指因存货不足而给企业造成的停产损失、延误发货的信誉损失及丧失销售机会的损失等。缺货成本能否作为决策的相关成本，应视企业是否允许出现存货短缺的不同情形而定。若允许缺货，则缺货成本便与存货数量反向相关，属于决策的相关成本；反之，若企业不允许发生缺货的情形，此时缺货成本为零，也就无须加以考虑。

3.存货管理的目标

企业持有充足的存货，不仅有利于生产过程的顺利进行，节约采购费用与生产时间，而且能够迅速满足客户的各种需要，从而为企业的生产与销售提供较大的机动性，避免因存货不足带来的机会损失。然而，存货的增加必然要占用更多的资金，将使企业付出更大的持有成本（存货的机会成本），而且储存与管理费用也会增加，影响企业的获利能力。因此，进行存货管理，就是要尽力在各种存货成本与存货效益之间做出权衡，以达到两者的最佳结合，这就是存货管理的目标。

二、存货的控制方法

1.ABC分类管理

ABC分类管理就是按照一定的标准，将企业的存货划分为A、B、C三类，分别实行分品种重点管理、分类别一般控制和按总额灵活掌握的存货管理方法。它是一种简单的存货管理方法，因此在实务中为许多企业所采用。

首先，要确定存货分类的标准。分类的标准主要有两个：一是金额标准；二是品种数量标准。金额标准是最基本的，品种数量标准仅作为参考。A类存货金额巨大，但品种数量较少；B类存货金额一般，品种数量相对较多；C类存货品种数量繁多，但金额却很小。

其次，根据上述标准对A、B、C三类存货进行具体划分。

最后，在对存货进行ABC分类的基础上，企业应分清主次，采取相应的对策进行有效的管理、控制。

2.经济订货批量基本模型

存货管理的一个重要内容是确定存货采购的经济批量，也称经济订货批量。经济订货批量（economic order quantity，EOQ），是指既能满足生产经营对存货的正常需要，又能使存货总成本最低的订货批量。

经济订货批量基本模型的假设条件有：

（1）企业能够及时补充存货，即需要订货时便可立即取得存货；

（2）不允许出现缺货情形，即无缺货成本；

（3）需求量稳定，并且可以预测；

（4）存货的价格稳定，不考虑现金折扣，进货日期完全由企业自行决定，并且每当存货量降为零时，下一批存货均能马上一次性到位；

（5）企业现金充足，不会因现金短缺而影响进货；

（6）存货市场供应充足。

设立了上述假设后，存货总成本的公式可以简化为：

存货总成本=进货费用+储存成本

$$=\text{全年进货总量}\div\text{每次进货批量}\times\text{每次进货费用}+\text{每次进货批量}\div 2\times\text{单位存货年储存成本}$$

经济订货批量基本模型为：

$$Q^*=\sqrt{\frac{2KD}{K_C}}$$

式中：Q^*表示经济订货批量；

D表示某种存货全年需要量；

K表示平均每次进货费用；

K_C表示单位存货年储存成本。

根据这一基本模型还可以推算出其他各种公式。

全年最佳订货次数：

$$N^*=\frac{D}{Q^*}=\frac{D}{\sqrt{\frac{2KD}{K_C}}}=\sqrt{\frac{DK_C}{2K}}$$

最佳存货总成本：

$$TC(Q^*)=\frac{\dfrac{KD}{\sqrt{\frac{2KD}{K_C}}}+K_C\cdot\sqrt{\frac{2KD}{K_C}}}{2}=\sqrt{2KDK_C}$$

最佳订货周期：

$$t^*=\frac{360}{N^*}=\frac{360}{\sqrt{\frac{DK_C}{2K}}}=360\times\sqrt{\frac{2K}{DK_C}}$$

经济订货批量占用资金：

$$I^* = \frac{Q^*}{2} \cdot U = \frac{\sqrt{\frac{2KD}{K_C}}}{2} \cdot U = \sqrt{\frac{KD}{2K_C}} \cdot U$$

【例12-1】某企业每年耗用某种材料3 600千克，该材料单价为10元，单位年储存成本为2元，一次订货成本为25元，则：

$Q^* = \sqrt{2 \times 3\,600 \times 25 \div 2} = 300$（千克）

$N^*=D/Q^*=3\,600 \div 300=12$（次）

$TC(Q^*) = \sqrt{2 \times 25 \times 3\,600 \times 2}=600$（元）

$t^*=360 \div 12=30$（天）

$I^*=300 \div 2 \times 10=1\,500$（元）

上述计算结果表明，当进货批量为300千克时，进货费用与储存成本总额最低。

第五节　短期资本来源管理

企业在生产经营过程中常常需要一些临时性资金供企业周转，或者出于各种考虑需要临时调整其资产负债结构等，都需要筹集短期资金。这种短期筹资所得资金属于流动负债，可使用时间较短，一般不超过1年。短期资本来源具有如下特点：

（1）筹资速度快且容易取得。非流动负债的债权人为了保护自身利益，往往要对债务人进行全面的财务调查，因而所需时间较长且不易取得。由于流动负债需要在较短时间内归还，故债权人顾虑较少，容易取得。

（2）筹资富有弹性。举借非流动负债，债权人经常会向债务人提出很多限定性条件或管理规定，而流动负债的条件则相对宽松些，使筹资企业的资金使用较为灵活、富有弹性。

（3）筹资成本较低。在一般情况下，流动负债的利率低于非流动负债，流动负债筹资的成本也就较低。

（4）筹资风险高。流动负债的偿还期相当短且不具融通性，企业不可能在偿还时间上得到很大的宽限。所以，在筹资数额较大的情况下，一旦企业资金调度不灵，就有可能无力按期偿付本金和利息，因而风险较大。

企业主要通过商业信用、短期借款和短期融资券等方式筹集短期资金。

一、商业信用

商业信用（trade credit）是指在商品交易中以延期付款或预收货款进行购销活动而形成的企业之间的借贷关系，即在商品交换中，由于商品和货币在时间和空间上的分离而形成的企业之间的直接信用行为。它属于自然筹资。如果企业进货都是在收取货物的若干天后付款，或所有的销售都在销售前的若干天收款，则商业信用就会成为企业一项稳定的短期资金来源。支付日往后推得越久，企业借用别人资金的时间也就越长。在商品经济发达的今天，商业信用得到广泛的发展，并成为各企业普遍使用的短期筹资方式。

1.企业利用商业信用筹集短期资金的主要形式

（1）应付账款。应付账款是由于赊购商品形成的，是企业购买货物暂未付款而欠对方的账项，即卖方允许买方在购货后的一定时期内实际支付货款的一种形式。从本质上讲，应付账款是卖方提供给买方的商业信用，它表明购买方直至支付日才会支付货款。赊购一般都规定了一定的付款期限（从10天到3个月不等）。如果买方按期付款，则只需按发票上规定的价格支付即可，而如果买方提前付款，则可以取得一定的现金折扣作为优惠。卖方利用此种方式主要是为了促销，而对于买方来说，延期付款等于向卖方借用资金购进商品，可以满足买方短期资金的需要。

应付账款这种信用形式，按其是否有代价，可分为免费信用、有代价信用和展期信用。免费信用是指买方企业在规定的折扣期限内享受折扣而获得的信用。有代价信用是指买方企业在规定的折扣期限内需要付出放弃折扣的代价而取得的信用。展期信用是指买方企业在规定的信用期限届满后推迟付款而强制取得的信用，这是违反常规的做法。

（2）预收货款。预收货款是指销货企业按照合同或协议的约定，在交付货物之前向购货企业预先收取部分或全部货物价款的信用形式。这相当于销货方向购货方借用资金，然后由货物抵偿。预收货款一般常用于生产周期长、资金需要量大的商品销售。对于购货企业来说，预付了货款就能保证按期取得所需商品。

（3）商业汇票。商业汇票是企业根据购货合同的要求，进行延期付款商品交易时开具的反映债权债务关系的票据。根据承兑人的不同，商业汇票一般分为银行承兑汇票和商业承兑汇票两种。支付期一般为1~6个月，最长不得超过9个月，如有特殊情况还可以适当延长。利用商业汇票进行结算，使商业信用票据化，可以起到防止拖欠的作用。它对于购货企业来说，也相当于向销货企业借用了一笔短期借款。

此外，在公司流动负债中还存在一些不是在商品交易活动中产生的，而是由公司内部活动和分配引起的应付费用，即自发性筹资的应付费用，如应交税费、应付职工薪酬、其他应付款等。这些应付费用一般形成在先，支付在后，结算期固定，占用数额也较固定，所以通常称为定额负债。定额负债资金占用的数额稳定，无须支付任何代价，是一项“便宜”的短期资金来源，但在使用时，必须注意关于支付期的规定，以免因拖欠而给企业带来损失。

2.商业信用筹资的优缺点

（1）企业利用商业信用筹集资金的优点有：

① 取得简便、及时。商业信用属于自然筹资，它可按照购货合同的规定，伴随商品交易自然产生，不用办理任何手续，一般也不附加其他任何条件，使用比较方便。

② 使用灵活、有弹性。通过商业信用取得的资金可随购销额的变动而变动，期限由购销双方约定，限制条件较少，选择余地较大。

③ 取得“便宜”。如果没有现金折扣，或者企业享受现金折扣，以及使用不带息应付票据，则企业利用商业信用筹资并不发生筹资成本，但如果放弃现金折扣，须负担很高的成本。

（2）企业利用商业信用筹集资金的不足之处有：

① 影响资金周转。在法制不健全的情况下，如果企业缺乏信誉，容易造成企业之间互相拖欠资金的现象，影响资金周转。

② 期限较短。商业信用一般期限较短，尤其是应付账款，期限更短。如果到期无力支付货款，则会严重影响企业的信用和信誉，从而进一步影响其再筹资。

二、短期借款

短期借款是指企业向银行或其他非银行金融机构借入的、期限在1年以内的借款。它是企业筹集短期资金最常用的一种方式。

1.短期借款的种类

短期借款按借款的目的和用途可分为周转借款、临时借款、结算借款、贴现借款等；按有无担保可分为信用借款（无担保借款）和抵押借款（担保借款）；按偿还方式可分为一次偿还借款和分期偿还借款。

2.短期借款的信用条件

短期借款的信用条件主要有信用额度、周转信用协议和补偿性余额。

（1）信用额度。信用额度（line of credit）亦即贷款限额，是借款企业与银行在协议中规定的允许借款企业借款的最高限额。通常在信用额度内，企业可随时按需要向银行申请借款。

（2）周转信用协议。周转信用协议（revolving credit agreement）是银行从法律上承诺向企业提供不超过某一最高限额的贷款协定。在协定的有效期内，只要企业借款总额未超过最高限额，银行必须满足企业任何时候提出的借款要求。周转信用协议与一般信用额度不同，银行对周转信用额度负有法律义务，并因此向企业收取一定的承诺费用，一般按企业未使用的信用额度的一定比率计算。

（3）补偿性余额。补偿性余额（compensating balance）是银行要求借款企业按贷款限额或实际借款额的一定百分比（通常为10%~20%），在银行中保持的最低存款余额，其目的是降低银行贷款风险，提高贷款的有效利用率，为银行提供一种补偿。但对借款企业来说，补偿性余额提高了借款的实际利率，加重了企业的利息负担。

在银行附加上述信用条件的情况下，企业取得的银行借款属于信用借款。

3.短期担保借款

银行在发放短期贷款时，为降低贷款的风险，可向借款企业索取担保品。短期借款的担保品通常是借款企业的应收账款、应收票据、存货、股票、债券等。银行接受担保品后，将根据担保品的价值决定贷款金额，贷款额度会远远小于担保品的价值，一般为担保品价值的30%~90%，以保证银行在清算时将资产大大压价出售后依然能保证偿还贷款。

按担保品的不同，短期担保借款分为应收账款担保借款、应收票据贴现借款和存货担保借款等。

（1）应收账款担保借款。在这种短期借款形式下，借款企业以其应收账款的债权作为借款担保品，贷款银行拥有应收账款的受偿权，还可以对借款企业行使追偿权。因此，运用应收账款担保的形式来获取短期借款，借款企业仍要承担应收账款的违约风险，通常借款企业并不将担保一事通知应收账款的债务人。贷款人的放款幅度一般低于担保的应收账款的总值，其差值即形成借款企业支付的利息。我国企业在采用托收承付结算方式下向银行取得的结算借款，实际上属于短期担保借款。

（2）应收票据贴现借款。票据贴现一般是指企业将持有的未到期的应收票据交付贴现银行兑取现金。它产生于商业信用，但在贴现时又转化为银行信用。企业在办理票据贴现时，贴现银行要收取一定的贴现息，并以票据到期值扣除贴现息的金额向企业提供贷款。企业使用应收票据向银行取得贴现借款，构成了企业的一项或有负债，即当应收票据到期而付款人不能付款时，贴现银行对贴现企业具有追索权。

（3）存货担保借款。存货的流动性较强，适宜充当短期借款的担保品。贷款银行对企业发放存货担保借款的数额，与应收账款担保借款和应收票据贴现借款类似，按照担保品价值的一定百分比确定。由于存货是现有流动资产中流动性最差的一种，因而折价率也最高。贷款银行通常要求借款企业提供市场销路好且易于变现的存货作为借款的担保品。

4.短期借款的优缺点

短期借款与其他短期筹资方式和长期借款相比，具有一定的优点，主要有：

（1）筹资效率较高，企业获得短期借款所需的时间比获得长期借款所需的时间短得多，因为银行发放长期贷款前，通常要对借款企业进行比较全面的调查和分析，花费时间较长。

（2）筹资的弹性大，借款企业可以按需随时借款，在现金充裕时可提前归还借款，便于企业灵活安排。

短期借款突出的缺点是筹资风险高、实际利率较高。短期要归还借款，特别是在带有诸多附加条件的情况下会加剧风险。

三、短期融资券

短期融资券，又称商业票据或短期债券，是由企业发行的无担保短期本票。在我国，短期融资券是指企业依照《短期融资券管理办法》的条件和程序在银行间债券市场发行和交易，并约定在一定期限内还本付息的有价证券，是企业筹措短期（1年以内）资金的直接融资方式。短期融资券通常由大型企业或金融机构发行，投资者主要为其他企业和金融机构。

1.短期融资券的特点

短期融资券具有以下特点：

（1）短期融资券是一种公开性的短期筹资的债务凭证，其期限一般不超过365天。这种短期融资券已完全与现实的商品、劳务交易无关联，而成为一种纯粹的企业债务凭证。

（2）短期融资券是一种无担保票据。正因为它的无担保性，所以并不是任何企业都可以发行的，只有那些资本规模大、经济效益突出、财务状况平稳、信誉卓著的企业才可以发行。

（3）发行利率由发行人和承销商协商确定。

（4）发行对象为银行间债券市场的机构投资者，不向社会公众发行。

（5）实行余额管理，待偿还短期融资券余额不超过企业净资产的40%。

（6）可以在全国银行间债券市场机构投资人之间流通转让。

2.短期融资券筹资的优缺点

（1）短期融资券筹资的优点主要有：

① 短期融资券筹资数额比较大。银行一般不会向企业发放巨额的流动资金借款，因此，银行短期借款往往面临着数额的限制，而发行短期融资券可以筹集大量的资金。

② 发行短期融资券可以提高企业的信誉。因为能在货币市场上发行短期融资券的企业都是著名的大企业，所以一家企业如果能在货币市场上发行自己的短期融资券，说明该企业的信誉较好。此外，企业发行短期融资券还有利于企业开拓广泛的筹资渠道，降低资本成本。

（2）短期融资券筹资的缺点主要有：

① 发行短期融资券的风险比较大。短期融资券到期必须还本付息，一般不会有延期的可能。

② 发行短期融资券的弹性比较小。只有当企业的资金需求达到一定数量时才能使用短期融资券。此外，短期融资券一般不能提前偿还，即使企业资金比较充裕，也要到期才能还款。

③ 发行短期融资券的条件比较严格。发行短期融资券的控制较严，只有信誉好、实力强、效益高的大企业才能发行短期融资券。

财务管理中的商业伦理　　资金回收有保障，一切OK

司马特贸易（Trade Smart）公司在美国经营着1 200个折扣电子商店。由于司马特贸易公司能够提供比其他任何打折商品价格更低的品牌商品，因此在激烈的行业竞争中经营得非常成功。由于司马特贸易公司的规模较大，它可以直接从生产商处大批采购存货，并将其因此获得的规模经济效益以较低的价格转移给客户。

除了价格较低之外，司马特贸易公司还提供了非常自由的产品退回政策。它允许客户出于任何原因将商品退回，而很少考虑生产商提供的保证期。例如，有一个客户退还了两年多前购买的数字传呼机。司马特贸易公司向客户全额退款，尽管该传呼机看起来像被汽车压过了似的，已经不在生产商的保证范围之内。还有一个例子，有一个客户退还了3天前购买的可携带式摄影机。他当时是为其女儿的婚礼购买的，该客户并没有具体指出摄影机的故障——他只说“摄影机不能动了”。客户拒绝换摄影机，而是要求退还他所支付的现金。客户关系部的经理怀疑该客户购买该摄影机的目的是在其女儿婚礼完毕之后再归还，但是司马特贸易公司的退还政策并没有排除这种可能性。客户关系部的副总经理艾德·戴维森说，无论出现什么问题，司马特贸易公司愿意为每一项其所出售的产品负责，因为该公司认为在激烈的行业竞争中，这项政策可以吸引并保留忠实客户。该公司的格言——“客户满意才是我们的宗旨”永久挂在司马特贸易公司的各个商店中。

根据这项自由退换政策，司马特贸易公司如何维持其较低的价格？实际上，司马特贸易公司将退还的产品作为残品退给生产厂家，所以退回成本又转移给了生产商。根据生产厂家提供的资料，司马特贸易公司退还的每6件产品中只有1件才是真正的残品。但是当厂家抱怨这些退还的用过的产品或者没有技术问题的产品时，司马特贸易公司提醒他们，司马特贸易公司没有服务部门，因此他的工作人员不是技术电路问题方面的技术人员——客户认为产品有电路问题，产品就得退给厂家。司马特贸易公司的存货经理主张，公司不能故意欺骗或利用生产商的退还政策和保证。你是否赞同司马特贸易公司的退还政策？这符合道德标准吗？如果你是司马特贸易公司的供应商之一，你将采取什么措施？

资料来源：贝斯利，布里格姆．财务管理精要［M］．陈国欣，等译．14版．北京：北京大学出版社，2010.

重要术语

营运资金（working capital）
毛营运资金（gross working capital）
净营运资金（net working capital）
适中的流动资产投资政策（moderate current asset investment policy）
保守的流动资产投资政策（relaxed current asset investment policy）
激进的流动资产投资政策（restricted current asset investment policy）
流动资产筹资政策（current asset financing policy）
临时性流动资产（temporary current asset）
永久性流动资产（permanent current asset）
支付动机（transaction purpose）
预防动机（precaution purpose）
投机动机（speculation purpose）
应收账款（account receivable）
信用标准（credit standards）
信用期限（credit period）
现金折扣（cash discount）
经济订货量（economic order quantity，EOQ）
商业信用（trade credit）
信用额度（line of credit）
周转信用协议（revolving credit agreement）
补偿性余额（compensating balance）

本章小结

本章介绍了营运资金管理的有关概念、营运资金管理模式、现金和有价证券管理等内容。

第一节概述了营运资金。营运资金是流动资产与流动负债的差额。营运资金管理模式包括流动资产投资政策和流动资产筹资政策。流动资产投资和筹资政策可分为保守、适中和激进这三种政策。

第二节讲述了现金和有价证券管理。企业持有现金的动机包括支付动机、预防动机和投机动机。现金管理的目标是在保证企业交易所需资金、降低风险的同时，不使企业拥有过多的闲置现金，以增加企业的整体收益。确定最佳现金持有量的模式包括成本分析模式和存货模式。企业持有有价证券的动机包括作为现金的替代品、作为短期投资和满足企业未来的投资需求。短期证券投资应考虑的因素有违约风险、利率风险、通货膨胀风险、流动性风险、证券的投资报酬。短期有价证券的投资策略包括确定投资政策、对证券进行科学分析、选择合理的证券投资组合。

第三节讲述了应收账款管理。应收账款具有增加销售、减少存货的功能，应收账款的成本主要有机会成本、管理成本、坏账损失成本。应收账款管理的目标是在发挥应收账款强化竞争、扩大销售的功能的同时，尽可能降低投资的机会成本、坏账损失与管理成本，最大限度地提高应收账款投资的效益。应收账款的收账管理措施主要包括对应收账款回收情况的监督、制定合适的收账政策。

第四节讲述了存货管理。存货具有防止停工待料、适应市场变化、降低进货成本、维持均衡生产的功能，存货的成本主要包括进货成本、储存成本、缺货成本。存货管理的目标是在各种存货成本与存货效益之间做出权衡，以达到两者的最佳结合。存货的控制方法主要有ABC分类管理、经济订货批量基本模型。

第五节讲述了短期资本来源管理。短期资本来源具有筹资速度快且容易取得、筹资富有弹性、筹资成本较低、筹资风险高的特点。企业主要通过商业信用、短期借款和短期融资券等方式筹集短期资金。商业信用融资的优点在于取得简便及时、使用灵活有弹性、取得“便宜”的优点，突出的缺点是影响资金周转、期限较短。短期借款的优点在于筹资效率较高、筹资的弹性大，突出的缺点是筹资风险高、实际利率较高、要归还借款、在带有诸多附加条件的情况下会加剧风险。短期融资券筹资的优点在于筹资数额比较大、可以提高企业的信誉，突出的缺点是发行风险比较大、发行弹性比较小、发行条件比较严格。

复习与思考

1. 什么是营运资金？
2. 如何确定最佳现金持有量？

3.短期有价证券投资应该考虑哪些因素?

4.应收账款的成本主要有哪些?

5.存货管理的目标什么?

6.什么是ABC分类管理?

二维码12-1 复习与思考参考答案

拓展阅读

二维码12-2 我国资产证券化的发展

二维码12-3 供应链金融

主要参考文献

[1] FAMA E F, FRENCH K R. Common risk factors in the returns on stocks and bonds [J]. Journal of Financial Economics, 1993.

[2] FREEMAN, EVAN.Corporate governance: A stakeholder interpretation [J]. Journal of Behavioral Economics, 1990.

[3] JENSEN, MECKLING. Theory of the firm: Managerial behavior, agency costs, and ownership structure [J]. Journal of Financial Economics, 1976.

[4] JENSEN, MICHAEL. Value maximization, stakeholder theory, and the corporate objective function [J] . Business Ethics Quarterly, 2002.

[5] PORTER M, KRAMER M.Creating shared value [J]. Harvard Business Review, 2011.

[6] BRIGHAM, EHRHARDT.财务管理理论与实践 [M]. 毛薇，王引，等译. 14版. 北京：清华大学出版社，2018.

[7] SCOTT, MARTIN, PETTY, KEOWN.现代财务管理基础 [M]. 金马，译. 8版. 北京：清华大学出版社，2004.

[8] 贝斯利，布里格姆. 财务管理精要 [M]. 陈国欣，等译. 14版. 北京：北京大学出版社，2010.

[9] 伯利，米恩斯. 现代公司与私有财产 [M]. 甘华鸣，罗锐韧，蔡如海，译. 北京：商务印书馆，2005.

[10] 布里格姆，休斯敦. 财务管理基础 [M]. 张志强，王春香，译. 北京：中信出版社，2004.

[11] 范霍恩，瓦霍维奇. 现代企业财务管理 [M]. 郭浩，译. 北京：经济科学出版社，2002.

[12] 罗斯，威斯特菲尔德，乔丹，等. 公司理财 [M]. 崔方南，谭跃，周卉，译. 12版. 北京：机械工业出版社，2020.

[13] 钱德勒. 看得见的手 [M]. 重武，译. 北京：商务印书馆，1987.

[14] 斯塔特利. 经营计划详解 [M]. 熊小雯，译. 2版. 北京：中国人民大学出版社，2005.

[15] 希金斯，科斯基，米顿. 财务管理分析 [M]. 沈艺峰，肖珉，薛胜昔，等译.12版.北京：北京大学出版社，2022.

[16] 伊特韦尔，米尔盖特，纽曼. 新帕尔格雷夫经济学大辞典 [M]. 陈岱孙，

译．2版．北京：经济科学出版社，1992.

［17］陈雨露，汪昌云．金融学文献通论：微观金融卷［M］．北京：中国人民大学出版社，2006.

［18］陈志斌．财务管理学导论［M］．南京：南京大学出版社，2006.

［19］胡元木，姜洪丽．财务管理学基础［M］．北京：经济科学出版社，2004.

［20］李维安，牛建波，等．CEO公司治理［M］．3版．北京：北京大学出版社，2023.

［21］刘顺仁．财报就像一本故事书［M］．太原：山西人民出版社，2019.

［22］陆正飞．财务管理［M］．3版．大连：东北财经大学出版社，2010.

［23］吕长江，王克敏，等．财务管理学［M］．天津：南开大学出版社，2004.

［24］马瑞清．企业融资与投资［M］．2版．北京：中国金融出版社，2017.

［25］沈艺峰，沈洪涛．公司财务理论主流［M］．大连：东北财经大学出版社，2004.

［26］石本仁，曾亚敏．中级财务会计［M］．5版．北京：中国人民大学出版社，2021.

［27］王化成．财会理论与实务［M］．北京：中国财政经济出版社，2002.

［28］王化成，佟岩．财务管理［M］．6版．北京：中国人民大学出版社，2020.

［29］王化成，刘俊彦，荆新．财务管理学［M］．9版．北京：中国人民大学出版社，2021.

［30］武晋．中国存托凭证投资者保护研究［M］．北京：知识产权出版社，2021.

［31］席酉民，赵增耀．公司治理［M］．北京：高等教育出版社，2004.

［32］肖淑芳，佟岩，刘宁悦．财务管理学［M］．北京：北京理工大学出版社，2018.

［33］香帅．香帅金融学讲义［M］．北京：中信出版集团．2020.

［34］葛家澍，黄世忠．安然事件的反思——对安然公司会计审计问题的剖析［J］．会计研究，2002（2）．

［35］葛家澍．财务会计的本质、特点及其边界［J］．会计研究，2003（3）．

［36］沈洪涛．借鉴综合报告的思维构建财务分析新框架［J］．会计之友，2015（11）．

［37］盛玉华．大数据时代下的企业财务分析研究［J］．中国集体经济，2016（31）．

［38］宋献中，陈幸幸，王玥．绿色低碳发展视角下的企业投融资行为研究：综述与展望［J］．财务研究，2020（6）．

［39］赵德武．财务管理：历史追寻与未来展望［J］．会计之友，2001（10）．

附录一　终值、现值系数表

表一　　　　　　　　　　　　　　　　复利终值系数表

期数	1%	2%	3%	4%	5%	6%	7%	8%	9%	10%
1	1.0100	1.0200	1.0300	1.0400	1.0500	1.0600	1.0700	1.0800	1.0900	1.1000
2	1.0201	1.0404	1.0609	1.0816	1.1025	1.1236	1.1449	1.1664	1.1881	1.2100
3	1.0303	1.0612	1.0927	1.1249	1.1576	1.1910	1.2250	1.2597	1.2950	1.3310
4	1.0406	1.0824	1.1255	1.1699	1.2155	1.2625	1.3108	1.3605	1.4116	1.4641
5	1.0510	1.1041	1.1593	1.2167	1.2763	1.3382	1.4026	1.4693	1.5386	1.6105
6	1.0615	1.1262	1.1941	1.2653	1.3401	1.4185	1.5007	1.5809	1.6671	1.7716
7	1.0721	1.1487	1.2299	1.3159	1.4071	1.5036	1.6058	1.7138	1.8280	1.9487
8	1.0829	1.1717	1.2668	1.3686	1.4775	1.5938	1.7182	1.8509	1.9926	2.1436
9	1.0937	1.1951	1.3048	1.4233	1.5513	1.6895	1.8385	1.9990	2.1719	2.3579
10	1.1046	1.2190	1.3439	1.4802	1.6289	1.7908	1.9672	2.1589	2.3674	2.5937
11	1.1157	1.2434	1.3842	1.5395	1.7103	1.8983	2.1049	2.3316	2.5804	2.8531
12	1.1268	1.2682	1.4258	1.6010	1.7959	2.0122	2.2522	2.5182	2.8127	3.1384
13	1.1381	1.2936	1.4685	1.6651	1.8856	2.1329	2.4098	2.7196	3.0658	3.4523
14	1.1495	1.3195	1.5126	1.7317	1.9799	2.2609	2.5785	2.9372	3.3417	3.7975
15	1.1610	1.3459	1.5580	1.8009	2.0789	2.3966	2.7590	3.1722	3.6425	4.1772
16	1.1726	1.3728	1.6047	1.8730	2.1829	2.5404	2.9522	3.4259	3.9703	4.5950
17	1.1843	1.4002	1.6528	1.9479	2.2920	2.6928	3.1588	3.7000	4.3276	5.0545
18	1.1961	1.4282	1.7024	2.0258	2.4066	2.8543	3.3799	3.9660	4.7171	5.5599
19	1.2081	1.4568	1.7535	2.1068	2.5270	3.0256	3.6165	4.3157	5.1417	6.1159
20	1.2202	1.4859	1.8061	2.1911	2.6533	3.2071	3.8697	4.6610	5.6044	6.7275
21	1.2324	1.5157	1.8603	2.2788	2.7860	3.3996	4.1406	5.0338	6.1088	7.4002
22	1.2447	1.5460	1.9161	2.3699	2.9253	3.6035	4.4304	5.4365	6.6586	8.1403
23	1.2572	1.5769	1.9736	2.4647	3.0715	3.8197	4.7405	5.8715	7.2579	8.2543
24	1.2697	1.6084	2.0328	2.5633	3.2251	4.0489	5.0724	6.3412	7.9111	9.8497
25	1.2824	1.6406	2.0938	2.6658	3.3864	4.2919	5.4274	6.8485	8.6231	10.835
26	1.2953	1.6734	2.1566	2.7725	3.5557	4.5494	5.8076	7.3964	9.3992	11.918
27	1.3082	1.7069	2.2213	2.8834	3.7335	4.8823	6.2139	7.9881	10.245	13.110
28	1.3213	1.7410	2.2879	2.9987	3.9201	5.1117	6.6488	8.6271	11.167	14.421
29	1.3345	1.7758	2.3566	3.1187	4.1161	5.4184	7.1143	9.3173	12.172	15.863
30	1.3478	1.8114	2.4273	3.2434	4.3219	5.7435	7.6123	10.063	13.268	17.449
40	1.4889	2.2080	3.2620	4.8010	7.0400	10.286	14.794	21.725	31.408	45.259
50	1.6446	2.6916	4.3839	7.1067	11.467	18.420	29.457	46.902	74.358	117.39
60	1.8167	3.2810	5.8916	10.520	18.679	32.988	57.946	101.26	176.03	304.48

续表

期数	12%	14%	15%	16%	18%	20%	24%	28%	32%	36%
1	1.1200	1.1400	1.1500	1.1600	1.1800	1.2000	1.2400	1.2800	1.3200	1.3600
2	1.2544	1.2996	1.3225	1.3456	1.3924	1.4400	1.5376	1.6384	1.7424	1.8496
3	1.4049	1.4815	1.5209	1.5609	1.6430	1.7280	1.9066	2.0872	2.3000	2.5155
4	1.5735	1.6890	1.7490	1.8106	1.9388	2.0736	2.3642	2.6844	3.0360	3.4210
5	1.7623	1.9254	2.0114	2.1003	2.2878	2.4883	2.9316	3.4360	4.0075	4.6526
6	1.9738	2.1950	2.3131	2.4364	2.6996	2.9860	3.6352	4.3980	5.2899	6.3275
7	2.2107	2.5023	2.6600	2.8262	3.1855	3.5832	4.5077	5.6295	6.9826	8.6054
8	2.4760	2.8526	3.0590	3.2784	3.7589	4.2998	5.5895	7.2508	9.2170	11.703
9	2.7731	3.2519	3.5179	3.8030	4.4355	5.1598	6.9310	9.2234	12.166	15.917
10	3.1058	3.7072	4.0456	4.4114	5.2338	6.1917	8.5944	11.806	16.060	21.647
11	3.4785	4.2262	4.6524	5.1173	6.1759	7.4301	10.657	15.112	21.199	29.439
12	3.8960	4.8179	5.3503	5.9360	7.2876	8.9161	13.215	19.343	27.983	40.037
13	4.3635	5.4924	6.1528	6.8858	8.5994	10.699	16.386	24.759	36.937	54.451
14	4.8871	6.2613	7.0757	7.9875	10.147	12.839	20.319	31.691	48.757	74.053
15	5.4736	7.1379	8.1371	9.2655	11.974	15.407	25.196	40.565	64.359	100.71
16	6.1304	8.1372	9.3576	10.748	14.129	18.488	31.243	51.923	84.954	136.97
17	6.8660	9.2765	10.761	12.468	16.672	22.186	38.741	66.461	112.14	186.28
18	7.6900	10.575	12.375	14.463	19.673	26.623	48.039	86.071	148.02	253.34
19	8.6128	12.056	14.232	16.777	23.214	31.948	59.568	108.89	195.39	344.54
20	9.6463	13.743	16.367	19.461	27.393	38.338	73.864	139.38	257.92	468.57
21	10.804	15.668	18.822	22.574	32.324	46.005	91.592	178.41	340.45	637.26
22	12.100	17.861	21.645	26.186	38.142	55.206	113.57	228.36	449.39	866.67
23	13.552	20.362	24.891	30.376	45.008	66.247	140.83	292.30	593.20	1 178.7
24	15.179	23.212	28.625	35.236	53.109	79.497	174.63	374.14	783.02	1 603.0
25	17.000	26.462	32.919	40.874	62.669	95.396	216.54	478.90	1 033.6	2 180.1
26	19.040	30.167	37.857	47.414	73.949	114.48	268.51	613.00	1 364.3	2 964.9
27	21.325	34.390	43.535	55.000	87.260	137.37	332.95	784.64	1 800.9	4 032.3
28	23.884	39.204	50.066	63.800	102.97	164.84	412.86	1 004.3	2 377.2	5 483.9
29	26.750	44.693	57.575	74.009	121.50	197.81	511.95	1 285.6	3 137.9	7 458.1
30	29.960	50.950	66.212	85.850	143.37	237.38	634.82	1 645.5	4 142.1	10 143
40	93.051	188.83	267.86	378.72	750.38	1 469.8	5 455.9	19 427	66 521	*
50	289.00	700.23	1 083.7	1 670.7	3 927.4	9 100.4	46 890	*	*	*
60	897.60	2 595.9	4 384.0	7 370.2	20 555	56 348	*	*	*	*
*>99 999										

表二　　　　复利现值系数表

期数	1%	2%	3%	4%	5%	6%	7%	8%	9%	10%
1	.9901	.9804	.9709	.9615	.9524	.9434	.9346	.9259	.9174	.9091
2	.9803	.9712	.9426	.9246	.9070	.8900	.8734	.8573	.8417	.8264
3	.9706	.9423	.9151	.8890	.8638	.8396	.8163	.7938	.7722	.7513
4	.9610	.9238	.8885	.8548	.8227	.7921	.7629	.7350	.7084	.6830
5	.9515	.9057	.8626	.8219	.7835	.7473	.7130	.6806	.6499	.6209
6	.9420	.8880	.8375	.7903	.7462	.7050	.6663	.6302	.5963	.5645
7	.9327	.8606	.8131	.7599	.7107	.6651	.6227	.5835	.5470	.5132
8	.9235	.8535	.7874	.7307	.6768	.6274	.5820	.5403	.5019	.4665
9	.9143	.8368	.7664	.7026	.6446	.5919	.5439	.5002	.4604	.4241
10	.9053	.8203	.7441	.6756	.6139	.5584	.5083	.4632	.4224	.3855
11	.8963	.8043	.7224	.6496	.5847	.5268	.4751	.4289	.3875	.3505
12	.8874	.7885	.7014	.6246	.5568	.4970	.4440	.3971	.3555	.3186
13	.8787	.7730	.6810	.6006	.5303	.4688	.4150	.3677	.3262	.2897
14	.8700	.7579	.6611	.5775	.5051	.4423	.3878	.3405	.2992	.2633
15	.8613	.7430	.6419	.5553	.4810	.4173	.3624	.3152	.2745	.2394
16	.8528	.7284	.6232	.5339	.4581	.3963	.3387	.2919	.2519	.2176
17	.8444	.7142	.6050	.5134	.4363	.3714	.3166	.2703	.2311	.1978
18	.8360	.7002	.5874	.4936	.4155	.3503	.2959	.2502	.2120	.1799
19	.8277	.6864	.5703	.4746	.3957	.3305	.2765	.2317	.1945	.1635
20	.8195	.6730	.5537	.4564	.3769	.3118	.2584	.2145	.1784	.1486
21	.8114	.6598	.5375	.4388	.3589	.2942	.2415	.1987	.1637	.1351
22	.8034	.6468	.5219	.4220	.3418	.2775	.2257	.1839	.1502	.1228
23	.7954	.6342	.5067	.4057	.3256	.2618	.2109	.1703	.1378	.1117
24	.7876	.6217	.4919	.3901	.3101	.2470	.1971	.1577	.1264	.1015
25	.7798	.6095	.4776	.3751	.2953	.2330	.1842	.1460	.1160	.0923
26	.7720	.5976	.4637	.3604	.2812	.2198	.1722	.1352	.1064	.0839
27	.7644	.5859	.4502	.3468	.2678	.2074	.1609	.1252	.0976	.0763
28	.7568	.5744	.4371	.3335	.2551	.1956	.1504	.1159	.0895	.0693
29	.7493	.5631	.4243	.3207	.2429	.1846	.1406	.1073	.0822	.0630
30	.7419	.5521	.4120	.3083	.2314	.1741	.1314	.0994	.0754	.0573
35	.7059	.5000	.3554	.2534	.1813	.1301	.0937	.0676	.0490	.0356
40	.6717	.4529	.3066	.2083	.1420	.0972	.0668	.0460	.0318	.0221
45	.6391	.4102	.2644	.1712	.1113	.0727	.0476	.0313	.0207	.0137
50	.6080	.3715	.2281	.1407	.0872	.0543	.0339	.0213	.0134	.0085
55	.5785	.3365	.1968	.1157	.0683	.0406	.0242	.0145	.0087	.0053

续表

期数	12%	14%	15%	16%	18%	20%	24%	28%	32%	36%
1	.8929	.8772	.8696	.8621	.8475	.8333	.8065	.7813	.7576	.7353
2	.7972	.7695	.7561	.7432	.7182	.6944	.6504	.6104	.5739	.5407
3	.7118	.6750	.6575	.6407	.6086	.5787	.5245	.4768	.4348	.3975
4	.6355	.5921	.5718	.5523	.5158	.4823	.4230	.3725	.3294	.2923
5	.5674	.5194	.4972	.4762	.4371	.4019	.3411	.2910	.2495	.2149
6	.5066	.4556	.4323	.4104	.3704	.3349	.2751	.2274	.1890	.1580
7	.4523	.3996	.3759	.3538	.3139	.2791	.2218	.1776	.1432	.1162
8	.4039	.3506	.3269	.3050	.2660	.2326	.1789	.1388	.1085	.0854
9	.3606	.3075	.2843	.2630	.2255	.1938	.1443	.1084	.0822	.0628
10	.3220	.2697	.2472	.2267	.1911	.1615	.1164	.0847	.0623	.0462
11	.2875	.2366	.2149	.1954	.1619	.1346	.0938	.0662	.0472	.0340
12	.2567	.2076	.1869	.1685	.1373	.1122	.0757	.0517	.0357	.0250
13	.2292	.1821	.1625	.1452	.1163	.0935	.0610	.0404	.0271	.0184
14	.2046	.1597	.1413	.1252	.0985	.0779	.0492	.0316	.0205	.0135
15	.1827	.1401	.1229	.1079	.0835	.0649	.0397	.0247	.0155	.0099
16	.1631	.1229	.1069	.0980	.0709	.0541	.0320	.0193	.0118	.0073
17	.1456	.1078	.0929	.0802	.0600	.0451	.0259	.0150	.0089	.0054
18	.1300	.0946	.0808	.0691	.0508	.0376	.0208	.0118	.0068	.0039
19	.1161	.0829	.0730	.0596	.0431	.0313	.0168	.0092	.0051	.0029
20	.1037	.0728	.0611	.0514	.0365	.0261	.0135	.0072	.0039	.0021
21	.0926	.0638	.0531	.0443	.0309	.0217	.0109	.0056	.0029	.0016
22	.0826	.0560	.0462	.0382	.0262	.0181	.0088	.0044	.0022	.0012
23	.0738	.0491	.0402	.0329	.0222	.0151	.0071	.0034	.0017	.0008
24	.0659	.0431	.0349	.0284	.0188	.0126	.0057	.0027	.0013	.0006
25	.0588	.0378	.0304	.0245	.0160	.0105	.0046	.0021	.0010	.0005
26	.0525	.0331	.0264	.0211	.0135	.0087	.0037	.0016	.0007	.0003
27	.0469	.0291	.0230	.0182	.0115	.0073	.0030	.0013	.0006	.0002
28	.0419	.0255	.0200	.0157	.0097	.0061	.0024	.0010	.0004	.0002
29	.0374	.0224	.0174	.0135	.0082	.0051	.0020	.0008	.0003	.0001
30	.0334	.0196	.0151	.0116	.0070	.0042	.0016	.0006	.0002	.0001
35	.0189	.0102	.0075	.0055	.0030	.0017	.0005	.0002	.0001	*
40	.0107	.0053	.0037	.0026	.0013	.0007	.0002	.0001	*	*
45	.0061	.0027	.0019	.0013	.0006	.0003	.0001	*	*	*
50	.0035	.0014	.0009	.0006	.0003	.0001	*	*	*	*
55	.0020	.0007	.0005	.0003	.0001	*	*	*	*	*

*<.0001

表三 普通年金终值系数表

期数	1%	2%	3%	4%	5%	6%	7%	8%	9%	10%
1	1.0000	1.0000	1.0000	1.0000	1.0000	1.0000	1.0000	1.0000	1.0000	1.0000
2	2.0100	2.0200	2.0300	2.0400	2.0500	2.0600	2.0700	2.0800	2.0900	2.1000
3	3.0301	3.0604	3.0909	3.1216	3.1525	3.1836	3.2149	3.2464	3.2781	3.3100
4	4.0604	4.1216	4.1836	4.2465	4.3101	4.3746	4.4399	4.5061	4.5731	4.6410
5	5.1010	5.2040	5.3091	5.4163	5.5256	5.6371	5.7507	5.8666	5.9847	6.1051
6	6.1520	6.3081	6.4684	6.6330	6.8019	6.9753	7.1533	7.3359	7.5233	7.7156
7	7.2135	7.4343	7.6625	7.8983	8.1420	8.3938	8.6540	8.9228	9.2004	9.4872
8	8.2857	8.5830	8.8923	9.2142	9.5491	9.8975	10.260	10.637	11.028	11.436
9	9.3685	9.7546	10.159	10.583	11.027	11.491	11.978	12.488	13.021	13.579
10	10.462	10.950	11.464	12.006	12.578	13.181	13.816	14.487	15.193	15.937
11	11.567	12.169	12.808	13.486	14.207	14.972	15.784	16.645	17.560	18.531
12	12.683	13.412	14.192	15.026	15.917	16.870	17.888	18.977	20.141	21.384
13	13.809	14.680	15.618	16.627	17.713	18.882	20.141	21.495	22.953	24.523
14	14.947	15.974	17.086	18.292	19.599	21.015	22.550	24.214	26.019	27.975
15	16.097	17.293	18.599	20.024	21.579	23.276	25.129	27.152	29.361	31.772
16	17.258	18.639	20.157	21.825	23.657	25.673	27.888	30.324	33.003	35.950
17	18.430	20.012	21.762	23.698	25.840	28.213	30.840	33.750	36.974	40.545
18	19.615	21.412	23.414	25.645	28.132	30.906	33.999	37.450	41.301	45.599
19	20.811	22.841	25.117	27.671	30.539	33.760	37.379	41.446	46.018	51.159
20	22.019	24.297	26.870	29.778	33.066	36.786	40.995	45.752	51.160	57.275
21	23.239	25.783	28.676	31.969	35.719	39.993	44.865	50.423	56.765	64.002
22	24.472	27.299	30.537	34.248	38.505	43.392	49.006	55.457	62.873	71.403
23	25.716	28.845	32.453	36.618	41.430	46.996	53.436	60.883	69.532	79.543
24	26.973	30.422	34.426	39.083	44.502	50.816	58.177	66.765	76.790	88.497
25	28.243	32.030	36.459	41.646	47.727	54.863	63.294	73.106	84.701	98.347
26	29.526	33.671	38.553	44.312	51.113	59.156	68.676	79.954	93.324	109.18
27	30.821	35.344	40.710	47.084	54.669	63.706	74.484	87.351	102.72	121.10
28	32.129	37.051	42.931	49.968	58.403	68.528	80.698	95.339	112.97	134.21
29	33.450	38.792	45.219	52.966	62.323	73.640	87.347	103.97	124.14	148.63
30	34.485	40.568	47.575	56.085	66.439	79.058	94.461	113.28	136.31	164.49
40	48.886	60.402	75.401	95.026	120.80	154.76	199.64	259.06	337.88	442.59
50	64.463	84.759	112.80	152.67	209.35	290.34	406.53	573.77	815.08	1 163.9
60	81.670	114.05	163.05	237.99	353.58	533.13	813.52	1 253.2	1 944.8	3 034.8

续表

期数	12%	14%	15%	16%	18%	20%	24%	28%	32%	36%
1	1.0000	1.0000	1.0000	1.0000	1.0000	1.0000	1.0000	1.0000	1.0000	1.0000
2	2.1200	2.1400	2.1500	2.1600	2.1800	2.2000	2.2400	2.2800	2.3200	2.3600
3	3.3744	3.4396	3.4725	3.5056	3.5724	3.6400	3.7776	3.9184	3.0624	3.2096
4	4.7793	4.9211	4.9934	5.0665	5.2154	5.3680	5.6842	6.0156	6.3624	6.7251
5	6.3528	6.6101	6.7424	6.8771	7.1542	7.4416	8.0484	8.6999	9.3983	10.146
6	8.1152	8.5355	8.7537	8.9775	9.4420	9.9299	10.980	12.136	13.406	14.799
7	10.089	10.730	11.067	11.414	12.142	12.916	14.615	16.534	18.696	21.126
8	12.300	13.233	13.727	14.240	15.327	16.499	19.123	22.163	25.678	29.732
9	14.776	16.085	16.786	17.519	19.086	20.799	24.712	29.369	34.895	41.435
10	17.549	19.337	20.304	21.321	23.521	25.959	31.643	38.593	47.062	57.352
11	20.655	23.045	24.349	25.733	28.755	32.150	40.238	50.398	63.122	78.998
12	24.133	27.271	29.002	30.850	34.931	39.581	50.895	65.510	84.320	108.44
13	28.029	32.089	34.352	36.786	42.219	48.497	64.110	84.853	112.30	148.47
14	32.393	37.581	40.505	43.672	50.818	59.196	80.496	109.61	149.24	202.93
15	37.280	43.842	47.580	51.660	60.965	72.035	100.82	141.30	198.00	276.98
16	42.753	50.980	55.717	60.925	72.939	87.442	126.01	181.87	262.36	377.69
17	48.884	59.118	65.075	71.673	87.068	105.93	157.25	233.79	347.31	514.66
18	55.750	68.394	75.836	84.141	103.74	128.12	195.99	300.25	459.45	770.94
19	63.440	78.969	88.212	98.603	123.41	154.74	244.03	385.32	607.47	954.28
20	72.052	91.025	102.44	115.38	146.63	186.69	303.60	494.21	802.86	1 298.8
21	81.699	104.77	118.81	134.84	174.02	225.03	377.46	633.59	1 060.8	1 767.4
22	92.503	120.44	137.63	157.41	206.34	271.03	469.06	812.00	1 401.2	2 404.7
23	104.60	138.30	159.28	183.60	244.49	326.24	582.63	1 040.4	1 850.6	3 271.3
24	118.16	158.66	184.17	213.98	289.49	392.48	723.46	1 332.7	2 443.8	4 450.0
25	133.33	181.87	212.79	249.21	342.60	471.98	898.09	1 706.8	3 226.8	6 053.0
26	150.33	208.33	245.71	290.09	405.27	567.38	1 114.6	2 185.7	4 260.4	8 233.1
27	169.37	238.50	283.57	337.50	479.22	681.85	1 383.1	2 798.7	5 624.8	11 198.0
28	190.70	272.89	327.10	392.50	566.48	819.22	1 716.1	3 583.3	7 425.7	15 230.3
29	214.58	312.09	377.17	456.30	669.45	984.07	2 129.0	4 587.7	9 802.9	20 714.2
30	241.33	356.79	434.75	530.31	790.95	1 181.9	2 640.9	5 873.2	12 941	28 172.3
40	767.09	1 342.0	1 779.1	2 360.8	4 163.2	7 343.2	27 290	69 377	*	*
50	2 400.0	4 994.5	7 217.7	10 436	21 813	45 497	*	*	*	*
60	7 471.6	18 535	29 220	46 058	*	*	*	*	*	*

*>99 999

表四　　　　　　　　　　　　　　**普通年金现值系数表**

期数	1%	2%	3%	4%	5%	6%	7%	8%	9%
1	0.9901	0.9804	0.9709	0.9615	0.9524	0.9434	0.9346	0.9259	0.9174
2	1.9704	1.9416	1.9135	1.8861	1.8594	1.8334	1.8080	1.7833	1.7591
3	2.9410	2.8839	2.8286	2.7751	2.7232	2.6730	2.6243	2.5771	2.5313
4	3.9020	3.8077	3.7171	3.6299	3.5460	3.4651	3.3872	3.3121	3.2397
5	4.8534	4.7135	4.5797	4.4518	4.3295	4.2124	4.1002	3.9927	3.8897
6	5.7955	5.6014	5.4172	5.2421	5.0757	4.9173	4.7665	4.6229	4.4859
7	6.7282	6.4720	6.2303	6.0021	5.7864	5.5824	5.3893	5.2064	5.0330
8	7.6517	7.3255	7.0197	6.7327	6.4632	6.2098	5.9713	5.7466	5.5348
9	8.5660	8.1622	7.7861	7.4353	7.1078	6.8017	6.5152	6.2469	5.9952
10	9.4713	8.9826	8.5302	8.1109	7.7217	7.3601	7.0236	6.7101	6.4177
11	10.3676	9.7868	9.2526	8.7605	8.3064	7.8869	7.4987	7.1390	6.8052
12	11.2551	10.5753	9.9540	9.3851	8.8633	8.3838	7.9427	7.5361	7.1607
13	12.1337	11.3484	10.6350	9.9856	9.3936	8.8527	8.3577	7.9038	7.4869
14	13.0037	12.1062	11.2961	10.5631	9.8986	9.2950	8.7455	8.2442	7.7862
15	13.8651	12.8493	11.9379	11.1184	10.3797	9.7122	9.1079	8.5595	8.0607
16	14.7179	13.5777	12.5611	11.6523	10.8378	10.1059	9.4466	8.8514	8.3126
17	15.5623	14.2919	13.1661	12.1657	11.2741	10.4773	9.7632	9.1216	8.5436
18	16.3983	14.9920	13.7535	12.6896	11.6896	10.8276	10.0591	9.3719	8.7556
19	17.2260	15.6785	14.3238	13.1339	12.0853	11.1581	10.3356	9.6036	8.9601
20	18.0456	16.3514	14.8775	13.5903	12.4622	11.4699	10.5940	9.8181	9.1285
21	18.8570	17.0112	15.4150	14.0292	12.8212	11.7641	10.8355	10.0168	9.2922
22	19.6604	17.6580	15.9369	14.4511	13.4886	12.3034	11.0612	10.2007	9.4424
23	20.4558	18.2922	16.4436	14.8568	13.4886	12.3034	11.2722	10.3711	9.5802
24	21.2434	18.9139	16.9355	14.2470	13.7986	12.5504	11.4693	10.5288	9.7066
25	22.0232	19.5235	17.4131	15.6221	14.0939	12.7834	11.6536	10.6748	9.8226
26	22.7952	20.1210	17.8768	15.9828	14.3752	13.0032	11.8258	10.8100	9.9290
27	23.5596	20.7059	18.3270	16.3296	14.6430	13.2105	11.9867	10.9352	10.0266
28	24.3164	21.2813	18.7641	16.6631	14.8981	13.4062	12.1371	11.0511	10.1161
29	25.0658	21.8444	19.1885	16.9837	15.1411	13.5907	12.2777	11.1584	10.1983
30	25.8077	22.3965	19.6004	17.2920	15.3725	13.7648	12.4090	11.2578	10.2737
35	29.4086	24.9986	21.4872	18.6646	16.3742	14.4982	12.9477	11.6546	10.5668
40	32.8347	27.3555	23.1148	19.7928	17.1591	15.0463	13.3317	11.9246	10.7574
45	36.0945	29.4902	24.5187	20.7200	17.7741	15.4558	13.6055	12.1084	10.8812
50	39.1961	31.4236	25.7298	21.4822	18.2559	15.7619	13.8007	12.2335	10.9617
55	42.1472	33.1748	26.7744	22.1086	18.6335	15.9905	13.9399	12.3186	11.0140

续表

期数	10%	12%	14%	15%	16%	18%	20%	24%	28%	32%
1	0.9091	0.8929	0.8772	0.8696	0.8621	0.8475	0.8333	0.8065	0.7813	0.7576
2	1.7355	1.6901	1.6467	1.6257	1.6052	1.5656	1.5278	1.4568	1.3916	1.3315
3	2.4869	2.4018	2.3216	2.2832	2.2459	2.1743	2.1065	1.9813	1.8684	1.7663
4	3.1699	3.0373	2.9173	2.8550	2.7982	2.6901	2.5887	2.4043	2.2410	2.0957
5	3.7908	3.6048	3.4331	3.3522	3.2743	3.1272	2.9906	2.7454	2.5320	2.3452
6	4.3553	4.1114	3.8887	3.7845	3.6847	3.4976	3.3255	3.0205	2.7594	2.5342
7	4.8684	4.5638	4.2882	4.1604	4.0386	3.8115	3.6046	3.2423	2.9370	2.6775
8	5.3349	4.9676	4.6389	4.4873	4.3436	4.0776	3.8372	3.4212	3.0758	2.7860
9	5.7590	5.3282	4.9164	4.7716	4.6065	4.3030	4.0310	3.5655	3.1842	2.8681
10	6.1446	5.6502	5.2161	5.0188	4.8332	4.4941	4.1925	3.6819	3.2689	2.9304
11	6.4951	5.9377	5.4527	5.2337	5.0286	4.6560	4.3271	3.7757	3.3351	2.9776
12	6.8137	6.1944	5.6603	5.4206	5.1971	4.7932	4.4392	3.8514	3.3868	3.0133
13	7.1034	6.4235	5.8424	5.5831	5.3423	4.9095	4.5327	3.9124	3.4272	3.0404
14	7.3667	6.6282	6.0021	5.7245	5.4675	5.0081	4.6106	3.9616	3.4587	3.0609
15	7.6061	6.8109	6.1422	5.8474	5.5755	5.0916	4.6755	4.0013	3.4834	3.0764
16	7.8237	6.9740	6.2651	5.9542	5.6685	5.1624	4.7296	4.0333	3.5026	3.0882
17	8.0216	7.1196	6.3729	6.0472	5.7487	5.2223	4.7746	4.0591	3.5177	3.0971
18	8.2014	7.2497	6.4674	6.1280	5.8178	5.2732	4.8122	4.0799	3.5294	3.1039
19	8.3649	7.3658	6.5504	6.1982	5.8775	5.3162	4.8435	4.0967	3.5386	3.1090
20	8.5136	7.4694	6.6231	6.2593	5.9288	5.3527	4.8696	4.1103	3.5458	3.1129
21	8.6487	7.5620	6.6870	6.3125	5.9731	5.3837	4.8913	4.1212	3.5514	3.1158
22	8.7715	7.6446	6.7429	6.3587	6.0113	5.4099	4.9094	4.1300	3.5558	3.1180
23	8.8832	7.7184	6.7921	6.3988	6.0442	5.4321	4.9245	4.1371	3.5592	3.1197
24	8.9847	7.7843	6.8351	6.4338	6.0726	5.4509	4.9371	4.1428	3.5619	3.1210
25	9.0770	7.8431	6.8729	6.4641	6.0971	5.4669	4.9476	4.1474	3.5640	3.1220
26	9.1609	7.8957	6.9061	6.4906	6.1182	5.4804	4.9563	4.1511	3.5656	3.1227
27	9.2372	7.9426	6.9352	6.5135	6.1364	5.4919	4.9636	4.1542	3.5669	3.1233
28	9.3066	7.9844	6.9607	6.5335	6.1520	5.5016	4.9697	4.1566	3.5679	3.1237
29	9.3696	8.0218	6.9830	6.5509	6.1656	5.5098	4.9747	4.1585	3.5687	3.1240
30	9.4269	8.0552	7.0027	6.5660	6.1772	5.5168	4.9789	4.1601	3.5693	3.1242
35	9.6442	8.1755	7.0700	6.6166	6.2153	5.5386	4.9915	4.1644	3.5708	3.1248
40	9.7791	8.2438	7.1050	6.6418	6.2335	5.5482	4.9966	4.1659	3.5712	3.1250
45	9.8628	8.2825	7.1232	6.6543	6.2421	5.5523	4.9986	4.1664	3.5714	3.1250
50	9.9148	8.3045	7.1327	6.6605	6.2463	5.5541	4.9995	4.1666	3.5714	3.1250
55	9.9471	8.3170	7.1376	6.6636	6.2482	5.5549	4.9998	4.1666	3.5714	3.1250

附录二　拓展阅读索引

第一章　财务管理概述
企业要有社会责任
多家中国机构加入联合国“负责任投资原则”
第二章　财务管理的环境
我国科创板的建立
中央金融委员会成立
第三章　财务分析
财务报表的新格式
大数据对财务分析的影响
第四章　货币时间价值
延迟满足——斯坦福大学棉花糖实验
生活中的永续年金——永续债券
第五章　风险与收益
套利定价模型
Fama-French三因子模型
第六章　证券估价
垃圾债券
A股全面实行股票发行注册制正式实施
第七章　投资决策（上）
关于进一步完善政策环境 加大力度支持民间投资发展的意见
元宇宙产业创新发展三年行动计划（2023—2025年）
第八章　投资决策（下）

续表

中国资本市场的价值
第九章　筹资决策（上）
中国存托凭证的发展
中国绿色债券的发展
第十章　筹资决策（下）
中国绿色信贷的发展
加快建设世界一流企业
第十一章　股利决策
欺诈发行上市股票责令回购制度
《中华人民共和国公司法》的最新修订
第十二章　营运资金管理
我国资产证券化的发展
供应链金融